昭通扶贫

昭通市脱贫攻坚大决战实录

永善卷

政协昭通市委员会 组编

中国文史出版社
CHINA CULTURAL AND HISTORICAL PRESS

图书在版编目（CIP）数据

昭通市脱贫攻坚大决战实录. 永善卷 / 政协昭通市委员会组编. -- 北京 : 中国文史出版社 , 2021.12

ISBN 978-7-5205-3176-4

Ⅰ. ①昭… Ⅱ. ①政… Ⅲ. ①扶贫—工作概况—永善县 Ⅳ. ① F127.743

中国版本图书馆 CIP 数据核字 (2021) 第 187187 号

责任编辑：窦忠如　秦千里　方云虎
特约编辑：窦广利　张幼平　邓文华

出版发行：中国文史出版社
社　　址：北京市海淀区西八里庄路 69 号院　邮编：100142
电　　话：010－81136606　81136602　81136603（发行部）
传　　真：010－81136655
印　　装：廊坊市海涛印刷有限公司
经　　销：全国新华书店
开　　本：787 毫米 × 1092 毫米　1/16
印　　张：26.75
字　　数：368 千字
版　　次：2021 年 12 月北京第 1 版
印　　次：2021 年 12 月第 1 次印刷
定　　价：1980.00 元（全 19 册）

《昭通市脱贫攻坚大决战实录》丛书

编　委　会

《昭通市脱贫攻坚大决战实录·永善卷》
编撰委员会

总 序

成联远

贫困是人类社会的顽疾，消除贫困是人类梦寐以求的理想，人类发展史就是与贫困不懈斗争的历史。

中国共产党从成立之日起，始终高度重视解决贫困问题，持续向贫困宣战。党的十八大以来，以习近平同志为核心的党中央，把脱贫攻坚摆在治国理政的突出位置，团结带领全党全国各族人民打响了人类历史上规模最大、力度最强、惠及人口最多的脱贫攻坚战。经过8年持续奋斗，如期完成了新时代脱贫攻坚目标任务，现行标准下近1亿农村贫困人口全部脱贫，贫困县全部摘帽，消除了绝对贫困和区域性整体贫困，脱贫地区处处呈现山乡巨变、山河锦绣的时代画卷！这是中国共产党团结带领全国各族人民艰苦奋斗所创造的又一个彪炳史册的人间奇迹，生动展示了中华民族摆脱贫困、走向复兴的强大力量。

昭通地处云、贵、川三省接合部的乌蒙山区腹地，是集革命老区、地震灾区、散居民族地区、生态敏感脆弱地区为一体的深度贫困地区，是全国贫困人口最多、贫困程度最深、脱贫任务最重、攻坚压力最大的地级市。全市11个县（市、区）中有国家级贫困县10个，1379个村（社区）中有贫困村1235个，629万人口中有贫困人口185.07万人，正可谓全国脱贫看云南、云南脱贫看昭通。

历史的洪流浩浩荡荡，精彩的答卷壮阔恢宏。近年来，特别是习近平总书记于2015年视察昭通以来，市委、市政府始终铭记习近平总书记的殷殷嘱托，感恩党中央的亲切关怀，始终把脱贫攻坚作为最大的政治任务，全面落实精准扶贫、精准脱贫方略，团结带领全市各族干部群众，攻坚克难、感恩奋进，发扬钉钉子精神，敢于啃硬骨头，奋力夺取了脱贫攻坚大决战全面胜利。全市现行标准下185.07万农村贫困人口、1235个贫困村、10个贫困县全部退出贫困序列，贫困群众人均收入由2015年的2703元增加到9899元，昭通千百年来的绝对贫困问题历史性地画上句号，全面建成小康社会取得历史性成就。昭通的奋力崛起、华丽转身，是云南乃至全国扶贫开发事业的一个缩影。

荆棘载途，玉汝于成。一切向前走，都不能忘记走过的路。在脱贫攻坚工作中，数万名扶贫干部倾力奉献、苦干实干，将最美的年华无私奉献给了脱贫事业，涌现出许多感人肺腑、可歌可泣的先进事迹。“感动南网”的彝良县牛街镇水田村第一书记吴长碧，用柔弱肩膀扛起扶贫重任；把病情报告单“藏”起来去扶贫的女干部金碧琼，一直坚守在扶贫第一线；特别是即将结婚却没有等到婚礼那一刻的“90后”扶贫干部王秋婷、积劳成疾牺牲在扶贫一线的驻村工作队队长李永春等25名扶贫干部，更是用生命诠释了共产党人的初心使命；还有216对“父子兵”、1284对“夫妻档”，572名干部“轻伤不下火线”，他们用身影、心血和汗水，交出了让党和人民满意的答卷。为全面记录新时代昭通艰苦卓绝、波澜壮阔的脱贫攻坚历史进程，客观反映乌蒙大地发生的翻天覆地历史性巨变，真实记录各级干部群众在脱贫攻坚中的感人故事，经市委同意，我们组织相关县市区、部门、专家对2015年至2020年我市开展脱贫攻坚的重大事件、典型故事进行搜集整理，编写《昭通市脱贫攻坚大决战实录》，旨在通过回望昭通脱贫攻坚的壮阔历程，探索总结蕴含其中的宝贵经验和深刻启示，赓续传承伟大的脱贫攻坚精神，从历史回望中照见未来，以更坚定的信心、更昂扬的斗志，继续走好新时代的长征路，奋力谱写昭通高质量跨越发展新篇章。

以昭通脱贫攻坚的壮阔历程资鉴后世。回望昭通脱贫攻坚的壮阔历程，市委、市政府团结带领全市各族人民披荆斩棘、栉风沐雨，攻克了一个又一个贫中之贫、坚中之坚，脱贫攻坚取得了重大历史性成就。昭通脱贫攻坚任务之艰前所未有，全市基础条件薄弱、致贫原因复杂、发展滞后明显，贫困面积大、贫困人口多、贫困程度深，贫困发生率高达 34.8%，“大山大水大峡谷、天寒地冻不出种、人多地少矛盾多”是昭通最大的市情。昭通脱贫攻坚规模之大前所未有，全市 11 个县市区中有国家级贫困县 10 个，其中深度贫困县 7 个；1235 个贫困村中，有深度贫困村 691 个；农村贫困人口高达 185.07 万人，占全省贫困人口的 1/5 以上，平均每天脱贫人数达到 1000 人以上。昭通脱贫攻坚成效之巨前所未有，全市累计投资 1658 亿元，规划的 12 条高速公路全部落地建设，打通了 11 个“出滇入川进黔”大通道，通车里程达 750 公里；累计新建或改造农村住房 55.89 万户；215.4 万人饮水安全得到巩固提升，自来水普及率达 94%；累计硬化农村公路 1.86 万公里，建成公路安全生命防护工程 1.05 万公里；因地制宜规划建设集中安置区 23 个，35.47 万名搬迁群众全部搬入新居；全市生产总值 5 年连跨 5 个百亿级台阶，年均增长 8%，达 1289 亿元。脱贫地区经济社会发展大踏步赶上来，整体面貌发生历史性巨变，极大增强了人民群众的获得感、幸福感、安全感。我们通过收集广大奋战在一线同志的真实故事，以“当事人”的亲身经历，将昭通脱贫攻坚艰苦卓绝、成效卓著的壮阔历程系统完整地记载下来，形成档案性的历史资料，以资后人，以鉴后世。

探索总结昭通打赢脱贫攻坚大决战的深层逻辑。习近平总书记强调：“办好中国的事情，关键在党。”有了党的坚强领导，脱贫攻坚就有了坐镇中军帐的“帅”，亿万人民就有了众志成城的“主心骨”。面对夺取脱贫攻坚大决战全面胜利的历史重任，市委、市政府始终坚持把党的领导贯穿各项工作全过程，坚持以脱贫攻坚统领经济社会发展全局、以党的建设统领推动各项工作落实“双统领”，强化铁的纪律和硬的作风“双保障”，努力实现党的建设和脱贫攻坚“双推进”。始终坚持以人民为中心的发展思想，提出“坚持以人民为中心、以群众工作为主线，抓住精准、统筹、务实三个关键，实现思想、工作和情感三个认同”的“133”工作思路，让人民群众真正成为脱贫攻坚这棵参天大树的主干。始终坚持精准扶贫、精准脱贫方略，围绕“扶持谁”“怎么扶”“怎么退”“退出后怎么办”四个重点，着力扣好精准识别、精准施策、精准退出、巩固提升“四粒扣子”，构建了一整套行之有效的政策体系、工作体系、制度体系，用发展的办法消除贫困根源。始终深入贯彻落实“五级书记抓扶贫”“党政同责促攻坚”的要求，坚持“一把手”负总责，切实强化市县抓落实机制，着力构建各级领导干部责任上肩、挂甲上任的组织体系。始终坚持集中精锐力量投向脱贫攻坚主战场，累计选派 4592 名驻村工作队队员、823 名驻村督导员、6.37 万名各级帮扶干部充实到扶贫一线，鲜红的党旗始终在脱贫攻坚主战场上高高飘扬。这些宝贵经验、深刻启示，我们通过编撰实录的形式如实记录，推动脱贫攻坚的认识和实践实现一个新的飞跃，为以后的改革发展提供重要的历史借鉴和方法指导。

赓续传承新时代脱贫攻坚昭通精神。伟大事业孕育伟大精神，伟大精神引领伟大事业。脱贫攻坚伟大斗争，锻造形成了“上下同心、尽锐出战、精准务实、开拓创新、攻坚克难、不负人民”的脱贫攻坚精神，这是中国精神、中国价值、中国力量的充分彰显。回望昭通脱贫攻坚大决战的壮阔历程，市委、市政府团结带领全市各族人民风雨同舟、携手与共、砥砺奋斗，努力闯出了一条以脱贫攻坚统领经济社会发展全局，倒逼产业形态、基础设施、城乡建设、生态文明等各个领域创新突破的“昭通路径”，奋力跑出了争先进位、赶超跨越的“昭通速度”，锻造锤炼了为民务实、实干求真的“昭通作风”，树立展示了“文明友善、开放包容”的“昭通形象”，淬炼形成了敢打善拼、坚韧求成、再硬的骨头也要嚼碎的脱贫攻坚“昭通精神”，这是一笔昭通当代脱贫攻坚人留给后世的宝贵精神财富。我们着力做好时代的忠实记录者，发挥文史资料“存史、资政、团结、育人”功能，赓续传承、大力弘扬新时代脱贫攻坚昭通精神，激励全市 600 多万名各族儿女在新征程上再鼓干劲、再聚合力、再立新功。

引领我们不断从胜利走向新的更大胜利。春江浩荡暂徘徊，又踏层峰望眼开。脱贫摘帽不是终点，而是新生活、新奋斗的起点。我们如期完成新时代脱贫攻坚目标任务，为实现两个百年奋斗目标以坚定信心、强劲动力，必将激励我们不断从胜利走向新的更大胜利。站在新的历史交汇点上，推动滇东北开发提速和崛起的奋斗史诗正在书写，我们必须从决战决胜脱贫攻坚的实践中汲取智慧和力量，进一步增强“四个意识”、坚定“四个自信”、做到“两个维护”，不断提升政治判断力、政治领悟力、政治执行力，在以习近平同志为核心的党中央的坚强领导下，永远保持慎终如始、戒骄戒躁的清醒头脑，永远保持不畏艰险、锐意进取的奋斗韧劲，永远保持永不懈怠、一往无前的精神状态，真抓实干、埋头苦干，脚踏实地、久久为功，在推动昭通高质量跨越发展的新征程上奋勇前进！

（作者时任中共昭通市政协党组书记、政协昭通市委员会主席）

本卷序言

五莲峰逶迤绵延，金沙江源远流长。雄奇险秀的自然山水，孕育了这方土地的神奇与美丽，见证了这方热土的发展与变迁。如今的永善大地，无论是城市还是乡村，一栋栋新居整洁亮丽、一条条道路四通八达、一项项产业蓬勃发展、一套套政策惠及民生、一张张笑脸幸福欢畅……一幅全面小康社会的壮阔画卷，正在金沙江畔徐徐展开。

2016年2月2日，习近平总书记发出指示："在全面小康的进程中，决不让一个贫困群众掉队！"永善全县上下深入学习贯彻落实习近平总书记关于扶贫工作的重要论述，强化政治担当，咬定总攻目标，把握精准扶贫、精准脱贫要求，扶志与扶智并重，攻克坚中之坚，战胜难中之难，以实际行动兑现了对人民的庄严承诺。

漫漫扶贫路，浓浓民生情。脱贫攻坚战打响以来，在党中央、国务院的亲切关怀下，在省、市各级各部门的大力支持下，在东西部扶贫协作的倾情帮助下，一股股脱贫攻坚的暖流不断激荡着永善大地。面对艰巨的脱贫任务，永善县委、县政府始终把脱贫攻坚作为第一政治任务、第一民生工程，立下愚公移山志，紧盯脱贫攻坚目标，上下一条心，铆足一股劲，做实"绣花"功，如期赢得了这场脱贫攻坚大决战的决定性胜利。

数年辛苦不寻常，砥砺前行写华章。在这场脱贫攻坚战役中，永善广大干部群众经受了巨大的考验，也取得了辉煌的成绩。2016年以来，各级各方累计整合各类资金123.81亿元投入脱贫攻坚，累计实施行政村公路硬化137.9公里、村组道路硬化2001公里、安防设施建设1076公里，广播电视信号覆盖率达100%，行政村标准化卫生室、动力电、网络宽带和公共活动场所实现全覆盖。全县141个贫困村（社区）实现脱贫出列，累计减少贫困人口41149户180703人，综合贫困发生率下降至零，摘帽评估时，群众认可度达98.3%，彻底解决了绝对贫困问题，创造了减贫史上的奇迹。

脱贫攻坚的路上，各级各部门、各行各业，涌现出许多担当奉献的扶贫干部、热心扶贫的各类社会主体和自强不息的贫困群众，用他们的智慧、辛劳和汗水，共同谱写了一个个感人的新时代永善脱贫故事。县政协主编这本《昭通市脱贫攻坚大决战实录·永善卷》，聚焦永善脱贫路上的真实经历和真实故事，为平凡的英雄画像，为将来存史，对于弘扬担当作为、自强不息、克难攻坚、携手奔小康的新时代脱贫精神，具有重要的现实意义和深远的历史意义。

见微知著，中国梦想。永善如期实现脱贫摘帽，为推进实施乡村振兴战略奠定了坚实基础。“长风破浪会有时，直挂云帆济沧海”。让我们不忘初心、牢记使命，坚定信心、顽强拼搏，在与全国同步全面建成小康社会的征程上，继续书写无愧于人民、无愧于时代的精彩华章。

是为序！

（编委办）

目　录

第一编　本卷综述

第二编　产业就业扶贫

第三编　基础设施建设

第四编　易地搬迁扶贫

第五编　教育文化健康保障扶贫

第六编　挂钩帮扶和社会扶贫

第七编　组织保障

第一编　本卷综述

概　述

陈代华

永善，位于乌蒙山脉西北面的金沙江南岸，介于东经 103° 15'—104° 01'，北纬 27° 31'—28° 32' 之间。东与大关、盐津县接壤；南连昭阳区；北接绥江县；西北隔金沙江与四川雷波、金阳两县相望。东西横距 46.6 公里，南北纵距 121.2 公里，总面积 2789 平方公里。县城驻地溪洛渡镇海拔 820 米，距昭通市政府驻地昭阳区 180 公里，距省会昆明市 580 公里。永善县境内重峦叠嶂，峰高谷深，地势南高北低，最高海拔 3199.5 米，最低海拔 380 米。年平均气温 16.8℃，总降水量 825.2 毫米，总日照时数 1056.3 小时。截至 2020 年年底，全县辖 8 镇 7 乡 143 个村（社区）2557 个村（居）民小组 48.19 万人（实施易迁安置后，增设 2 个社区，撤并 1 个村），有少数民族 4.4 万人。永善是国家级重点扶持贫困县，也是云南 27 个深度贫困县、昭通最大的集中连片特困区域之一。全县有贫困村 141 个（其中深度贫困村 74 个），2013 年建档立卡时，有建档立卡贫困人口 45020 户 160273 人，贫困发生率为 38%。自建档立卡以来，通过多轮动态调整，2019 年年底全县建档立卡贫困人口 41149 户 180703 人。

永善县深入贯彻落实习近平总书记扶贫开发重要思想，坚持以脱贫攻坚统揽经济社会发展全局，紧扣“两不愁、三保障”，按照“六个精准”要求，落实“五个一批”措施，扎实推进脱贫攻坚责任落实、政策落实、工作落实。

强化组织领导，压紧压实责任。成立以党政主要领导为“双组长”的扶贫开发领导小组，健全县、乡、村三级指挥体系，组建教育扶贫、健康扶贫、产业扶贫、易地搬迁、东西部扶贫协作等8个专班，成立3个片区指挥部，制订出台“8张责任清单”和“5个同等责任”，实行县级领导挂钩联系乡镇、部门挂钩联系村（社区）、干部结对帮扶贫困户责任机制，建立由县级挂钩帮扶部门主要领导或分管领导担任抓村督导员制度，落实县级领导“5盯责任”，督促干部做到“5个一口清”，36名县级领导挂钩联系15个乡镇、36个重点村，中央和省、市、县120个挂钩单位挂钩联系141个贫困村（社区），4824名干部职工参与结对帮扶贫困户，形成以县委统一领导、党政齐抓共管、部门倾力投入、社会各方参与、干部全力以赴的脱贫攻坚大决战工作格局。

落实精准要求，夯实攻坚基础。建立健全贫困对象动态管理制度，采取“五步工作法”开展农村人口摸底调查，按照“三评四定”程序常态化加强动态管理，落实“双包保”“双签字”责任严把退出关口；采取自下而上精准和自上而下统筹相结合的方式，通过“群众提、村研判、乡初核、部门审、县评审”流程，建立1个县级项目库、15个乡级路线图、142个村级施工图，所有村（社区）和建档立卡贫困户项目规划全覆盖；抓实项目资金监督管理使用，制订出台财政扶贫资金和涉农整合资金使用管理办法，全面落实公示公告和审计监督制度，聘请第三方对扶贫资金开展支出重点绩效评价、绩效跟踪及规范性监督检查；以“五净、三无、两化、两规范”为主要内容，创建“爱心超市”125个，组建社会治理小组144个，硬化农村院坝14.87万平方米、户间道109.25万平方米，拆除危旧房2.9万户，建成农村卫生厕所3万座，全方位推进农村人居环境整治；扎实推进县、乡、村三级“扶贫课堂”和农村“院坝会”“三评三讲”和“自强诚信感恩”主题教育实践活动，充分调动群众脱贫攻坚主体作用，树立群众勤劳致富理念，增强群众脱贫致富信心决心。

严格对标对表，解决突出问题。狠抓危房清零，抓实易地搬迁，实施农村危房改造29897户，实施易地扶贫搬迁安置12138户51341人，累计解决住房保障51926户，所有建档立卡贫困户住房安全得到保障。全面开展饮水安全普查，采取补充水源、增加调蓄设施、新建水窖、建立管护机制等措施，新建和改造贫困村人饮工程823件，所有农户饮水安全得到有效保障。聚焦义务教育控辍保学，压实“两线四级”责任，落实“一县一方案、一校一方案、一生一方案”和宣传教育、责令整改、行政处罚、申请执行或提起诉讼“四步法”，实现卡户学生零辍失学；聚焦职业教育发展，通过县企合作、县校合作开办“格力班”“长隆班”等职教特色班，全县普职比从2015年的1 ∶ 0.37上升到2020年的1 ∶ 0.89，接近全国平均水平。全面加强县、乡、村医疗卫生基础设施和服务能力建设，实施乡村医疗机构改造和新建88个，建成标准化村卫生室（社区卫生服务站）137个，配备村医328名，县人民医院和县中医医院均达到二级甲等标准；全面落实健康扶贫政策措施，建档立卡贫困人口非卡边缘人口100%参加基本医疗保险和大病保险，“先诊疗、后付费”和“一站式”即时结报、大病专项救治、医疗救助、家庭医生签约服务等惠民便民政策落到实处，规范管理“四种特慢性病”11163人，实施大病集中救治3253人，落实医疗救助3.9万人次，重点人群家庭医生履约服务517200人次，群众“看病贵，看病难”问题得到有效解决。实施到户产业帮扶项目，建成农业产业示范基地27个、培育和引进农业龙头企业16家、组建农民专业合作社527个，发展村级集体经济142个，实现了有条件、有产业发展意愿的贫困户产业帮扶全覆盖；制订出台转移就业10条激励政策措施，成立乡镇人力资源服务中心、村（社区）人力资源服务站，组建驻中山、杭州、昆明人力资源服务站，大力开发农村公益性岗位，采取“五个一批”措施，强化劳务输出和稳岗服务，基本实现有劳动力的家庭至少1人就业的目标。落实困难救助、养老保险等社会保障政策措施，符合低保条件的建档立卡贫困人口100%纳入低保保障范围。以水、电、路、通信等基础设施项目建设为重点，狠抓基础设施项目建设，大永高速和沿江高速永善支线开工建设，实施国省干道改造2条

203 公里，实现乡乡通油路、村村通硬化路；硬化行政村公路 137.9 公里、实施村组道路硬化 2001 公里，行政村到乡镇或县城全部通硬化路；实施安防设施 1076 公里，所有行政村到乡镇或县城危险路段都有必要的安全防护设施。大力实施骨干水源工程和灌区配套工程建设，实现营盘、大板厂、白云、双河、天星坝“五库同建”，建成农田水利工程 193 件。新建和改造 10 千伏线路 114 公里、低压线 633 公里，安装和改造一户一表 73525 户，所有行政村全部通 380 伏动力电，所有农村群众都通生活用电。新建和改造通信基站 296 个，4G 网络到行政村村委会驻地全覆盖，行政村村委会、学校、卫生室全部通宽带网络。广播电视信号覆盖率达 99% 以上，每个行政村都有公共服务和活动场所。

坚持党建引领，强化过程管控。统筹推进党支部规范化建设、软弱涣散基层党组织整顿、党建示范点创建，筑牢脱贫攻坚战斗堡垒。按照“尽锐出战”的要求，下派驻村扶贫工作队 141 支、选派驻村扶贫工作队队员 544 名，公开招聘 141 名扶贫志愿者和 282 名就业信息员、民政助理员参与脱贫攻坚。通过保障工作待遇、解决生活补助、购买意外保险、强化绩效奖励等方式，激发村组干部在脱贫攻坚一线担当作为。推行“党支部 + ”模式，发挥基层党组织在抓产业、促就业和基层社会治理中的主导作用。实行“一月一核查、一月一调度、一月一通报”工作机制，组建 15 个脱贫驻乡督战队、成立 3 个脱贫攻坚明察暗访组，每月直奔一线点对点开展督促检查，面对面反馈存在问题。加强扶贫领域腐败和作风问题专项治理，严肃查处脱贫攻坚工作中违规违纪行为。

五年来的艰辛历程，永善县在脱贫攻坚方面的投入力度之大、动员规模之广、产生影响之深前所未有，并最终夺取了脱贫攻坚的决定性胜利，绝对贫困问题得到有效解决。构建起了覆盖县、乡、村三级完整的脱贫攻坚组织指挥体系，健全了脱贫攻坚核查、暗访、督战工作机制，制订了脱贫攻坚后续帮扶巩固提升工作措施，出台了脱贫攻坚责任追究办法和“六个严禁、六个一律”纪律规定，健全了横向到边、纵向到底、上下贯通的脱贫攻坚工作制度体系；群众住有所居、户户安居和“危房不住人、住人无危房”目标得以实现，城乡医疗卫生服务条件和能力不断提高，教育阻断贫困代际传递作用有效发挥，产业就业组织化水平不断提升，兜底保障力度不断加大，农村群众生活明显改善；千百年来困扰群众的出行难问题得到有效解决，农村用水用电实现全覆盖，网络宽带到村全普及，交通、通信、电力等基础设施大为改善；农村人居环境整治初见成效，贫困地区整体面貌焕然一新，城乡面貌显著改观；脱贫攻坚锤炼了干部作风、提升了干部能力，基层党组织凝聚力和战斗力不断增强，广大干部用脚步丈量大地，用汗水践行宗旨，用行动书写忠诚，进一步拉近了与群众的感情和距离，激发了群众内生动力，实现了群众思想、情感、工作“三个认同”，厚植了党的执政根基；各级各方倾力投入的态势已经形成，累计整合各类资金 123.81 亿元投入脱贫攻坚，实现减贫 41149 户 180703 人，彻底解决了绝对贫困问题，创造了永善减贫史上的奇迹。

（作者时任中共永善县委办公室副主任）

精准扶贫　精准指挥

付天平

永善县始终坚持把脱贫攻坚作为最大的政治任务和最重要的民生工程，健全组织保障体系，压紧压实各级各方责任，坚决打赢脱贫攻坚这场硬仗，确保如期全面建成小康社会。

县级成立脱贫攻坚领导小组。永善县委、县政府成立了以书记、县长为双组长，县委副书记任常务副组长，县政府常务副县长任副组长，县委办、县政府办、县纪委监委、县委政研室、县委办、督查室、县委组织部、县委宣传部、县扶贫办、县发改局、县人社局、县财政局、县农业农村局、县林业好人草原局、县水务局、县住建局、县交运局、县自然资源局、县教体局、县民政局、县卫健局、县审计局、县文化旅游局、县工信商科局、县统计局、县水电移民服务中心、县民宗局、县金融办、县供销联社、县供电公司、县人民银行、县信用联社、县农业银行为成员单位的领导小组，负责全县脱贫攻坚的决策部署，统筹协调解决全县脱贫攻坚工作中重大困难和问题。

设置脱贫攻坚3个片区指挥部。根据全县地理位置，设立脱贫攻坚三个片区作战指挥部，由县委副书记、县政府常务副县长、驻村帮扶工作队总队长任指挥长，从县委、县政府、县人大、县政协及相关的挂钩帮扶部门抽人员组成指挥部。第一片区指挥部负责溪洛渡镇、桧溪镇、细沙乡、团结乡、青胜乡、务基镇；第二片区指挥部负责黄华镇、马楠乡、水竹乡、墨翰乡、莲峰镇；第三片区指挥负责茂林镇、伍寨乡、码口镇、大兴镇。各片区指挥部负责深入脱贫攻坚一线开展调查研究，帮助乡镇解决困难问题、指导下步工作、督促整改落实，协调各方力量、创造必要条件，全力以赴推进脱贫攻坚工作。各片区指挥部内设专项规划编制及技术指导组、专项督查组、专项考核组等三个专班，从组织部、纪委、行业部门等抽人组成，在指挥部的统一领导下开展工作。专项规划编制及技术指导组负责对乡镇精准扶贫各项规划设计的业务对接、项目实施巡回技术指导等工作；严格按照规划设计和技术规范，指导乡镇控制规划布局、优化设计方案，并加强对群众建房的技术指导和培训；会同各乡镇协调规划设计单位，超前组织编制易迁点和行政村、特困自然村的规划方案。专项督查组负责对各乡镇脱贫攻坚工作推进情况和目标任务完成情况进行督促检查、跟踪问效；采取定期与不定期督查、点上督查与面上督查、实地督查与电话抽查相结合的方式，开展调查走访、明察暗访；对工作亮点突出，落实成效明显的，给予通报表扬；对推动工作组织不力，措施落实不到位的，提出限期整改意见，督查情况纳入考核内容。专项考核组负责执行考核工作办法，对各乡镇工作开展情况进行考核和鉴定，同时对15乡镇派驻脱贫攻坚督查专员，确保脱贫攻坚工作有力有序推动。

15乡镇设置分指挥部。在脱贫攻坚三个片区指挥部下设15个乡镇分指挥部，由1名县委常委领导担任指挥长，1名县处级领导担任第一副指挥长，乡镇党委书记、乡镇长担任常务副指挥长，县直各挂钩帮扶部门主要领导和乡镇党政班子为成员。负责逐村对标查找脱贫出列短板，逐村研究制订补齐脱贫短板的措施办法，逐项研究解决脱贫攻坚项目推进过程中的困难问题，全力加快脱贫攻坚项目实施进度；督促结对帮扶干部和一线挂联干部逐户落实工作责任，逐户对标查找户脱贫短板，落实帮扶措施，强化帮扶效果，确保贫困户全面达标脱贫；指导做好农村人居环境整治，努力改变农村环境脏乱差现象，提升群众生活质量和水平；加大脱贫攻坚政策宣传和感恩教育力度，提高群众对脱贫攻坚政策的知晓度，增强群众感恩意识，激发群众内生动力；坚持每月召开分指挥部会议，分析查找存在的问题，研究推进工作的措施办法，安排部署阶段性工作，推动脱贫攻坚责任落实、政策落实、工作落实。

141 个村（社区）设置指挥部。由乡镇党政 1 名班子成员任指挥长，村（社区）支书和驻村第一书记为副指挥长，乡镇抽派人员和挂钩帮扶部门派出驻村队员为成员，对村（社区）脱贫攻坚工作全面负责。

根据全县脱贫攻坚工作推进情况，还设置了产业扶贫、就业扶贫、教育扶贫、健康扶贫、农村危房改造、饮水安全保障、易地扶贫搬迁、东西部扶贫协作等专项扶贫工作领导小组，全面保障脱贫攻坚工作高效落实。

（作者时任永善县人民政府办公室副主任）

在打赢脱贫攻坚战中诠释为民情怀

戈昌武

习近平总书记指出：“打赢脱贫攻坚战，是全面建成小康社会的底线任务，是我们党作出的庄严承诺。”永善是国家级重点扶持贫困县，也是云南27个深度贫困县、昭通最大的集中连片特困区域之一，全县有贫困村141个（其中深度贫困村74个）。2013年，全县有建档立卡贫困人口45020户160273人，贫困发生率是38%，经多轮动态调整后，精准锁定建档立卡贫困人口41149户180703人。贫困面广、贫困程度深，如期实现脱贫摘帽，任务十分艰巨。

脱贫攻坚大决战打响以来，我始终谨记习近平总书记“我将无我，不负人民”的为民情怀，按照“五级书记抓脱贫攻坚”的要求，对标中央和省市决策部署，充分发挥“一线总指挥”的作用，将脱贫攻坚责任牢牢记在心上、扛在肩上、抓在手上，在打赢脱贫攻坚战中践行初心使命，忘我舍我，不愧人民。

肩负重任　谋定而动

2015年9月，刚走上县委书记岗位的我，迎来带领全县人民与全市全省全国同步全面建成小康社会的国家“大考”，这既是对自己政治责任的一次重大检验，更是对自己攻坚克难能力的一次全面考量。为了全面深入摸清全县的贫情，我带领分管领导以及县委办、扶贫办等部门同志迈出机关门、走进农家院，跑遍了全县141个贫困村（社区），每到一个地方我都与基层干部群众座谈交流，认真听取大家的意见建议，全面了解当地的贫困现状、基础建设、产业发展等情况。密集性的走访调研，对全县的贫情现状有了深入的了解：基础设施薄弱、产业发展滞后、危房改造任务繁重、教育医疗等服务能力低、人居环境“脏、乱、差”现象突出……要带领全县贫困群众如期脱贫，攻克的贫困堡垒很多，需要投入的人财物力巨大，我深感责任重大，唯有坚决扛起政治责任方能破釜沉舟、放手一搏，唯有苦干实干方能不负初心、不辱使命。

打赢脱贫攻坚战是一场复杂的系统工程，涉及贫困群众住房安全、饮水安全、教育医疗等保障群众基本生活的方方面面，为有效解决工作推进中遇到的困难问题，我在深入调研的基础上，与县“四班子”领导同志一道，共同研究制订出台了一系列政策措施，做到谋定而后动、厚积而薄发。针对住房安全问题，组织研究制订4类重点对象、非4类重点对象农村危房改造措施，以及农村危房改造差异化补助政策，为解决农村群众住房安全问题提供了政策支持保障。针对教育保障问题，组织研究制订控辍保学工作方案，督促扛实“两线四级”责任，落实“四步法”“联控联保”等办法措施，全力抓辍失学学生劝返和在校学生保学工作。针对产业发展问题，组织研究制订马铃薯、花椒、特色水果、竹子、生猪、肉牛等6大高原特色产业发展规划和路径，以及扶贫小额信贷精准扶持产业发展等政策措施，为扶持群众发展特色农业产业提供政策支撑和资金帮助。针对劳动力转移就业问题，组织研究制订农村劳动力技能培训暨转移就业工作实施方案、农村劳动力转移就业政策，为有力推动农村劳动力转移就业奠定了坚实基础。同时，研究制订了推动医疗保障、饮水安全、道路交通、集体经济发展等政策措施，为有效解决建档立卡贫困人口“两不愁、三保障”突出问题和村出列、县摘帽存在的问题短板提供了政策支持。

聚焦目标　攻克堡垒

打赢脱贫攻坚战必须做到目标精准、靶向准确，为确保对标对表推进脱贫攻坚任务，做到有的放矢，我带领“四班子”和行业扶贫部门深入细致研究，对标对表查缺补漏，增强了抓脱贫攻坚工作的针对性，保障了各项工作的实效性。

安居是乐业的基础。按照“危房不住人、住人无危房”的要求，采取“以房找人、以户找房”方式，精准锁定实施对象，精准落实“四类重点对象”建房补助政策，并针对“四类重点对象”以外的住房不安全户，研究制订相应补助政策、奖励措施和贷款支持政策，最大限度调动农村群众开展危房改造，累计筹措补助资金 7.21 亿元，撬动农户自筹资金 30 多亿元，实施农村危房改造 29897 户，有效解决了农村群众住房不安全的问题。同时，坚持把易地扶贫搬迁作为解决“一方水土养不好一方人”的根本举措，亲自担任指挥长，带领相关部门多次到县城周边踏勘选址，成立 7 个工作专班系统抓好易迁项目建设，实行每 20 天召开一次工作例会，对房屋结构、配套设施、外墙色调……每个环节都亲自把关，创造了红光易迁安置点一年建设一座城、一周搬迁上万人的“永善速度”和建设零伤亡、搬迁零事故的骄人业绩，得到省市和各级各方高度肯定。“十三五”以来，全县累计建成易迁安置点 64 个，完成 12138 户 51341 人搬迁，其中 8074 户 34949 人安置进入永善县城、昭阳靖安、鲁甸卯家湾，各易迁点群众安居乐业，易地扶贫搬迁由最大的难点变成了最大的亮点。

就业是民生之本、小康之基。我始终把增加就业作为贫困群众最有效最直接的脱贫方式，围绕“培训一人、转移一人、就业一人、脱贫一户”的目标，指导制订出台了劳动力转移就业 10 条激励政策措施，组建驻中山、杭州、昆明人力资源服务站，强化劳务输出和稳岗服务，特别是在 2020 年年初新冠肺炎疫情影响下，组织开展家门、车门、厂门“三门相连”行动，通过“一站式、点对点”输送劳动力 1.81 万人。通过几年的努力，基本实现了有劳动力的家庭至少有 1 人就业、零就业家庭动态清零。

发展产业是实现脱贫的根本之策。我始终立足永善的资源禀赋和县情特征，注重产业规划引领，紧盯“村村有亮点、组组有看点、户户有支撑”的目标，把马铃薯、花椒、竹子、特色水果等为代表的“六大特色产业”作为主导产业，整合投入产业发展资金 9.93 亿元实施产业帮扶，建成产业示范基地 43 个和 1 个园区 3 个扶贫车间、发展集体经济 142 个、引进和培育新型经营主体 527 个，培育和发展农业龙头企业 16 家，引进集饲料生产、种猪繁育、生猪养殖、屠宰加工、冷链配送于一体的正邦福猪养殖项目落地永善，促成云南菜人家与中汇集团实现成功重组，实现了有条件、有产业发展意愿的贫困户产业帮扶全覆盖，有条件、有发展意愿的贫困农户户均至少有 1 项以上的增收产业。

公路不通、一窍不通，公路一通、一切皆通。一次到黄华镇任坝村铜厂沟走访调研，一位 80 多岁的老人告诉我：“由于交通不便，铜厂沟的群众赶集来回要走近 5 个小时，生产生活物资运输全靠人背马驮，群众没有急事都不愿意去赶集，通公路是他们几代人的梦想”，这些话让我感触很深，让我更加坚定要脱贫必须先修路的决心，随着脱贫摘帽期限的倒逼和国家政策支持，迅即在永善大地上掀起了“交通基础设施大会战”，不遗余力推进“四好农村路”建设，一条条惠及全县人民的脱贫路、致富路、小康路在永善大地上不断延伸。目前，大永高速和沿江高速永善支线开工建设，2 条国省干道 203 公里完成改造，实现乡乡通油路、村村通硬化路目标，硬化村组公路 2001 公里，50 户以上村民小组公路硬化率达 60% 以上，实施安防工程建设 1076 公里，改造溜索危桥 6 座，从“主动脉”到“毛细血管”，实现了内部交通环境的全面链接，打通服务群众的“最后一公里”。

对标县摘帽、村出列、户脱贫标准，我没有等待观望，而是主动作为，对标对表抓任务落实、补短板弱项，在广大党员干部和群众的共同努力下，实现了所有对标对表任务全部达标、所有问题全部动态清零。同时，我更加关注脱贫成色问题，坚持以农村人居环境整治为抓手，按照“先治乱、后治脏”的工作思路，组织开展农村人居环境整治，狠抓院坝户间道硬化、物品堆放整洁、环境卫生整洁、路域河道整洁、畜禽养殖规范、“厕所革命”和“微菜园、微花园、微果园”三园建设等各项措施落实，打好村规民约、社会治理小组、“爱心超市”、管护机制“组合拳”，近三年，累计实施农村无害化卫生厕所改造 30271 座、行政村村委会公厕改造 80 座，硬化户间道 109.25 万平方米，院坝 14.87 万平方米；乡镇生活垃圾设施覆盖率达 85%，农村生活垃圾治理率达 100%。如今，全县农村面貌焕然一新，全面小康成色更足，群众有更多、更直接、更实在的获得感幸福感安全感。

党建引领　机制联动

习近平总书记指出：“要把扶贫开发同基层组织建设有机结合起来，真正把基层党组织建设成带领群众脱贫致富的坚强战斗堡垒。”面对繁重而艰巨的脱贫攻坚任务，我认真落实“五级书记一起抓脱贫攻坚”的要求，牢固树立大抓基层、大抓支部的鲜明导向，组织实施政治引领、凝神聚魂、达标创建、固本培元、聚力脱贫“五大工程”，切实把党的政治优势、组织优势转化为推动脱贫攻坚的“红色引擎”。脱贫攻坚战以来，我大力推进农村基层党组织标准化规范化建设，加大软弱涣散（后进）村党组织整顿提升力度，完成 862 个党支部标准化规范化示范点建设，整顿软弱涣散基层党组织 243 个；村（社区）工作经费提高到每年 5 万元、6 万元，村（社区）干部岗位补贴最高达 3420 元 / 月；选派 176 名贫困村党组织书记到浙江大学、昭通市委党校、扎西干部学院学习培训，22 名村干部通过考试进入事业单位，6 名村干部通过考试进入公务员队伍，从脱贫攻坚一线提拔干部 209 名、占提拔干部总数的 72%；下派驻村扶贫工作队 141 支、选派驻村扶贫工作队队员544名，实现贫困村（社区）驻村帮扶全覆盖；公开招聘141名扶贫志愿者和282名就业信息员、民政助理员参与脱贫攻坚工作；坚持力量下沉，从县直挂钩帮扶部门抽调1500余名党员干部充实脱贫攻坚大决战第一线，他们牢记使命重托，听令而行、闻令而动，用自己辛勤的汗水换来贫困群众的幸福生活，有的长期超负荷运转，有的身体透支亮起“红灯”，有的干部病倒在工作岗位上，甚至有13名同志献出了宝贵生命……正是强大的“红色引擎”为脱贫攻坚提供了坚强的组织保障和人才支撑，“跑”出了脱贫攻坚“加速度”。

在全面加强基层组织建设的同时，我深深意识到只有健全完善制度机制，把攻坚责任压紧压实到各级各方和每一名干部身上，才能推动脱贫攻坚各项决策部署落到实处。我带领常委班子认真研究，建立完善指挥协调机制，落实党政主要领导负总责的双组长制，建立健全县、乡、村三级指挥体系，加强对脱贫攻坚工作的统一领导、统一指挥、统一协调，形成“五级书记”一起抓、一级带着一级干的生动局面，有效解决了“谁来干”的问题。建立责任清单机制，制订出台县级领导、行业扶贫部门主要领导、挂钩联系部门主要领导、乡镇党政主要领导、包村工作组组长、一线挂联干部、部门结对帮扶干部、抓村督导员“8张责任清单”，全面落实攻坚责任，有效解决了“干什么”的问题。建立协同作战机制，落实县级挂钩联系领导与乡镇、县级行业扶贫分管领导与行业扶贫部门、行业扶贫部门与乡镇、挂钩帮扶部门与挂钩帮扶村、结对帮扶干部与一线挂联干部“5个同等责任”，层层签订承诺书，形成责任闭合、责任共担、协同攻坚的格局，有效解决了“如何干”的问题。建立督查问责机制，制订出台脱贫攻坚责任追究办法和“六个一律、六个严禁”脱贫攻坚干部纪律规定，实行“一月一核查、一月一调度、一月一通报”机制，发挥督查评价“指挥棒”作用，拧紧脱贫攻坚责任“发条”，有效解决了“干得好与不好”一个样的问题。通过构建纵向到底、横向到边的责任体系，压紧压实责任链条，凝聚脱贫攻坚合力，为如期实现“摘帽”目标，打赢脱贫攻坚大决战夯实基础。

功不在我　功成有我

习近平总书记指出，要以“功成不必在我”的精神境界和“功成必定有我”的历史担当，保持历史耐心，发扬钉钉子精神，一张蓝图绘到底，一任接着一任干。五年来，我始终牢记嘱托、砥砺奋进，带领广大干部群众攻坚克难、攻城拔寨，以滚石上山的劲头、爬坡过坎的勇气，举全县之力，开展脱贫攻坚大决战，绘就决胜全面小康新蓝图。2020 年 4 月，全县顺利通过贫困县退出第三方评估，8 月顺利完成国家脱贫攻坚普查，9 月接受了国家建档立卡数据质量第三方评估，在现行标准下，41149 户 180703 人贫困人口全部达到脱贫标准、141 个贫困村全部脱贫出列，脱贫攻坚战取得决定性胜利，全面建成小康社会取得历史性成就。事非经过不知难，五年的艰辛努力，换来永善大地翻天覆地的变化。如今的永善，正在发生深刻的思想观念之变、基础条件之变、产业形态之变、城乡面貌之变、社会风尚之变，到处充满蓬勃向上的生机与活力。脱贫攻坚这场伟大的变革，使困扰永善千百年来的绝对贫困问题在我们这一代人手中历史性地得到解决，这是我们人生之大幸。脱贫摘帽不是终点，而是新生活、新奋斗的起点，在巩固脱贫成果与衔接乡村振兴的新征程上，我将不松劲、不停顿、不懈怠，用实际行动诠释为民情怀。

（作者时任中共永善县委书记）

脱贫路上践初心

傅再胜

“全面建成小康社会，一个不能少；共同富裕路上，一个不能掉队。”这是习近平总书记的庄严承诺。看山兴叹、望水生愁是曾经永善县情的真实写照。脱贫攻坚伊始，全县尚有建档立卡贫困人口 45020 户 160273 人，贫困发生率高达 38%。2015 年，党中央吹响了打赢脱贫攻坚战的号角。全县上下响应党中央号召，认真贯彻落实党中央国务院和省、市党委、政府决策部署，在县委的坚强领导下，坚持尽锐出战，持续打响了一场场脱贫攻坚攻坚战、大决战、收官战。通过五年的艰辛努力，如期实现脱贫摘帽目标，为接续实施乡村振兴打下了坚实基础。

用脚步丈量贫情

2015 年 11 月，我从市政府办调永善县人民政府工作，正好赶上脱贫攻坚这场史无前例的战役。决战脱贫攻坚，丝毫不容懈怠。为了尽快熟悉县情、民情和贫情，我用 1 个月时间跑遍了全县 15 乡镇，并深入部分村组调研。第一次到马楠乡老铁厂、鸽子厂、羊洞子调研，给我留下的深刻印象是：基础薄弱，深度贫困，人居环境差，也印证了坊间流传的“稀泥沾满鞋裤子、人畜粪便臭鼻子、荞粑洋芋过日子、人畜混居茅房子”的境况。看到县内高寒边远山区如此揪心的现状，迫使我快马扬鞭，在统筹工作的同时，从重点村社区开始，先后用 6 个月时间遍访完全县 142 个村社区。

通过深入调研，让我对永善的贫情有了更透彻的了解：农村危旧房存量较大，还有不少群众蜗居在茅草房、土坯房里，夏不避雨、冬不挡寒；道路交通基础设施薄弱，村组道路晴通雨阻现象十分突出，“公路起槽槽、开车蹦迪高，到处是稀泥、开车玩漂移”的现象随处可见；农村饮水难、灌溉难问题突出，区域性、季节性、工程性缺水较为严重，守着大江没水喝、顶着水库没水用；教育基础设施薄弱，教育教学质量不高，一些边远地区的学生要走两个多小时山路才能到学校，上学难、上学远的问题突出；产业发展散小弱，组织化程度低，抗自然灾害和市场风险的能力弱；就业组织化程度低，劳动力素质不高，一些群众不愿意外出务工，外出的也大多数从事低技能工种。面对这样的贫情，我深感脱贫攻坚任务艰巨、责任重大，更深知唯有撸起袖子加油干，脱贫摘帽目标才能如期实现。

用实干战胜贫困

聚焦解决贫困群众“两不愁、三保障”问题，消除农村危房，实施易地扶贫搬迁，打牢农村发展基础，提升产业就业“两个组织化”程度，办好人民满意的教育，是永善打赢脱贫攻坚战硬仗中的硬仗。

2017 年 3 月，我到茂林镇文山村焦家营村民小组调研，焦云德户一家 4 口还居住在不足 50 平方米的土坯房里，房屋墙体开裂、屋顶破损，常常“外面下大雨，屋内下小雨”。从其他县领导调研反馈的情况得知，像焦云德一家一样蜗居在破旧土坯房的农户全县还有不少的量。县委书记戈昌武同志召集听取全县调研情况后，县委、县政府决定进一步摸清底数，组织县、乡、村干部，采取“以房找人、以户找房”的方式，全方位开展了农户住房情况摸底排查，发现全县还有3.7万户群众居住在危房之中。如何让群众住上安全房，成为首要任务和最大难题。为了让所有贫困群众都实现“安居梦”，县委、县政府多方筹措资金，迅速掀起了农村危房“清零”行动，组织党员干部、能工巧匠组建帮建队、先锋队、突击队，帮助建房群众放线选址、联系建材、搬砖运砂、支模打板，“一户一策”实施农村危房改造29897户，坚决守住了“危房不住人、住人不危房”的底线。如今，走进永善各个乡村，贫困群众告别了土坯房、茅草房、叉叉房，家家户户搬进了砖混结构的新房子，住有所居、居有所安的梦想成为美好现实！

永善县属贫困山区农业县，60%以上的贫困群众都居住在海拔1500米以上的二半山区和高寒山区，气候环境恶劣、基础设施建设滞后，生产生活极为不便，不少地方是“一方水土养不活一方人”的典型。县委、县政府深刻认识到既要“挪穷窝”，更要“断穷根”“换穷业”，以“搬不动大山就搬房，搬不动江河就搬人”的信念，积极引导群众突破大山重围、打破小农思想，搬出大山谋发展、迈入城镇寻跨越，累计建成易迁安置点64个，搬迁安置群众51341人，34949人迁入昭阳区靖安、鲁甸县卯家湾、县城红光安置区，开启了“进城、入镇、进厂、上楼”的新生活，一步实现从深山到城镇的“直过式跨越”，从根本上改善了群众生产生活条件。特别是用一年的时间完成了县城红光新区3542户14672人的建设、搬迁、安置任务，创造了工程建设零伤亡、搬迁工作零事故的“永善奇迹”和一年新建一座城、一周搬迁上万人的“永善速度”。搬迁工作得到上级党委、政府充分肯定，中央电视台、新华社等国家级媒体作了跟踪报道。

永善坐落于大山大水大峡谷之间，公路建设难度大、投资成本高，基础条件差、历史欠账大，交通条件内联不优、外联不畅是多年来困扰永善经济社会发展的最大瓶颈。为了解决群众出行难的问题，书记和我带头多次到省市汇报对接，做实项目前期工作，积极争取国家和省市项目资金支持，共争取到上级列批项目308个、上级投资32.41亿元、国开行贷款资金7.3亿元。经过五年的不懈努力，全县新增公路里程1421公里，实施安防工程1076公里，硬化村组道路2001公里，乡乡通油路、村村通硬化路、危险路段有安防的目标基本实现，县内交通“神经末梢”全面疏通。随着昭永公路和国道213线升级改造全面完工，彻底解决了全县15乡镇对外通行不畅的问题；金沙江月亮湾跨江大桥建成投用，打通了又一条出永入川通道。如今，一条条硬化公路穿梭城乡各地、联通千家万户，方便了群众出行，为产业发展奠定了基础。

永善境内山高坡陡，沟壑纵横，人居高处、水在低处，雨水资源空间分配和季节性分配不均，骨干水源工程少，导致季节性、区域性、工程性缺水严重，部分区域种的“雷响田”、吃的“望天水”，依然处在靠天吃饭、广种薄收的农耕状态。为满足人畜饮水和农业用水需求，县委、县政府横下决心大干水利基础设施建设，在国家和省、市的大力关心支持下，五年间累计投入资金25.42亿元，实施农村饮水安全巩固提升工程项目823件，巩固提升4.54万户19.15万人的农村人口饮水安全，家家户户都喝上了自来水、卫生水、放心水；实施产业发展配套水利工程312件，新增有效灌溉面积4.7万亩，大幅提升了金沙江干热河谷地区产业用水保障；相继开工建设营盘、天星坝等库容6115万立方米的6座水库，形成了“六库同建”的场景，浓墨重彩书写了永善水利工程建设的新篇章。

面对农业产业发展科技种植推广不足、田间管理粗放、品种混杂多样、组织化程度不高，农产品吸引力不强，市场竞争力薄弱的实际，通过多次深入田间地头调研，县委、县政府着眼解决小散弱的问题，提出了“一规三改一提”产业发展思路，重点扶持发展马铃薯、花椒、竹子、特色水果、生猪、肉牛“六大产业”，推动农特产业规模化、标准化、品牌化发展。为培育和引进龙头企业，我带队到江西等地考察，经县委、县政府深度洽谈，成功引进正邦养殖集团等大型企业入驻永善，集饲料生产、种猪繁育、生猪养殖、屠宰加工、冷链配送于一体的正邦福猪养殖项目落地建设，建成后将达到仔猪和育肥猪出栏“两个 100 万头”的规模，迈出永善产业规模化发展的新步伐。为避免农产品同质化，增强市场竞争力，大力优化发展高原特色产业，积极引进象山红美人、白玉枇杷、蜂糖李、贡椒等新品种进行推广种植，实施提质增效 19.46 万亩。如今，全县 34 万亩金江花椒飘香四溢，30 万亩人工竹林葱郁山间，18 万亩枇杷、柑橘、猕猴桃等特色水果深受消费者喜爱，呈现出一幅“江边花果飘香、山上牛羊成群”的乡村产业新画卷，基本形成了“村村有亮点、组组有看点、户户有支撑”的产业发展格局。

永善有劳动力 23.7 万人，但大多农村劳动力文化素质不高、缺少技能。就业组织化程度低，流动性强、稳岗难是制约群众稳定增收的疾症。为提升劳动力素质，把人口资源优势转化为人力资源优势，县委、县政府大力发展职业教育，确立了走“借船出海”的路子，深入推进“县校合作”“校校联办”“校企联办”“专业共建”，多管齐下提升职教水平，普职比从 2015 年的 1 ∶ 0.37 提升到 2020 年的 1 ∶ 0.89，超过了全国平均水平，上万孩子因此拥有一技之长、找到了合适的岗位，扭转了人们重普高轻职高的观念。结合全县就业特点，制订出台了转移就业 10 条激励政策措施，采取“五个一批”的方式，促进贫困劳动力转移就业。同时，成立县、乡、村三级人力资源服务机构，组建驻中山 · 东莞、杭州、昆明人力资源服务站，强化劳务输出和稳岗服务，全面提升就业组织化程度。特别是在 2020 年疫情期间，采取包车包列等方式，点对点输出劳动力 1.81 万人，实现家门、车门、厂门无缝对接，稳定在外务工人口达 18.66 万人，务工就业成为群众稳定脱贫的主要渠道。

到永善工作初期，全县不少学校基础设施滞后、师资力量薄弱、教学水平不高，前景让人担忧。为了办好人民满意的教育，县委、县政府坚定“再穷不能穷教育，再苦不能苦孩子”的态度，花大力气改善教育基础条件，共争取教育项目 387 个、资金 8.57 亿元，新建中小学、幼儿园 27 所，改扩建中小学校 60 所，新增校舍面积 34.46 万平方米，新增学位 1.36 万个，义务教育均衡发展于2018年高质量通过国家认定。为了不让一个孩子因为贫穷而失去上学机会，全面落实雨露计划等各项助教助学政策，采取“四步法”“联控联保”等措施抓实控辍保学，实现义务教育阶段辍失学生动态清零。为了提升教育教学质量，积极探索合作办学模式，引进浙江温州知临教育集团合作开办永善县知临中学，办学第一年就在全省多校联考中排名靠前，实现了永善学子在家门口就能享受优质教育的梦想。

用初心开创新局

脱贫摘帽不是终点，而是新生活、新奋斗的起点。我们始终牢记习总书记重托，认真落实“四个不摘”要求，有力推进巩固拓展脱贫成果同乡村振兴有效衔接。随着脱贫攻坚后续帮扶巩固提升方案、巩固脱贫成果完善帮扶机制实施方案、防止返贫致贫动态监测和精准帮扶实施方案、易地扶贫搬迁后续发展巩固提升方案、巩固拓展脱贫成果同乡村振兴有效衔接实施方案等一系列方案制度的出台，巩固拓展脱贫成果同乡村振兴有效衔接的政策制度、组织体系、资金投入、人才保障等体制机制逐步完善，教育扶贫、健康扶贫、就业扶贫、产业扶贫、生态扶贫、金融扶贫等各项巩固提升工作深入推进，贫困群众脱贫基础更加牢固、脱贫成色更加出彩。站在“十四五”开局的历史新起点，我们将深入贯彻落实新发展理念，主动融入新发展格局，按照“产业兴旺、生态宜居、乡风文明、治理有效、生活富裕”的总要求，大力实施乡村振兴战略，让农业更强，农村更美，农民更富！

（作者时任中共永善县委副书记、县长）

监督服务助脱贫

侯志怀

不忘初心、牢记使命，在脱贫攻坚主战场上履职尽责，彰显共产党员的担当与作为，这是县人大机关党员干部在脱贫攻坚帮扶工作中信守的准则和承诺。作为县人大常委会主要负责人，注重发挥好机关牵头总揽抓帮扶的作用，又履行好联系包乡指导工作职责，尽心尽力践行一名党员领导干部的初心和使命，带领人大机关干部一道，用智慧、汗水和鏖战贫困的决心，统筹单位人力物力，融监督于服务之中，精诚团结、众志成城，竭尽全力助推全县的脱贫攻坚摘帽战。如今，无论是挂联的墨翰乡，还是帮扶的细沙乡凉水村，山村换了新颜，百姓喜上眉梢，乡亲们过上了好日子。

谋篇布局　统筹推进

学懂政策打基础。2015 年 11 月 27—28 日，随着中央扶贫开发工作会议召开，全县脱贫攻坚工作不断深入，全县各级各部门把脱贫攻坚工作作为最大的政治任务强力推进。县人大机关作为其中一员也不例外。我作为人大机关的“班长”深知没有政策理论基础，光凭实践摸索，工作起来就会举步维艰，事倍功半。为了尽快提升干部理论素养和政策水平，组织人大机关制订详细的学习计划和检查考核机制，督促全体干部职工认真学习贯彻习近平新时代中国特色社会主义思想和党的十八大、十九大精神，将中央脱贫攻坚的大政方针、习近平总书记关于扶贫攻坚的重要论述、两次考察云南的重要讲话以及省、市、县脱贫攻坚政策收集归纳编印成书、制作成册，供干部职工学习，用以指导工作，引导干部职工以高度的政治责任感使命感，积极主动投入脱贫攻坚具体实践。

压实责任促落地。工作中，注重与班子成员的沟通，集体研究，分析形势，统筹推进。根据人大机关挂钩联系村、社区和班子成员联系乡镇的实际情况，制订了县人大机关脱贫攻坚挂钩包保、压实脱贫攻坚工作责任等方案，对人员安排、任务分解、后勤保障、脱贫攻坚阶段性任务等作了周密详尽的安排，将人大机关结对包保的细沙乡凉水村 179 户贫困户的挂联责任落实到单位每位干部职工，确保脱贫攻坚人人有责，也保证了人大本职工作和脱贫攻坚任务同步有序推进。

整合力量强保障。根据人大机关脱贫攻坚工作方案，抽派了政治觉悟高、党性原则强、政策业务熟的 2 名年轻同志驻村开展工作，同时将单位的职工合理搭配统筹安排成若干小组，结合各委室的工作任务，排出时间表，错峰到挂包的村、社区开展工作。长期以来，人大机关基本保证了下沉力量和驻村职工不少于 10 人；在安排好机关挂包工作和自己负责乡镇工作的同时，多次与常委会其他领导深入其联系的乡镇开展调查研究，分析研判，加强督促指导，帮助协调解决问题，整合单位人力物力，尽最大限度给予人力、经费、车辆等方面的保障。此外，还全力支持常委会领导积极参与县委交办的其他工作。

张弛有度　履职尽责

同心共筑永善梦。作为县四班子主要领导之一，始终站在全县的高度，与县委、县政府同频共振，紧紧围绕县委的中心，服从县委的领导，主动思考、谋划，积极作为，参与决策全县的脱贫攻坚大事要事，为全县脱贫攻坚献计出力。

履行职能助脱贫。在履行人大监督职能方面，正确把握监督与支持的关系，把群众普遍关心关注的热点难点问题和“一府一委两院”的重点工作作为监督工作的立足点，突出重点，把握尺度，做到行权不越权，到位不缺位。几年来，紧紧围绕脱贫攻坚、经济社会发展、民生保障等方面开展调研视察，重点对产业就业、易地搬迁、水电路等基础设施、教育扶贫、健康扶贫、饮水安全、兜底保障、人居环境、项目资金等内容开展了调研视察和专题询问，广泛了解社情民意，有效履行了人大监督职能，较好地服务和促进了全县脱贫攻坚工作。

服从大局显担当。工作中主动担当，积极作为，发挥自己相对熟悉招商引资和经济工作方面的优势，为县委、县政府分忧解难，协助政府相关领导在招商引资、东西部扶贫协作等方面开展工作，有效促进了云南康迪服饰、美林蓝莓、正邦福猪、浙江知临教育等东西部扶贫项目落地落实，促成广东中山中汇集团与永善民营企业云南菜人家合作，云南七彩食品有限公司已成立挂牌；针对全县脱贫攻坚重点难点问题，多次深入高寒边远乡镇开展调研，了解贫困现状，分析贫困原因、查找贫困问题、帮助理清思路，提出意见建议，为县委、县政府决策提供帮助。

心怀群众　助力脱贫

深入基层查实情。自挂钩联系墨翰乡以来，我深入村组、农户进行实地调研，了解乡情社情民情。墨翰乡地处永善县东南部，距县城 130 公里，境内最高海拔 2362 米，最低海拔 840 米，海拔高差大、立体气候强。全乡辖 9 村 1 社区 179 个村民小组 6588 户 26453 人，建档立卡贫困户 2848 户 12219 人，全乡贫困村 2 个、深度贫困村 8 个。我走遍了墨翰的山山水水村村寨寨，带领墨翰乡党委、乡政府一班人深入调查研究，分析问题症结，研究解决办法。牢牢把握“六个精准”的基本方略，紧盯“两不愁、三保障”总体目标，理清思路，制订计划，细化方案，确定阶段性目标任务，与乡村干部职工一道心贴心地想，脚跟脚地干，功夫不负有心人，墨翰严格按质按量按时完成了脱贫攻坚各阶段任务。截至 2020 年 6 月 30 日，全乡 9 村 1 社区所有贫困户在现行标准下已全部达到了脱贫出列标准。

突出重点解难题。墨翰地处三县六乡交界处，境内水利资源丰富，素有水电明珠和白酒之乡的美称。境内立体气候特征明显，适宜种植的作物较多。通过调研发现，导致墨翰父老乡亲长期处于贫困线下的原因除了资源分布不均，群众自身发展思路不清、办法不多外，主要原因是道路交通等基础设施落后，无特色支柱产业，已有的产业小、散、弱现象突出，惠及群众少，辐射带动效果不明显。通过与乡党委、乡政府班子一道，把脉问诊，制方案、定计划，明确时间表、路线图，坚持“六个精准”，紧盯“总体目标”，补短板、强弱项，精准滴灌，靶向发力。功夫不负有心人，在各级对口帮扶单位和乡村组干部的共同努力下，墨翰发生了翻天覆地的变化。在基础设施上得到极大的改善，累计新建村组公路 160 公里、硬化公路 217.7 公里，大永高速墨翰段征地拆迁按工程进度要求有序推进，已建成公路桥 6 座，极大地方便了群众的安全出行；完成坪和、大寨、箐林、白水、响水 5 条灌溉渠的修复改造，新建响水村小河片区田间渠道，实施人畜饮水巩固提升工程6批42件，受益10个村（社区）45个村（居）民小组2063户8369人，实现了全乡所有群众饮水有保障的目标；新建中心校1所已竣工投入使用，新建中学教学楼一幢，辖区内中小学硬、软件建设得到全面提升；全乡实施了农网改造，完成户表改造6300余户；累计完成农村危房改造2742户；新建网络通信基站3座，提升改造了10个村（居）民委员会，新建、改扩建18个活动场所、文化广场和9个卫生室已全部投入使用；建设干溪张家梁子、箐林河沙坝、柏林上坪子等5个易迁安置点已全部建成搬迁入住，完成进城入镇易地搬迁安置808户3474人。在产业和就业上实现了新的突破，实施了云南金江绿色产业有限公司发展林麝养殖、干溪村清水养鱼等项目，破解村级集体经济发展制约瓶颈迈出关键一步；将扶持资金跨区域入股莲峰镇南林村肉牛养殖基地初见成效；补植花椒2343亩，完成职业技能、电商、种养殖等培训2514人次，转移就业11757人，开发公益、公服岗位219人，全乡实现无零就业家庭。通过教育、健康、社会救助等行业扶贫政策不折不扣的落实和大量行之有效的基础工作，墨翰乡整体呈现民生保障不断加强，乡村面貌焕然一新，社会和谐稳定，干群关系持续向好，群众幸福指数攀升等良好局面。

心系群众办实事。挂钩联系墨翰的几年中，无论严寒酷暑，不分春夏秋冬，深入村、社、农户了解情况，走遍了10村（社区）179个村民小组。富裕百姓的经历是相似的，贫困群众的困难问题各有差异。这些群众中，哪家需要危房改造？哪家需要社会兜底、哪家老人大病、哪家子女上学困难？哪家劳动力闲置、脱贫措施中哪家该外出就业？哪家该发展什么产业、哪个工程推进到什么程度、还有什么困难和问题？哪条沟渠需要疏通整治？哪个区域、哪个地块发展了什么产业等等，这些都基本做到了心中有数。和乡村干部到群众家中，与群众一道分析原因，理清思路，帮其解决实际困难，实施脱贫计划。干溪村冷仕松说：“近年来，各级领导为我家操碎了心，上门帮扶的次数我都记不清了，在他们的帮助引导下，我儿子在外学习理发并成了小股东，而且带上弟弟一起干，我自己也通过就业培训掌握了粉墙技术，就在乡内务工，收入还很可观，一家人日子过得火火红红！”小干溪村民小组的李高飞兴致勃勃地说，“现在每到赶集，一天要卖几十斤鱼，遇到哪家办事百来斤鱼轻松就卖了，一个月的利润比外面打工的工资还多。”李高飞以前家庭困难，为脱贫致富他也做了不少努力，无奈效果不佳，入不敷出，我们到他家实地查看后，建议他家利用得天独厚的条件，引附近的龙洞水养鱼，同时再养猪、牛。李高飞采纳了意见，建了 3 个 5 立方米左右的鱼塘，同时他用农村小额扶贫贷款 5 万元买了 1 头母猪 2 头牛饲养。李高飞说，今年一窝下了 12 只小仔猪，卖了 8 只 1.3 万元，留下 4 只自家养殖。面对未来，李高飞信心满满，要在产业发展上脚踏实地走好每一步，让日子越过越好！

（作者时任永善县人大常委会主任）

把脱贫攻坚放在最高位置

许成建

打赢脱贫攻坚战是一项伟大的事业，是亘古以来惠及人民群众最直接、最普遍、最彻底、最利民的国家行动。在“两个一百年”奋斗目标的历史交汇时刻，我有幸成为“第一个百年”奋斗目标中脱贫攻坚战这个决胜局的一名战士，深感光荣而自豪。

2017 年 11 月，在离开永善这片热土两年后又重新回到这块养育我的土地，永善的山山水水，对于我这个土生土长的永善人来说已经非常熟悉，但在刚上任县委副书记这个新的工作岗位，特别是看到全县上下正如火如荼推进脱贫攻坚的热闹场面，作为县委分管脱贫攻坚的领导，自己心里不禁有些忐忑。从脱贫攻坚战打响以来，自己虽然之前也亲自参与脱贫攻坚工作，但毕竟在系统研究脱贫攻坚方面感觉还有不少差距，面临新的工作任务，对是否能够适应这个岗位、胜任这份工作，是否能够为县委和主要领导参谋分忧，是否能够为永善脱贫攻坚尽好一份力，自己感觉底气不足。但回头一想，我是一个永善人，又在家乡工作，既然组织把自己放在这个岗位，这就是组织对我的信任，决不能辜负组织的重托，再大的压力也要咬紧牙关挺住、再大的困难也要想尽办法攻克，我坚信功成不必在我，但功成必定有我，这既是一名党的干部应有的态度，更是一名党员践行初心使命的坚定追求。

接力棒坠手 攻坚战逼人

2018年4月，是个让我永远也不会忘记的月份——省级扶贫开发成效考核反馈永善县贫困退出质量不高、扶贫措施不精准不扎实、产业扶贫组织化程度低、“挂包帮”和驻村扶贫工作不到位、基层基础工作不扎实等问题，永善县2017年度省级扶贫开发成效考核被评为“一般”等次。4月13日，县委、县政府主要领导接受了省委、省政府约谈。这是对永善脱贫攻坚工作的重重一击，更给才分管脱贫攻坚几个月时间的我敲响了警钟，特别是通过平时调研、听取汇报、研究工作了解到，我县除省级扶贫开发成效考核反馈的问题外，还存在一定程度的精准识别、帮扶、退出率不高及脱贫攻坚项目库建设不实、扶贫项目推进迟缓等不少薄弱环节，自己感觉需要理顺的事情还较多，需要整改的问题也还不少，一段时间感觉压力倍增。怎样解决全县脱贫攻坚不精准不精细、责任压得不实、挂钩帮扶不力、成效不明显等突出问题，除了县委书记、县长统筹思考谋划外，也成了这段时间我思考得最多的问题。面对全县脱贫攻坚基础薄弱的现状，面对全县还有91个贫困村（社区）未出列、16476户66095人未脱贫，贫困发生率还有15.8%，2019年年底就要实现全县摘帽目标的艰巨任务，加之原县委副书记、政府常务副县长同时提拔重用调整，在长达近半年时间未配备常务副县长期间，我带领县扶贫办及县直相关行业扶贫部门深入分析研判，深挖全县脱贫攻坚问题症结，集思广益制订政策措施，并积极主动向县委、县政府主要领导汇报，以背水一战、破釜沉舟的决心和勇气，主动出击、共克难坚，下定决心打一场翻身仗。

工作中思谋　思谋中参谋

2015年6月，习近平总书记在贵州考察时，提出了扶贫开发“六个精准”基本要求，同年10月16日，习近平总书记在减贫与发展高层论坛上提出“五个一批”脱贫措施，这一重要论述为打赢脱贫攻坚战提供了根本遵循。紧扣“六个精准”要求和“五个一批”措施，针对永善脱贫攻坚在精准精细、对策措施、责任落实等方面存在的问题，结合自己调研了解的情况，我首先把工作重点放在压紧压实各级各方责任上，分别以县级领导和行业扶贫部门、乡镇党委、镇政府、各级挂钩帮扶部门主要领导及驻村工作队队员、结对帮扶干部等力量为责任主体，牵头研究细化“八张责任清单”“五个同等责任”和组织制订脱贫攻坚责任追究办法等工作措施，推动建立健全脱贫攻坚责任体系。针对精准精细落实不到位的问题，牵头研究建立县、乡、村三级动态管理日制度，常态开展贫困对象动态管理工作，确保了贫困对象动态精准，扣准了贫困对象精准这个“第一粒扣子”。同时，对标对表户脱贫、村出列、县退出标准，坚持自下而上精准与自上而下统筹相结合，按照“群众提、村研判、乡初核、部门审、县评审”的流程，组织开展“村村清、户户清”行动，规划涉及易地扶贫搬迁、农村危房改造、产业扶贫、转移就业、交通扶贫、教育扶贫、健康扶贫、生态扶贫、兜底保障、文化公共服务、饮水安全保障及脱贫巩固、贫困村振兴等扶贫项目12大类129项，总投资78亿元，进一步做实了村级施工图、乡级路线图、县级项目库，扣实了脱贫攻坚措施精准这个“第二粒扣子”。对象精准、措施精准只是完成了脱贫攻坚的基础性工作，关键在于要让到村到户帮扶措施真正落到实处、发挥效益。为此，我和县政府分管脱贫攻坚工作的袁江同志多次逐一听取各乡镇、县直行业扶贫部门有关扶贫项目实施情况汇报，并针对各乡镇、各部门提出扶贫项目实施存在责任不清、推进迟缓的问题，就怎样高效推进扶贫项目实施、确保项目落地见效展开充分讨论，认真分析利弊，最终形成一致意见，进一步明确了扶贫项目实施主体和验收主体，进一步理顺了扶贫项目实施机制，为高效推进脱贫攻坚项目实施、扣紧脱贫攻坚精准退出“第三粒扣子”打牢了基础。同时，还提出了建立乡镇脱贫攻坚第一书记制度、实施农村基层干部生活补贴、招聘扶贫志愿者、重点任务乡镇增派挂职干部等建议，得到县委、县政府的认可采纳和执行，增添了脱贫攻坚的制度保障和基础保障。

5+2卖力　白加黑拼命

永善县贫困人口总数达18万人，占全省第9位、全市第4位，是集民族、山区、贫困“三位一体”的国家级重点扶持贫困县，也是云南27个深度贫困县、昭通市最大的集中连片特困区域。2018年以来，面对脱贫攻坚任务重、时间紧、要求高的严峻形势，特别是对标户脱贫、村出列标准，全县在贫困群众住房保障、饮水安全、控辍保学、就医就学及产业就业组织化等方面存在的突出问题，有时还真睡不着觉，反复在想是问题太多，还是自己能力水平不行，是时间不够用要加班加点，还是思路方法有问题，想来想去，各种因素都有，唯有“5+2”“白加黑”，夜以继日拼命干，才能保障各项目标任务如期顺利推进。“牵牛要抓牛鼻子”，对标全县脱贫攻坚目标任务，群众住房保障和饮水安全成了最为紧迫的工作，永善地形复杂、群众居住分散，住房和饮水安全保障点多、面广、任务重，在千头万绪的工作任务中，我重点把实施农村危房改造和农村饮水工程作为解决贫困群众“两不愁、三保障”突出问题的关键问题来抓，积极与县政府相关分管副县长沟通，主动向县委、县政府主要领导汇报，争取形成推进合力。为把县委、县政府的决策变成各级干部的实际行动，确保各项措施落实落地见效，我主动沟通县政府相关分管副县长，组织相关行业扶贫部门对标专题研究各行业扶贫工作，特别是2018年到2019年的两年时间里，面对艰巨的脱贫攻坚对标任务、7644户33042人的新增易地扶贫搬迁等繁重的工作，审阅签发文件、组织召开会议、研究安排工作，经常从头天早上工作到第二天凌晨一二点，两年多来，仅审阅签发涉及脱贫攻坚的文件就有220余份、组织或参加研究脱贫攻坚方面的会议达300余次，在2019年脱贫攻坚成效考核时，三天两夜的举证没有睡上一觉，持续地加班熬夜让原本就有黑眼圈的我变得更像一只“大熊猫”，不少同志调侃：“老许，你越来越值钱啰，都快成为国宝了。”面对艰巨复杂的脱贫攻坚任务，积极向县委、县政府建言献策、“5+2”“白加黑”推动工作落实，是作为县委分管脱贫攻坚的我的不二选择，更是考验党性、锤炼意志、彰显担当的使命所然。

高悬刀和剑　倒逼赛场人

任何成就的取得都需要经过千锤百炼，更何况是千百年来中国历史上未曾有过的脱贫攻坚大战役。2019年，永善面临脱贫摘帽的国家大考，既要按照既定目标和时间节点推进脱贫攻坚进程，又要在有限的时间内完成各级反馈问题整改清零，还要做好迎接摘帽考核评估各项准备，对全县各级各部门特别是对我来说，更是一场考验工作能力和水平的大战。为把不利因素转化为有利因素，将各级反馈问题的压力变为推动全县脱贫攻坚的动力，我坚持以问题整改推进中心工作落实的思路，推动建立脱贫攻坚“一月一核查、一月一调度、一月一通报”工作机制，每月拟定清单组织开展脱贫攻坚核查，积极谋划逐月调度全县脱贫攻坚重点工作任务，必要时请书记、县长出场调度推进。为充分发挥督导利剑作用，推动督查力量下沉，推进问题一线解决，牵头研究组建15个脱贫攻坚驻乡督战队，以督工作任务、督责任落实、督纪律作风、抓正反典型“三督一抓”为主要督战内容，驻乡进村入户开展督战，并组建3个明察暗访组，采取“三不两直”的方式，直指一线、直抵现场对各级各部门脱贫攻坚工作情况开展常态化明察暗访，既保障了各项工作任务落实，又为县委、县政府科学决策提供了参考依据，还为打赢全县脱贫攻坚战夯实了基础。

功成不在我　脱贫必有我

习近平总书记指出，要以“功成不必在我”的精神境界和“功成必定有我”的历史担当，保持历史耐心，发扬钉钉子精神，一张蓝图绘到底，一任接着一任干。按照习总书记的最高指示和县委、县政府的总体安排部署，我始终坚守“出功成之力，不求功成之誉”的价值追求，务实担当、积极作为，破难题、攻堡垒，在书记、县长的坚强领导下，凝聚各级各方力量，众志成城，艰辛付出，夺取了全县脱贫攻坚大决战决定性胜利。努力不会白费，付出总有收获。在以书记、县长为双指挥长的总指挥下，我带领红光易迁指挥部和党工委（管委会）全体成员，有时每天从早到晚盯在工地，有时隔三岔五深夜现场督战，通过持之以恒的日夜奋战，推动如期建成桐堡、红光2个县城易迁安置点，亲自组织指挥并顺利完成7644户33042人的易地扶贫搬迁安置任务，最多时一天搬迁600多户近3000人，创造了易迁安置“工程建设零伤亡、搬迁工作零事故”和“一年建设一座城、一周搬迁上万人”的奇迹；推动组建村级集体经济142个，农村基层党组织战斗堡垒作用越发明显；推动增加劳动力转移就业1万余人，年均增幅6.9%，基本实现有劳动力贫困家庭至少有1人就业，贫困群众家庭经济收入逐年提高；推动实施扶贫项目2000余个，完成投资逾16亿元，全县基础设施不断改善、产业发展不断壮大；推动实施农村无害化卫生户厕改造3万余座，农村人居环境持续提升，乡风文明、治理有效、宜居宜业的新农村逐步形成。2020 年 5 月，全县顺利通过贫困县退出第三方评估，8 月顺利完成国家脱贫普查，最终圆满完成了 141 个贫困村 4 万多户 18 万余人的脱贫出列任务，实现了全县上下的共同目标。回首往昔，自己也为全县决战决胜脱贫攻坚、全面建成小康社会、续写乡村振兴新篇章贡献了应有力量，用实际行动诠释了自己的初心使命。

（作者时任中共永善县委副书记、现任县政协主席）

感受永善巨变　见证辉煌历程

袁　江

习近平总书记指出："全面建成小康社会最艰巨最繁重的任务在贫困地区，特别是在深度贫困地区，无论这块硬骨头有多硬都必须啃下，无论这场攻坚战有多难打都必须打赢，全面小康路上不能忘记每一个民族、每一个家庭。"曾经的永善，正是集民族、山区、贫困于一体的国家扶贫开发重点县，也是云南省27个深度贫困县之一，全县142个行政村中有141个是贫困村，深度贫困村达74个。2017年末，全县仍有118个贫困村、98408名贫困人口，贫困发生率高达24.8%，贫困面广，贫困程度深，脱贫攻坚任务十分艰巨。

2018年，我有幸到永善县工作，参与了这场史无前例的伟大战役，见证了永善从深度贫困走向全面小康的辉煌历程。在这场战役中，伴着脱贫攻坚的冲锋号，坚韧的永善干部群众向贫困发起一波又一波的攻击，打赢了一场又一场攻坚战、大决战、收官战，一步步朝着2020年实现脱贫摘帽的目标坚实迈进。到2019年末，全县累计出列139个贫困村（社区）、脱贫174230人，贫困发生率下降到1.5%，脱贫攻坚战取得决定性胜利。2020年5月，云南省人民政府正式批准永善等31个县（市、区）退出贫困县序列，48万永善人民翘首以盼的脱贫摘帽梦想终于得以实现。2020年8月，永善县等83个县（市、区）正式通过国家脱贫普查验收，全县41149户贫困人口全部实现高质量脱贫，全面开启乡村振兴新征程。

见证工作：日夜兼程写忠诚

过去三年，是永善县脱贫攻坚加压奋进再出发、苦拼实干勇争先的三年，全县党员干部万众一心、众志成城，以闻鸡起舞、风雨无阻的奋斗姿态，以功成不必在我、功成必定有我的历史担当，在脱贫攻坚战中书写了忠诚于党的坚定誓言，用实实在在的脱贫成果兑现“小康路上一个都不能掉队”的庄严承诺。

高位统筹再部署。2017年，在全省脱贫攻坚成效考核中，永善县被评为“一般”等次，这像一块沉重的石头落在县委、县政府的肩上。面对不利局面，县委、县政府迅速对全县脱贫攻坚工作进行全面梳理，多次召开县委常委会、县政府常务会、扶贫开发领导小组会议，对工作思路、组织领导、责任体系、经费投入、干部作风、群众工作进行再研究、再部署、再细化，系统制订了扶贫对象动态管理、项目资金管理使用、农村危房改造、易地扶贫搬迁、产业扶贫、就业扶贫、教育扶贫、健康扶贫、兜底保障等一系列指导性文件，建立了调度指挥、督查通报、问题整改、责任追究、考核评估等工作机制，脱贫攻坚组织体系更加健全、工作思路更加明晰、措施办法更加具体，为全面打赢脱贫攻坚战指明了方向、明确了目标、细化了标准。同时，对脱贫攻坚工作进行严格把控，定期分析形势、研判问题、明确要求，每出台一项政策都经过反复论证，每安排一笔资金都务求实效，每部署一项任务都充分考虑基层负担，县“四班子”领导常常白天下乡调研，晚上开会讨论，研究工作到凌晨两三点是常态，尽量把有效时间放在抓落实上，以实干作风引领基层干部，用科学决策指导基层工作。

凝心聚力抓落实。全县36名县级领导挂钩联系15个乡镇、36个重点村、36个特困自然村，带头落实指挥在一线、走访调研在一线、政策宣讲在一线、问题解决在一线、责任落实在一线、情感融洽在一线的“六个一”要求，定期进村入户开展遍访工作，每月到挂钩联系乡镇主持召开挂钩帮扶联席会议，与乡村两级一道研究问题、细化措施、推动工作。中央、省、市、县 119 个挂钩单位挂钩联系 141 个贫困村（社区），紧扣户脱贫、村出列标准，不遗余力派干部、出资金、想办法，齐心协力推动脱贫攻坚。一线“三支队伍”全部包保到户，用心用情用力帮扶贫困户，对标对表补齐脱贫短板。三年来，无论春夏秋冬、天晴下雨，在脱贫攻坚一线，随处可见扶贫干部的身影，大家起早贪黑、不舍昼夜，为群众建房、引水、修路、上学、就医、务工、发展产业而奋战不休。忙碌的背后，是扶贫干部舍小家、顾大家的执着坚守和忘我工作、无私奉献的优秀品质，有的小孩上学无法接送，有的带病坚持在岗，有的轻伤不下火线，有的甚至付出了宝贵的生命，用无数感人的事迹，谱写了一曲曲动人赞歌，缔造了一件件脱贫奇迹。

干群携手齐攻坚。全体扶贫干部始终牢记人民群众才是真正的英雄，深入贯彻市委“133”工作思路，把群众工作贯穿于脱贫攻坚全过程，通过一次又一次的入户走访、一场又一场的火塘会院坝会，耐心细致宣讲脱贫攻坚政策，广泛深入开展“自强诚信感恩”教育，激发群众脱贫内生动力。在脱贫攻坚战中，贫困群众积极通过自身努力脱贫致富，涌现出了一大批感人至深、催人奋进的脱贫故事。徐洪礼是溪洛渡镇白沙村腰栈三组村民，身患残疾的他劳动力较弱，但阻挡不了他依靠双手勤劳致富的脚步，一个人种了 3 亩玉米、3 亩水稻、2 亩花椒，养了 13 头猪、8 只鸡、5 只鹅，农闲时还跑三轮车补贴家用，在扶贫干部的帮扶和自身努力下，建起了安居房，购置了电视、冰箱、洗衣机等家用电器，于 2018 年顺利摘掉了贫困户的帽子，过上了幸福的小康生活。家住桧溪镇源胜村桦槁坪二组的李安元，曾因本地山高坡陡、土地贫瘠、广种薄收而远赴陕西安康等地务工，并逐步组建施工队伍，做起了工程承包，成了名副其实的“老板”。但当他亲眼看见了当地群众种植猕猴桃致富的经过，联想到家乡的野生猕猴桃很多，便动起了回乡种植猕猴桃，带领乡亲们致富的念头，到陕西汉中、周至等地实地考察、了解市场行情、学习栽培管理技术后，于 2016 年牵头建立了永善县桧元种植专业合作社，吸纳当地 38 户农户以土地入股，共同发展猕猴桃产业，誓把荒山变成金山银山。通过几年的发展，种植面积已达460亩，曾经乱石林立的山坡上，布满了嫩绿的猕猴桃藤，大部分已挂果投产，并获得国家绿色有机食品认证书。借助东西部扶贫协作机遇，合作社还与广东中山企业签订了1000万元的销售合同，带领周边群众走上了共同致富的道路。像徐洪礼这样依靠自身奋斗脱贫、李安元这样带动乡亲共同致富的典型事迹还很多，他们发挥了脱贫攻坚的“主人翁”作用。

见证改变：山乡旧貌换新颜

功夫不负有心人。通过实施系列帮扶举措，全县脱贫攻坚工作连年出现可喜变化，在全省脱贫攻坚成效考核中，从2018年的“较好”到2019年上升为“好”，全县农村基础设施明显改善、村庄面貌显著改观、群众生活水平大幅提高、思想观念极大转变，各个乡村像是旧貌换了新颜。

房子安全了。坚持把安全住房有保障作为脱贫攻坚的第一道门槛，大力实施农村危房改造和易地扶贫搬迁，全面消除农村危房，群众告别了低矮破旧的土坯房，搬进了安全稳固的新房子，实现了梦寐以求的“安居梦”。特别是通过实施易地扶贫搬迁进城安置，不仅让29149名贫困群众住进了小区房，更是实现了“进城、入镇、进厂、上楼”的目标，彻底摆脱了大山的束缚，逐步适应小区新环境，融入城市新生活，踏上发展新起点。

基础改善了。多年以来，基础设施薄弱、生产生活条件落后一直是制约永善经济社会发展的最大“瓶颈”。县委、县政府抓住基础设施建设这个“牛鼻子”，坚持规划引领，强化项目储备，拓宽融资渠道，千方百计推进水、电、路、网等基础设施建设。三年来，一根根自来水管引进千家万户，一条条硬化公路联通城乡各地，一座座移动通信基站矗立山头……不少家庭买上了小汽车，人流、物流、信息流加速流通，为农村经济社会发展注入了新的活力。

收入提高了。我们坚持把就业作为群众脱贫的主要渠道，大力开展就业技能培训，出台转移就业10条激励政策措施，采取“点对点”对接服务，送岗上门、送人到岗，实现有条件的贫困家庭至少一人就业，贫困群众工资性收入占家庭纯收入的67.5%，外出务工成为群众脱贫的一条“快车道”。坚持把发展产业作为群众脱贫致富的根本之策，加大产业扶贫力度，大力培育新型农业经营主体，带动群众规模化、专业化、科技化从事种植养殖，培育了马铃薯、花椒、竹子、特色水果、生猪、肉牛等一批有规模、有特色、有市场的农特产业，成为群众稳定增收的“压舱石”。

保障健全了。随着脱贫攻坚的深入推进，教育、医疗、养老等公共服务设施不断完善，社会保障体系不断健全，民生福祉不断增强。没有一个孩子因为贫困而失去上学机会，所有贫困群众享有公平可及的医疗服务，年满60周岁参保对象按月领取养老保险待遇，符合条件的特困供养人员还能入住敬老院，享受亲人般的照护，9.96万人纳入城乡低保予以保障，学有所教、病有所教、老有所养、弱有所扶不断取得新进展，人民群众幸福感、获得感大幅提升。

群众脱贫了。2020年，所有贫困村、贫困人口全部达到脱贫出列标准，如期实现了全县脱贫摘帽的目标，与全国全省全市同步进入小康社会，所有扶贫干部在脱贫攻坚战中付出的努力、流下的汗水、经历的辛酸都在这一刻得到了检验。脱贫摘帽，改变的不仅仅是肉眼可见的物质条件，更引起了群众生产方式、生活习惯、思想观念的深刻变革，通过物的改变和环境的改变，促进了人的改变，实现了“脱贫脱的是人”这一根本目的。

见证精神：不破楼兰终不还

脱贫攻坚战是一场大战、一次大考，也是一次经验的积累。经过几年的脱贫攻坚战磨炼，广大党员干部得到了锻炼、经受了检验、增长了才干，人民群众思想得到洗礼、观念得到转变、精神得到升华，凝聚各族干部群众决战脱贫攻坚、决胜全面小康的实践成果和智慧结晶，形成了永善人民宝贵的脱贫攻坚精神。

攻坚克难的担当精神。县委、县政府坚决扛起脱贫攻坚主体责任，调整充实扶贫开发领导小组，严格实行党政主要领导“双组长”负责制，落实“8张责任清单”，压实“5个同等责任”，层层签订脱贫攻坚责任状和承诺书，形成了责任闭合、责任共担、合力攻坚的良好格局。各级党组织、各个挂钩帮扶部门、每名扶贫干部以为党分忧、为民解难的思想境界，以时不我待、攻坚克难的担当精神，坚决扛起脱贫攻坚政治责任，自觉做到在任务面前不讲价、在困难面前不低头、在挑战面前不退缩，真正拿出“再硬的骨头也要啃下”的干劲，用干部“脱皮”换来了群众脱贫。

求真务实的敬业精神。坚持把精准贯穿脱贫攻坚全过程，严格落实集中遍访日和动态管理工作机制，按照“三评四定”程序识别贫困对象；紧扣户脱贫、村出列标准，缺什么就补什么，适合发展什么就规划什么，有针对性建立到户措施清单，动态编制完善142个村级施工图、15个乡级路线图和县级项目库，精准实施脱贫攻坚项目；坚持现行脱贫标准和退出程序，认真落实“双包保”“双签字”责任，对贫困村、贫困户退出实行分层分类审核，从严把好退出关口。正是由于坚持了精准精细的工作态度、求真务实的工作作风，政策落实不搞一刀切，项目建设不搞形象工程，帮扶到户不搞简单应付，脱贫退出不掺虚假水分，才确保了扶真贫、真扶贫、真脱贫。

众志成城的帮扶精神。坚持全民动员、全员参与、全力以赴，全县共投入财政扶贫资金30余亿元。住房、饮水、教育、卫生、产业、就业、金融、民政等行业扶贫纵深推进，全方位开展精准帮扶。各级挂钩帮扶部门和东西部对口协作单位投入帮扶资金5.34亿元，倾力支持脱贫攻坚。544名驻村扶贫工作队队员坚持吃住在村、工作在村、心思在村，成了名副其实的“村里人”。4842名干部职工结对帮扶贫困户，实现干部包户全覆盖。146名扶贫志愿者积极参与，踊跃投身脱贫攻坚一线。通过各方面的广泛参与，构建起了专项扶贫、行业扶贫、社会扶贫互为补充的大扶贫格局，形成了众志成城、广泛参与脱贫攻坚的生动局面，汇聚起了全社会关心支持脱贫攻坚的磅礴力量。

自力更生的奋斗精神。贫困群众既是脱贫攻坚的对象，更是脱贫致富的主体。广大贫困群众借助脱贫攻坚政策机遇，乘势而上、主动作为，积极支持配合脱贫攻坚工作，自觉新建住房、外出务工、发展产业、送子女入学、参与公共基础设施建设，依靠自身的力量脱贫致富。正是发扬了自立自强、自力更生的奋斗精神，使脱贫致富的内力与外力有机地结合在了一起，才实现了贫困人口全部脱贫，形成了长期可持续发展的强大内在动力。

随着脱贫攻坚战取得圆满收官，困扰永善人民千百年来的绝对贫困问题在这一代人手里画上了句号，不仅让48万各族人民群众的“脱贫梦”“小康梦”变成美好现实，更提供了一套可接续的政策制度，建立了一个完备的组织体系，锻造了一支过硬的人才队伍，补齐了一系列基础设施短板，激发了一场深刻的思想变革，为全面推进乡村振兴战略奠定了坚实基础。

（作者时任中共永善县委常委、常务副县长）

把好入门关　筛出贫与困

——永善县精准识别贫困对象纪实

叶　洪

对象精准是实施精准扶贫的第一颗纽扣，选准扶贫对象是扶贫工作的第一步，也是最关键的一步。习总书记指出，扶贫开发工作“贵在精准，重在精准，成败之举在于精准。所谓“基础不牢、地动山摇”，自精准扶贫工作开展以来，永善县严格按照中央和省市精准识别工作的安排部署，认真落实精准识别的各项政策措施，始终把精准识别扶贫对象当作脱贫攻坚的首要任务，着力解决好“扶持谁”的问题。

构建对象精准的基础骨架。2014 年 3 月 7 日，国务院扶贫办召开了建档立卡工作会议，明确了建档立卡工作的目标任务、方法步骤和工作要求，随后，按照省市的统一安排部署，永善县成立了农村扶贫对象建档立卡工作领导小组，各乡镇也相应成立了工作领导小组，加强对建档立卡工作的领导，142 个行政村成立了由乡镇驻村干部、村干部、党员、人大代表、村民代表等为成员的民主评议小组。6 月 6 日全县启动建档立卡工作，1000 余名干部深入村组和农户，摸底排查贫困状况，研判贫困程度，严格按照识别标准，对贫困人口 45020 户 160273 人进行了建档立卡，形成了全县贫困人口的基础数据，通过建立相应机构和贫困人口台账，构建起了永善县精准识别贫困对象的基础骨架。

打造对象精准的识别链条。为进一步确保扶贫对象精准，2015 年 11 月启动贫困人口动态管理工作，按照“去粗取精、去伪存真，有进有出、进出有序”的方式，根据看住房、看大件、看劳力、看产业、看负担，有机动车的不录、有抗震安居住房的不录、有城镇商品房的不录、有公职人员的不录、有较大实体产业的不录，有重病人的优先、有重度残疾的优先、有在校学生的优先、无壮劳力的优先、住危房的优先、重灾户优先的“五看、五不录、六优先”工作要求，认真落实一看房、二看粮、三看劳动力强不强、四看家中有没有读书郎、五看村容村貌怎么样的“五看法”，对贫困乡、贫困村、贫困户全面开展“回头看”，清退 4534 户 16229 人，新纳入建档立卡人口 3925 户 16229 人，锁定建档立卡贫困人口 45020 户 160273 人。此后，在 2016 年 3 月，围绕“两不愁、三保障”开展动态管理，锁定建档立卡贫困人口 160273 人。6 月，开展了第二次扶贫对象动态管理“回头看”。11 月，再次开展 2016 年度动态管理，锁定建档立卡贫困人口 160273 人。

2017 年 5 月至 9 月，根据应纳尽纳“零漏评”、应退尽退“零错评”、应扶尽扶“零错退”、档案完整“全记录”、数据精准“可追溯”的工作要求，按照“分析预判、基层参与、入户调查、综合算账、动态纠偏”五步工作法，以乡镇为主体、村民小组为单元、以农户为基本对象、以县、乡干部、驻村工作队、第三方为入户摸底调查主要力量，组建 820 个工作队 1750 人开展了大规模的农村人口摸底调查，对全县 15 个乡镇 136 个村（社区）2718 个村（居）民小组 105480 户农业人口 419355 人进行了全覆盖、无死角、无遗漏的摸底调查。同步开展了打破规模限制的动态管理纠偏工作，从对象精准、信息精准和脱贫质量等不同角度开展“回头看”，对村情贫情进行了深入连贯的一次大排查大摸底，清退错评 1868 户 10075 人，新纳入漏评 2827 户 9909 人，纠正“错退”665 户 2659 人，通过新识别、清退、补录等工作，锁定建档立卡贫困人口 43313 户 179663 人。10 月，再次开展 2017 年度动态管理脱贫退出工作，通过对标识别、自然变更等工作，锁定建档立卡贫困人口 42700 户 178466 人。

2018 年 6 月，针对建档立卡动态管理工作中存在的问题全面开展了整改，通过自下而上逐村逐组逐户按月动态排查农户基本信息，村级、乡级、县级逐级分析研判后，对应建立各类信息变动台账，实现了农户信息精准和应纳尽纳、应退尽退、应扶尽扶、信息完整的目标，清退识别不精准对象1210户5087人，补录漏评人口157户3346人，新识别378户1418人；家庭成员自然增加2954人，自然减少2503人，锁定建档立卡贫困人口41893户178601人。10月，开展了2018年度扶贫对象动态管理贫困退出工作，自然减少77户1359人，自然增加2081人，整户清退9户41人，误操作回退5户27人，锁定建档立卡贫困人口41812户179309人。

2019年，组织开展了中央扶贫动态管理暨2018年扶贫专项巡视整改工作，对2018年中央专项巡视中发现的扶贫对象动态管理工作存在的问题进行整改，新识别贫困户137户528人，清退438户2011人，补录4户124人。随后组织开展了2019年度扶贫对象动态管理，新识别贫困户34户161人，清退1户5人，自然增加7064人，自然减少314户4975人。年末，经过多轮扶贫对象动态管理，锁定建档立卡人口41234户180195人，脱贫39608户174230人，未脱贫1626户5965人。

2020年4月，根据国务院扶贫办及省、市关于防止返贫及时开展扶贫对象动态管理工作的有关要求，对标对表逐村逐户逐项认真开展核实，县、乡、村组织专班进行综合研判，新识别卡户0户0人，返贫0户0人，自然增加1657人，自然减少44户1460人，锁定建档立卡贫困人口41190户180392人，其中已脱贫39572户174470人，未脱贫1618户5922人。到2020年年底，系统锁定建档立卡贫困人口41149户180703人。

建立对象精准的相应机制。在脱贫攻坚动态管理工作中，永善县严格工作要求，统筹谋划、精心组织，建立完善相关的对象精准机制，千方百计确保扶贫对象精准。2018年4月，建立县、乡、村三级动态管理日制度，把每月19日、20日、21日作为动态管理日，对贫困人口信息增减变化情况实行常态化管理。建立监测制度，统筹结对帮扶干部、一线挂联干部等力量，对照贫困户识别和脱贫标准，逐户逐项对标核实就业、教育、饮水安全、住房安全、医疗卫生、易迁“一户一策”、收入等基本情况，开展常态化监测和贫困人口“回头看”。2017 年 9 月，建立动态管理调研机制，加强与乡镇领导干部、驻村第一书记、村支书和主任、人大代表和政协委员、农户的访谈交流，全面了解乡镇脱贫攻坚动态管理情况。2017 年 7 月，建立了数据比对工作机制，每月 1—5 日组织公安、人社、卫健、教育等行业部门对乡镇上报的本行业数据信息进行比对，及时更正相关数据，实现账实相符、账账相符，确保识别工作的精准度。

自建档立卡工作启动以来，永善县严格落实国家扶贫对象识别标准，坚持推行“一进二看三算四比五议六定”和“四议两公开”工作法，识别过程扎实有力，识别结果经得起历史和群众检验，系统解决了“扶持谁”的问题。

（作者系永善县扶贫办工作人员）

精准安排项目　打牢脱贫基础

——永善县精准安排扶贫项目纪实

杨仕权

永善县是一个地处乌蒙山区的农业大县，也是国家级贫困县和云南省27个深度贫困县之一，脱贫攻坚以前，全县基础设施脆弱，产业结构单一，农村危房多，交通不便，公共设施缺乏，人均收入低，缺水缺电问题突出，教育卫生等社会事业不发达，2013年建档立卡时全县贫困人口45020户160273万人，面对贫困面大、贫困程度深、自身财力匮乏的县情和贫情，永善县立足实际，把扶贫项目作为脱贫攻坚的重要支撑，精准精细规划实施各类扶贫项目，为决战脱贫、决胜小康奠定了坚实基础。

实施到村到户规划　精准安排项目

自脱贫攻坚战打响以来，为确保扶贫项目安排得准、实施得好、见效得快，遵循“缺什么补什么”和“保基本保必须”的原则，以贫困村和贫困人口为对象，重点针对当年计划出列村和拟脱贫人口，按照贫困村通硬化路、通电、通广播电视、通网络宽带，饮水有保障、有标准化卫生室、有公共活动场所、适龄儿童有学上的“四通四有”和贫困户有安全住房、适龄青少年就学有保障、基本医疗有保障、社会养老有保障、人均可支配收入超国家标准、享受扶贫政策、资金、项目帮扶的“四有一超一受益”标准，在统一规划模本、统一项目类别、统一单位投资的基础上，以乡镇为主体，以县直涉项部门为指导，县、乡、村三级联动开展到村到户项目规划，2016 年 2 月，县级组建项目规划指导组，乡镇以包村领导为组长，组织包村人员、挂包人员、驻村帮扶干部、村“两委”人员、村民小组长和村民代表，进村入户，根据区域特点、原有产业分布状况、适宜产业面积、基础设施短板等情况开展贫困村出列项目规划，根据贫困农户意愿、产业现状、人均收入、房屋、劳动力状况等规划户脱贫补短板项目。所有规划实施的项目注重针对性，对贫困村未通动力电、广播电视信号未覆盖、不通网络宽带、没有标准化卫生室和公共活动场所的，对应规划农网改造、移动基站、网络宽带、标准化卫生室、文化活动场所建设等项目补齐短板。对贫困户住房不达标的规划实施修缮加固、拆除重建或兜底帮建；对饮水不达的，规划人畜饮水项目；对缺产业支撑并有发展条件的农户，结合地理区域和农户发展意愿，一户一策规划种植或养殖产业项目；对有劳动力的，规划实用技术、技能培训项目。所有规划实施的项目经乡级研判、县直涉项部门初审和县扶贫开发领导小组逐一审定后批复。各乡镇、县直涉项部门按照项目建设主体责任，逐项编制项目实施方案报县扶贫开发领导小组审批，县财政局根据项目方案批复对应安排下达扶贫资金实施。2016 年，共规划实施基础设施类项目 142 个、产业类项目 236 个、公共服务项目 84 个，在产业项目上，实现了预出列村都有一项以上的主导产业，有条件、有发展意愿的预脱贫户都有一项以上的增收产业；在基础设施项目上，实现了预出列和预脱贫人口都有补短板项目；在公共服务项目上，实现了预出列村都有公共服务设施和活动场所。2017 年，在进一步收集贫困村、贫困户现状信息的基础上，结合永善县“十三五”脱贫攻坚规划和永善县“十三五”规划，根据自然条件、市场需求和发展实际，结合脱贫标准和贫困现状，以水、电、路、安居房建设等基础设施和种植、养殖产业为主，规划实施产业项目 211 个，确保了建档立卡贫困户短期增收有保障，长期增收有潜力；规划实施基础设施项目 294 个，进一步补齐了村出列、户脱贫短板；规划实施公共服务项目 22 个，进一步增强基层公共服务水平。

实施项目库建设　精准滴灌项目

为进一步实施精准扶贫项目，2018 年 3 月，正式启动脱贫攻坚项目库建设，采取“自上而下的统筹和自下而上的精准”方式，以县直涉项部门为指导，以乡镇为主体，以行政村为基本单元，以建档立卡贫困户为基本对象，统筹驻村扶贫工作队、村干部、包村工作组三支队伍，组建了 39 个工作专班和 141 个工作队，紧扣村出列、户脱贫标准，逐村调查研判，逐户摸底分析，对应建立问题清单，做到脱贫短板措施“村村清、户户清”。在摸清家底后，对照问题清单和帮扶措施，先由群众提出自己需要实施的短板项目，再根据实际情况与贫困户共同商定户脱贫项目，村（社区）将户脱贫项目和村级补短板项目装入村级施工图后，逐一研判规划项目的必要性和可行性，经村研判确定后，初步形成村级施工图报乡级进行初核，乡镇对村级施工图和乡级路线图进行逐一审核，通过乡级初核的村级施工图和乡级路线图报县直涉项部门进行审核，县直涉项部门根据各自职能职责和行业技术标准，对村级施工图、乡级路线图中各自主管的项目进行逐一审核，存在问题反馈乡镇进行修改完善，最后，县扶贫开发领导小组召集县处级领导、各行业部门和乡镇主要领导及业务人员对村级施工图、乡级路线图和县级项目库进行逐一评审，凡与脱贫攻坚无关的或者关系不密切的项目坚决予以剔除，项目库经过县级评审后上报省、市备案，据实所需批复实施。2018 年 8 月，建成村级施工图 142 个、乡级路线图 15 个、县级项目库 1 个，规划安全稳固住房、适龄青少年就学、基本医疗保障、就业扶贫、产业扶贫、生态扶贫、兜底保障工程、农村基础设施和公共服务、人居环境改善、乡级短板、县级摘帽补短板项目等 11 大类 132 个子项目，规划总投资 61.52 亿元，覆盖全县 15 乡镇 142 个村（社区）4.12 万户建档立卡贫困户，进一步实现了扶贫项目精准滴灌。

实施动态管理　精准调整项目

虽然完成了项目库建设，但不代表一劳永逸，随着脱贫攻坚的进程和脱贫标准的调整，其中部分实施的项目与规划出现差距，加之每年的贫困对象动态管理，新补录的贫困户要对标补齐短板，剔除户已规划实施的项目要删减，年终根据上级扶贫资金的到位情况要进行调整。2018 年 9 月，组织县直涉项部门、乡镇相关站所、村“两委”及驻村工作队、挂钩帮扶人员等，通过再次逐户排查、逐村研判、逐项梳理的方式开展项目库调整，全年共集中开展项目库动态调整 3 次，此后每年据实进行调整，先后开展脱贫攻坚项目库动态调整 28 次。每次项目库动态调整，项目规划表和方案文本都要修改完善，牵一发而动全身，工作任务十分繁重，2019 年 5 月的一次项目库动态调整，时任马楠乡扶贫办副主任的韩琪，怀有 7 月身孕，每天坚持在县扶贫办加班加点集中开展项目库动态调整，脚肿了，腰酸了，站起来时摇摇晃晃，走路都要扶着桌凳，仍坚持按时按质完成了相关工作任务。通过不间断的动态调整，实现了脱贫攻坚项目入库精准、应纳尽纳、应剔尽剔。

实施过程监管　精准用好项目

按照脱贫攻坚项目“先入库、后进盘”“一项目一方案”的原则，从2018年开始，所有需要实施的脱贫攻坚项目，都由县直行业部门牵头，涉项乡镇配合，逐类逐项编制项目实施方案报县扶贫开发领导小组审批，县扶贫办会同县财政局从批复项目中按照轻重缓急提出资金安排建议，再报县扶贫开发领导小组研究实施，做到了项目安排精准、实施依据充足。2018年以来，已从项目库中提取并精准实施脱贫攻坚项目2450个。为确保发挥项目的扶贫效益，在项目批复后，由县扶贫办、县财政局建立脱贫攻坚项目台账，对各项目的建设地点、批复文号、下达资金、建设内容及规模、责任主体等进行翔实登记，实行专人管理，并定期不定期收集项目建设和资金使用进度，进行跟踪督促，各乡镇、县直涉项部门对应建立项目明细台账，实行专人管理，定期收集上报项目建设和资金使用情况。县直24个涉项部门组建工作专班，按照各自主管的脱贫攻坚项目对涉项乡镇进行跟踪监管，共同解决项目建设中存在的困难问题。2019年3月，全县组建15个核查组，深入乡镇开展脱攻坚项目专项核查，县纪委监委组建监督组开展跟踪监督，确保每个脱贫攻坚项目精准安排、精准实施、落实落地，发挥应有的扶贫效益。

2016年以来，永善县共精准安排实施脱贫攻坚项目3714个，实现了141个贫困村4.12万户建档立卡贫困户短板全面补齐，对如期退出贫困县序列发挥了重要支撑作用，为接续实施乡村振兴战略奠定了坚实基础。

（作者系永善县扶贫办工作人员）

围绕项目规划　精准安排资金

苟仁毅

在脱贫攻坚工作中，永善县财政局围绕脱贫目标，抓住贫困县统筹整合使用财政涉农资金试点政策机遇，整合使用财政涉农资金和扶贫专项资金，始终坚持制度约束、项目引领、对标整合、规范分配、阳光作业、跟踪问效，精准安排使用财政扶贫资金。2015 年以来，全县围绕农业生产发展、农村基础设施建设等脱贫攻坚项目，累计投入财政扶贫资金 36 亿元，为全县脱贫攻坚项目实施提供资金保障。

坚持制度约束。建立统筹整合涉农资金工作组织机构，细化明确部门职能职责。出台财政扶贫项目资金管理办法、统筹整合使用财政涉农资金管理办法、扶贫项目资产管理办法、财政扶贫资金折股量化投资新型经营主体后续监管办法等制度文件，加强脱贫攻坚项目实施和资金使用管理制度建设，确保资金规范有序运行。

坚持项目引领。以全县脱贫攻坚项目规划为引领，坚持资金跟着项目走，按照“保基本、保必须”的原则，精准安排财政扶贫资金，从过去的“资金等项目”转变到“项目等资金”，开辟全县脱贫攻坚项目资金保障“绿色通道”，提速脱贫攻坚项目建设进度。

坚持对标整合。整合使用财政涉农资金坚持“因需而整”“应整尽整”原则，对标整合中央、省、市、县财政涉农资金，实行“大类间打通”“跨类别使用”，形成“多个渠道引水、一个龙头放水”的扶贫投入新格局。发挥财政扶贫资金聚焦效应，集中有限资金投入脱贫攻坚，精准发力，实现财政扶贫资金精准使用。

坚持规范分配。坚持以农业生产发展和农村基础设施建设为主要投入方向，按程序规范分配资金，优化资金审批拨付流程，严格资金划拨时限，确保资金及时划拨到项目实施责任单位。建立全县财政扶贫项目资金管理使用台账，资金使用跟踪横向到边纵向到底，实行项目资金清单式管理。

坚持阳光作业。按照“谁分配、谁公开，谁使用、谁公开，资金到哪里、公开到哪里”的原则，通过政府门户网、信息公开栏等多种形式对扶贫项目资金分配使用进行公示公开，项目村（社区）三委、受益贫困户深度参与监督扶贫项目资金管理使用，主动接受社会监督。

坚持跟踪问效。坚持将扶贫项目资金财务管理规范化纳入常态监管，以开展专项检查和委托第三方机构开展项目资金使用绩效评价等方式，跟踪财政扶贫资金使用成效发挥。对扶贫项目资金进行定期清理，盘活结余结转资金，统筹用于脱贫攻坚项目。坚持将财政扶贫项目资金纳入财政动态监控平台，实时在线监管，实施全过程绩效评价管理，促进资金使用效益发挥。

（作者时任永善县财政局副局长）

践行初心使命　决胜脱贫攻坚

——永善县因村派人精准工作纪实

隆　鑫

无论是炎炎酷夏，或是数九寒冬，从田间地头、农家小院，到易迁点、产业基地，在永善大地上总能看见一个个忙碌的身影，有的翻山越岭入户走访、有的帮助建房、有的宣传政策……一帧帧稀松平常的场景，共同描绘着对美好生活的向往。

在脱贫攻坚这场伟大的战斗中，永善县紧紧围绕脱贫摘帽目标，强化党建引领，凝聚各方力量，择优精准选派 141 支驻村扶贫工作队驻扎到基层扶贫一线，同群众想在一起、干在一处，用心、用情、用力为群众解难题、办实事，绞尽脑汁为群众脱贫致富想办法、出主意，切实发挥了扶贫一线排头兵和领头雁作用，用实际行动践行着扶贫工作者的初心和使命。

力量在一线集聚

永善县委全面贯彻习近平总书记扶贫开发重要思想，把干部驻村帮扶作为打赢脱贫攻坚战的重大举措，坚持全面覆盖、因村选派，统筹结合挂钩部门资源优势和村情实际，按照“抽硬人、硬抽人”要求，累计选派了

1941名政治素质好、工作作风实、综合能力强的干部到脱贫攻坚一线担任驻村扶贫工作队队员，择优任命第一书记，实现每个贫困村至少有3名以上工作队队员。

县法院90后干部张涨在脱贫攻坚任务最艰巨时，主动请缨深入挂钩联系村茂林镇冷米村驻村帮扶，他说："我们农村娃娃就是要回到农村，为养育我们的这片土地作出自己的努力，实现自身价值。"

县农业农村局积极响应县委号召，除自己挂钩扶贫点外，另选派懂产业技术，熟悉农业农村工作的中坚力量由全县统筹安排开展驻村帮扶工作，至今仍有43名同志奋战在脱贫攻坚一线。

围绕"怎么帮、如何扶"，采取分级分类、条块结合的方式，以政治理论、实用技术、政策法规等基础知识为主要内容，开展驻村扶贫工作队队员全覆盖教育培训，不断提升工作队伍整体素质；定期对全县工作队队员选派情况进行摸底排查，严格执行召回制度，对年龄较大、身体不适、作风不实、能力不强的队员及时进行调整撤换，不断优化工作队伍结构，队员数量从2018年的446名增加到现在的544名，平均年龄从原来的42岁下降到现在的39岁，队员中党员占比从61.9%增加到63.6%。在各部门选派驻村扶贫工作队队员的基础上，在决战决胜的关键时期，部门三分之二以上的工作力量下沉基层帮扶一线，真正做到尽锐出战，构建了县级领导到乡、挂钩单位到村、帮扶干部到户、工作队常驻的"网格化"帮扶力量布局，把最强的力量集聚在基层一线，举全县之力决胜脱贫攻坚。

责任在一线压实

"同志们，战友们，我们一定在县委、县政府的坚强领导下，绝不辜负组织的重托和群众的期盼，一定以饱满的热情，务实的态度，扎实的工作，朝着既定的目标一步一个脚印地砥砺前行，坚决向组织、向群众交上一份满意的答卷。”这是县水务局驻黄华镇黄坪村第一书记余泽海代表全体工作队队员在全县决战脱贫攻坚誓师大会上作出的庄严承诺。

为强化组织领导，使驻村帮扶工作有人抓有人管，县委成立由县委副书记任组长的县委驻村工作领导小组和由各乡镇主要负责人任组长的乡镇驻村工作协调小组，在驻村第一书记中择优任命乡镇工作队队长 15 名，并挂任乡镇党委副书记。

“请问是细沙乡阳堡村驻村工作队佘书记吗？全体队员都在岗吗？最近你们工作队都在开展什么工作呀？工作、生活有没有遇到什么困难？”抽查并核实队员工作状况是县驻村办每日必须完成的工作之一。

为促进作用发挥，确保工作队队员在岗、在位、在状态，县委驻村工作领导小组先后出台《关于进一步做好驻村扶贫工作队队员管理和考核工作的通知》（永办通〔2018〕7 号）、《关于贯彻落实中央省市要求进一步加强驻村队员管理的通知》（永办通〔2018〕58 号）、《关于进一步明确驻村扶贫工作队队员考勤管理工作的通知》、健全完善《永善县驻村工作队队员“五要五不准”》《永善县驻村扶贫工作调研督导制度》等制度规范，常态化坚持“一日一报备、一日一抽查、一周一通报、一月一考勤、一季一测评、一年一考核”工作机制，着力抓好调度部署、工作报备、纪律约束、考勤管理、督促检查、离岗审批、驻村安全等日常管理，严格落实县级日常监管、乡镇管理考核、派出单位协同管理的责任体系，压实驻村帮扶责任，做实驻村帮扶工作。

关爱在一线体现

2019 年 6 月，县市场监督管理局派驻黄华镇任坝村第一书记陈勇在入户走访时突发脑梗倒在驻村路上，随行的同志立马将情况报告黄华镇驻村工作协调小组，黄华镇、县市场监管局第一时间组织施救，时任县驻村工作队总队长李灿宏、时任政法委书记罗仕洪代表县委赶到医院对陈勇及其家属进行了慰问安抚，并对陈勇书记的康复治疗作出了具体的安排。

永善县始终把关心爱护作为激励工作队队员担当作为的有效举措，从政治待遇、健康安全、人文关怀、成长平台等方面给予工作队队员有效保障，县、乡、村三级经常性与工作队队员谈心谈话，了解掌握工作队队员生活、工作情况，帮助他们理顺工作情绪、解开思想包袱、解决实际困难、解除后顾之忧，使广大驻村扶贫工作队队员沉得下心、驻得下村、干得了事。

县驻村工作队队员微信群里，总会有这样的提醒："各位队员请注意，时值雨季，请大家走村入户时，注意交通安全，坚决不乘三无车辆，把生命安全放在驻村第一位。"

认真研究驻村工作队"吃、用、住、行"等方面的具体措施，保障工作队队员基本食宿和办公条件，把工作队队员生活补助和通讯补贴纳入财政预算，从每人每天20元提高到每人每天50元，2017年以来，全县累计为工作队队员发放生活补助和通讯补贴1135万元；督促指导派出单位严格落实工作经费、往返驻地交通费等工作保障，统筹资金为工作队队员购买人身意外伤害保险和安排健康体检，做到工作、生活、健康均有保障；搭建创业平台，树立在基层一线培养锻炼、考察识别、选拔任用干部的导向，切实把在脱贫攻坚中想干事、能干事、敢担当、善作为的优秀干部精心培养起来、及时发现出来、合理任用起来，2016年以来，提拔重用驻村扶贫工作队队员28人，鼓励和支持广大工作队队员在广阔的农村大舞台上干事创业，担当作为。

使命在一线践行

为把驻村帮扶工作做细做小做实，驻村扶贫工作队坚持把群众路线贯穿脱贫攻坚始终，不断提高政治站位、坚定理想信念，围绕第一书记（工作队队长）、工作队队员责任清单，紧扣“两不愁、三保障”，充分发挥帮扶单位行业优势及个人资源优势，协调各方力量，在基础设施建设、劳务输出、产业发展、乡村善治等方面精准发力，从农村工作的“门外汉”转变为什么都操心的“家里人”、什么都管的“解答员”、什么都会的“技术员”。

省自然资源厅派驻码口镇雪金村驻村扶贫工作队充分利用自然资源行业优势，协调资金 3046 万元，将雪金村 90% 以上的土地纳入土地整治范围，使雪金村群众的生活有了翻天覆地的变化，赢得了群众赞誉。

县供电局派驻墨翰乡柏林村第一书记周廷勇走村入户时随身携带理发工具、电工工具，为因交通不便又舍不得每次花费 50 多元理发的老人、小孩理发，帮助村民处理用电故障，一件件小事的坚持，慢慢拉近了群众的心。

扶贫更要扶志、扶智，各驻村扶贫工作队把提升贫困群众素质和激发内生动力作为突破口和着力点，秉承“授人以鱼不如授人以渔”的理念，充分整合各类资源，积极协调人社、科技、扶贫、农科等部门，广泛开展操家理务、焊工等各类实用技术培训，走村入户，用接地气、能听懂的语言开展“三讲三评”3279 场次、“不忘初心、牢记使命”主题教育宣讲 1019 场次，帮助群众摒弃等靠要思想，坚定了群众打赢脱贫致富翻身战、过上美好新生活的信心、决心。

溪洛渡镇明子村工作队坚持把扶志作为头等大事来抓，长期为留守儿童辅导作业，积极协调派出单位永善县总工会举办“小手拉大手，我爱我家”文明礼仪及操家理务培训、比赛，手把手教授贫困群众生活技能。

黄华镇金寨村工作队队员陈华操，先后十余次，单程步行一个半小时，做通家住金寨村噜咕寨一组的 83 岁肢残老人文恩乾老人一家因家中没有劳动力，不愿修缮加固所住危房的思想工作，并组织村里党员 20 多人参与修缮危房，帮助老人一家住上了安全房。

像张涨、余泽海、周廷勇、陈华操一样的故事每天都在发生，一群平凡的人做着不平凡的事，广大驻村扶贫工作队队员长期扎根基层一线，舍小家、为大家，沉下心、俯下身，把群众当亲人、把异乡作故乡，访贫问苦、真帮实扶，用脚步书写着责任与担当，用真心换来群众脱贫与致富，干群同心、奋力攻坚，交出一份满意的时代答卷！

（作者系永善县委驻村工作领导小组办公室工作人员）

脱贫路上的“绣花功夫”

唐　安

5 年时间，累计整合投入资金 123.81 亿元，实施扶贫项目 3491 个，农村危房改造 29897 户，易地扶贫搬迁 12138 户 51341 人，转移就业 18.66 万人，巩固提升农村饮水安全 10.86 万人……一串串数字的背后，透视出贫困群众以往生活的酸苦和脱贫攻坚的艰难历程。

永善，一个地处乌蒙山区腹地的县，山高坡陡，沟壑纵横，资源匮乏，产业单一，基础设施脆弱，自然条件恶劣，全县总人口 48.19 万人，贫困人口就达 180703 人，2013 年建档立卡时，贫困发生率高达 38%，由于贫困面大，贫困程度深，贫困成因复杂，成为国家 592 个扶贫开发工作重点县和云南省 27 个深度贫困县之一。为彻底解决 18 万多人的贫困问题，2016 年，永善县脱贫攻坚战正式打响，投入力度之大、规模之广、影响之深在永善县历史上前所未有，系列的精准施策、精准帮扶，帮到点上、扶到根上，贫困人口从 2014 年年底的 45020 户 160273 人减少到 2019 年年底的 1626 户 5965 人，连续 5 年平均每年减贫 3 万多人，贫困发生率由建档立卡时的 38%下降到 2019 年年底的 1.5%；2020 年 5 月正式退出脱贫县序列。

“我现在住的砖房是 2017 年才新建的，原来的是土墙房子，水是政府出钱从山上引下来的，安了自来水龙头，地里种的是花椒，全家 6 个人都参加了医疗保险，儿子儿媳都在浙江打工，孙女在读小学五年级，我家

2018 年就脱贫了的，全家人现在有吃有穿，不愁啥子了。”家住永善县莲峰镇和平村和平一组的建档立卡户高发向满脸笑容地对开展脱贫攻坚普查的人员说。

脱贫出列还不算，持续稳定是关键，如何实现贫困人口高质量脱贫和持续稳定，一直是永善县脱贫攻坚着力解决的问题，为让已脱贫群众稳定实现“两不愁、三保障”，永善县坚持从注重减贫进度向更加注重脱贫质量转变，从注重找准帮扶对象向更加注重精准帮扶稳定脱贫转变，不降低门槛勉强脱贫，不抬高标准数字脱贫，对贫困人口脱贫始终严格脱贫标准，凡达不到“两不愁、三保障”脱贫标准的，坚决不予脱贫。为确保脱贫攻坚过程扎实，2017 年年初，在总结以往脱贫过程经验的基础上，确立了“一线挂联干部核查签字认可，结对帮扶干部核查签字认可，行业扶贫部门随机抽查核实，村级研判签字认可，乡镇党委、政府会同行业扶贫部门共同研判认定”的脱贫认定程序。2017 年 5 月，组织 1750 名干部进村入户，按照分析预判、基层参与、入户调查、综合算账、动态纠偏的“五步工作法”，开展住房、教育、医疗、社会保障等基本信息调查，全面摸排掌握脱贫人口“两不愁、三保障”情况。2018 年 5 月，按照“户户过关、人人达标”要求，以查就业情况、查辍失学情况、查饮水安全情况、查住房安全情况、查易迁“一户一策”、监测农户收入“五查一监测”为主要内容，组织县、乡、村三级干部，对全县脱贫户开展全覆盖入户遍访，逐户分析研判脱贫现况和返贫风险。为确保脱贫结果真实，2018 年 7 月，全县组织开展农村危房存量、危旧房屋拆除、群众居住情况、群众饮水安全、控辍保学工作、因病致贫返贫风险、未评定残疾人、社会救助兜底保障、农村厕所革命、农村居民收入 10 类专项调查，自上而下全面掌握脱贫户生产生活状况。2018 年 8 月，按县级统筹、乡镇主体、部门参与、上下联动、条块结合的方式，组织开展脱贫人口“回头看”，再次核实脱贫人口“两不愁、三保障”和研判是否存在返贫风险情况，对稳定实现“两不愁、三保障”的，开展系统信息更新和巩固提升，对存在风险的，进行补短板强弱项，确保脱贫成色。2020

年 3 月，县、乡、村三级干部对标对表逐户逐项开展防返贫核实工作，组织专班开展综合研判，锁定全县脱贫监测户 1607 户 7163 人，并通过分类施策，有针对性地落实帮扶措施，常态化加强动态监测管理，全部消除监测户风险，有效防止返贫情况发生，并相应建立了防止返贫动态监测和精准帮扶机制。

脱贫摘帽不是终点，而是一个新的开始。习近平总书记指出："贫困县摘帽后，也不能马上撤摊子、甩包袱、歇歇脚，要继续完成剩余贫困人口脱贫问题，做到摘帽不摘责任、摘帽不摘政策、摘帽不摘帮扶、摘帽不摘监管。"在 2020 年 5 月正式退出脱贫县序列后，永善县严格落实"四个不摘"要求，将巩固成果防止返贫作为脱贫的重要内容，对脱贫户帮扶继续保持力度不减、队伍不撤、目标不变、靶心不散，在产业增收、转移就业、金融扶持等方面开展不间断帮扶，对脱贫户新产生的"两不愁、三保障"及产业、就业、培训等帮扶需求，按照"缺什么补什么"原则，及时制订落实帮扶措施，确保脱贫持续稳定。2020 年 8 月，永善县正式通过国家脱贫普查验收，全县贫困人口 180703 人全部实现了高质量脱贫。

"全面建成小康社会，一个不能少，共同富裕路上，一个不能掉队。"这是习近平总书记的庄严承诺。如今，贫困人口已全部实现脱贫的永善县，经过脱贫攻坚洗礼后，经济发展，社会稳定，百姓安康，一条条硬化路进村入户，一座座安居房拔地而起，一片片经果林香飘怡人，一汪汪自来水清澈透明，群众住有所居、老有所养、医有所保、学有所上，城乡展新颜，百姓扬笑脸，贫困面貌焕然一新，精准脱贫成效明显，成色十足。

（作者系永善县扶贫办工作人员）

不负时代　不负韶华
共同谱写永善县脱贫攻坚壮丽篇章

黄世美

2016 年 4 月，我从水富调永善工作，先后分管综合交通、就业扶贫、住房保障等工作，联系永善供电局。作为脱贫攻坚这一伟大事业的组织者、参与者、见证者，有幸经历这一伟大历史进程，为全县脱贫摘帽贡献自己的绵薄之力，是我毕生的荣誉。

修路架桥铺就发展路

初到永善，作为永善县“老熟人”，县委戈书记语重心长地说：“世美啊，组织把你安排永善工作，你要有心理准备，永善综合交通历史欠账大，基础十分薄弱，县委、县政府把这个重担交给你，你要挑起这副担子，当前最紧迫的就是抓紧昭永公路建设。”“请书记放心，既然县委、县政府相信我，把这副担子交给我，我一定不辱使命，把工作干好。”

谈话结束后，我始终放不下书记交办的事情，马上了解昭永公路情况：昭永公路是彝良“9・07”地震灾后恢复重建项目，也是永善单体投资最大的交通项目，路线总长 138.454 公里，总投资 11.727 亿元，桥隧及新建道路按二级公路规划建设，升级改造路段按三级、四级公路建设，于 2015 年 1 月开工建设……

了解基本情况后，选定调研的第一站——龙冲河沟，也是项目投资最大、施工难度最大的路段，沿线山高、坡险、弯急、谷深、雨多，随时面临塌方、泥石流等威胁，有些施工机械被埋于泥石流下，甚至还有施工人员献出了宝贵的生命，一度时期，工程举步维艰。面对重重考验，我始终把责任扛在肩上，团结带领指挥部全体人员，披荆斩棘，迎难而上，不畏艰难，无数次穿梭在崇山峻岭之间，最终让一道道艰险化为了神奇，一个个坎坷化作了平坦，一个个天堑变成了通途，终于在 2018 年 12 月顺利实现通车，将昭通到永善的车程由原来 6 小时缩短到 2 小时 30 分钟左右。

“公路起槽槽，开车蹦迪高”“晴天一身灰，雨天一身泥”曾是永善交通的真实写照，为改变这一现状，我在协调推进重点国省干道建设的同时，积极争取中央车购税资金、国开行贷款等资金扶持，扎实推进农村公路建设，打通服务群众“最后一公里”。四年来，累计完成国、省干道改造 2 条 202.5 公里，建成通乡油路 10 条 287.2 公里，硬化建制村公路 86 条 1039.8 公里，实施村组道路硬化 2001 公里、安防设施 1076 公里，实现了乡乡通油路、村村通硬化路的目标。“交通一通、一通百通”，家住大兴镇鲁机村木柯三社的村民浦兴权笑呵呵地说道：“以前有钱买车都开不回家，现在公路直接修到门口，轿车直接开到院坝，原来想都不敢想的事情变成了现实，感谢党的好政策。”

当前，随着大永高速、沿江高速永善连接线的顺利推进，向家坝库区航道启动整治，溪洛渡翻坝转运系统、民用机场、永盐高速、县城至雷波跨江大桥等一批重点交通项目前期工作的加速推进，全县综合交通大会战的战鼓已经敲响。

危房改造筑牢安居梦

2019年4月，县政府班子分工调整，由我分管住房和城乡建设工作，还记得当时的一串数字，2018年组织实施4类重点对象危房改造6700户、启动6534户、完工6009户；2019年组织实施4类重点对象危房改造3857户、启动2528户、完工894户，非4类重点对象危房改造3034户……

精准识别“把脉问诊”。面对这一艰巨的任务，县委、县政府审时度势，按照“以房找人、以人找房”的要求，果断决定开展农村危房改造专项调查，全面摸清农村危房底数，最终精准识别农村危房数量37804户，锁定改造对象29241户，摸排新增4类重点对象916户，已享受低标准补助仍属于危房15户，非4类建房能力不足对象580户，真正做到了不漏一户、不落一人。

精准施策“对症下药”。锁定底数后，我将工作重心转移到抓进度上来，通过走村串户、与基层干部座谈等方式，深入查找问题原因，探索措施办法。此时，全省农村危房改造推进会在曲靖师宗召开，在现场观观摩会上，师宗县的修缮加固工作让我深受启发。回来后，我及时报告县委、县政府主要领导，迅速转变工作思路，对符合条件的对象，全力动员实施修缮加固。同时，新聘用44名技术指导员开展技术指导。针对砂石料保障困难的实际，实行限价保量供应，并督促施工单位定时保通，全力加快改造进度。

精准对标“强基固本”。在加快改造进度的同时，我高度重视搬迁入住问题，针对部分群众建新房不搬新家、搬迁入住质量不高的问题，及时出台差异化补助和补短板政策，拟定“两不三要”的改造标准和“六有”的基本要求，在每户补助2.5万元的基础上，再次整合安排涉农资金，按照2000—6000元不等的标准给予补助。针对未真搬真住的对象，每户下达补短板资金1000—1500元，全面提升建房群众搬迁入住质量。

功夫不负苦心人。全县如期完成农村危房改造 29897 户，顺利实现了“清零”的目标。省住建厅在贫困县退出专项报告中指出：永善县农村危房改造工作得到有效落实，符合退出标准。如今，行走在永善的乡间村野，一座座新型民居拔地而起，处处呈现出生机盎然的景象。

就业帮扶撑起钱袋子

面对艰巨的脱贫任务，县委、县政府始终秉持“长期抓产业、短期抓就业”的思路，要 2019 年县如期实现脱贫摘帽，短期内就业扶贫就显得尤为重要。

市场需要什么，培训就开展什么。长期以来，由于劳动技能缺乏，全县劳动力主要从事一些体力活动，不但工资不高，有时候还找不到工作。针对这一现状，我们把技能培训摆在第一要位，在培训实效上下功夫，采取“请进来”与“走出去”相结合的方式，大力开展订单定向定岗培训，我们把培训班开到工厂、开到田间里头。据统计，2016 年以来，全县累计开展各类培训 14.17 万人次，其中贫困劳动力培训 7.86 万人次。

哪里有岗位，就输送到哪里。信息对接不畅是造成就业困难的一大原因，因此我们把信息摸底作为第一手工作，组织镇村干部职工全面开展摸排，准确摸清务工人员基本信息。同时，组建东莞·中山、杭州、昆明 3 个人力资源服务站，抽派 37 名干部长期驻站工作，扎实开展技能培训、岗位推荐、转移输出、稳岗服务、劳务维权等。今年以来，面对脱贫摘帽考核和疫情防控的双重考验，我们充分发挥驻外人力资源服务站纽带作用，加强与长三角、珠三角等地区对接，通过包机包列包车免费赴送等方式，实行“点对点一站式”输送，仅 2020 年，就完成有组织转移就业 8.81 万人，其中服务输出 7 万人，“点对点”输送 1.81 万人，特别是 2 月 26 日—3 月

10 日，晚上我将办公室搬到人社局，带头研究集中输出工作，13 天内连续组织 5 场大型“点对点”输出活动，共计输送 1.21 万人，赢得了省市县各级的充分肯定。

哪里需要帮扶，我们就在哪里。出门在外，工作、生活难免磕磕碰碰，这也是我们建站的一个初衷。今年 7 月，永善籍务工人员陈健因煤气爆炸重度烧伤，驻杭州站王登玉站长心急如焚，带领驻站人员帮助协调医院、联系家属，并借助“水滴筹”筹资平台，帮助解决医疗费用难题，并代表县总工会发放慰问金 3000 元，协调云南娘家人发放慰问金 2000 元……在驻站工作中，调整岗位、维权服务、思想疏导等工作不计其数，仅 2020 年，就发放生活补助和慰问金 91 人 6.66 万元，帮助 2000 余名人员实现转岗稳岗。同时，县内整合工青妇和公益组织等力量，大力开展关爱行动，切实解决务工人员后顾之忧。

电网改造点亮千万家

2016 年的永善，农村电网还是一大薄弱的环节，一遇到大风、暴雨、冰冻等极端天气，停电就是常态，人们都笑称“月母子电”。针对这一现状，我们从升级改造变电站着手，大力推进配电网架改造，累计投入专项扶贫资金 4.59 亿元、电网升级改造资金 1.97 亿元，新建 35 千伏变电站 1 座，新建和改造配变 938 台，完成 35 千伏输电线路新建 17 公里，10 千伏输电线路新建或迁改 591.53 公里、低压线路 1321.4 公里，完成户表新装和迁改 7.35 万户，提前完成红光安置点、桐堡安置点等电力建设，实现了行政村农网全覆盖、自然村通动力电的壮举。如今，家家户户接通了稳定的电源，看上了电视，用上了电池炉、洗衣机、电冰箱……夜晚的山间村落，万家灯火与满天繁星交相辉映，成为一道亮丽的风景线。

“宝剑锋从磨砺出，梅花香自苦寒来。”值得庆幸的是，2020 年 5 月 6 日，省人民政府发布通知，正式批准永善退出贫困县序列，标志脱贫攻坚取得决定性胜利，48 万金江儿女朝着乡村振兴的目标迈进。

（作者时任中共永善县委常委、统战部长、副县长）

当好群众脱贫的护航领路人

李　虓

2019 年 4 月，我从绥江调到永善县纪委监委工作，为全面掌握了解村情民意，我积极深入基层“一线”做工作、搞调研，掌握“第一手”资料，为更好地履行纪委书记岗位职责打下了坚实的基础。

做群众的“贴心人”，切实为群众解决实际困难

2019 年 7 月，我到团结乡开展随机调研，没有通知乡村任何干部，一大早就来到了团结乡花石村下厂村民小组，随机走访了很多农户。该村民小组侯姓村民较多，其中有一户农户叫侯子明，他家共 4 口人，丈夫因病未外出务工，妻子也在家务农，小儿子患有间歇性癫痫病、右手肢残，大儿子从云南中医学院毕业后考入盐津县一公立医院工作，该户因属有公职人员家庭，未被纳入建档立卡户。侯子明家的房屋是用木材、竹子等材料建成的串架结构房屋，房顶、墙壁都非常破旧，下雨天漏雨情况比较突出，由于是串架结构的房子，看上去比较危险，但一般情况下也垮不下来。我到侯子明家时，侯子明不在家，只有其妻子和患癫痫病的小儿子在家，我问侯

子明妻子："你家房子这么破旧，长期居住恐怕不太安全，怎么不修缮加固或者重新修建呢？"她说，"现在没钱，丈夫由于生病不能外出务工，大儿子虽然在医院工作，但是刚刚参加工作，工资不高，在盐津没有买房子，女朋友都还没找到呢，地里种的庄稼只是够吃饭，没什么经济来源，修房子非常困难。"我有些不解："现在政府不是有补助吗？修缮加固和新建都有，你家不知道吗？"她说，"我家不是贫困户，也不太懂政策。"……看着她家那种房屋，特别是一想到团结乡阴雨天较多，我的心情很是沉重。回来后，我认真研究房屋修缮加固和农危改政策，发现享受农危改政策并不以建档立卡户为前提，普通农户住房不安全也可以享受农危改政策。于是，我便与团结乡党委、乡政府沟通、协调，建议党委、政府认真落实农危改政策。团结乡党委也引起了重视，及时与侯子明在盐津县中医院工作的大儿子侯申均联系，希望他做好父母的思想工作，配合党委、政府落实好农村危房改造政策，切实解决住房不安全问题。目前，该户房屋已重新修建，侯子明一家已住上了安全的砖混结构房屋。

坐下来和群众交谈，打消贫困户"顾虑"

2019 年 10 月，我到挂钩联系的茂林镇永安村开展脱贫攻坚调研。一大早，我们便到了一个叫杨家坡的村民小组，这个小组海拔 2300 多米，气候非常寒冷，国庆节刚过，就可以穿羽绒服了。杨家坡村民小组共有 20 多户农户，大部分是建档立卡户。杨秀高老人是该村民小组的一户建档立卡贫困户，3 口人，老两口在家务农，儿子在外打工。我到他家时，老人很热情，也很高兴，十分健谈，我便与杨秀高老人攀谈了起来，了解他们能不能按期脱贫。我问老人："你家 2019 年能不能脱贫啊？"老人不假思索便答道："不能啊！我家哪里能脱贫哟？"我又问："你知道脱贫标准是什么吗？"

老人说："知道，不就是'两不愁、三保障'吗？扶贫干部经常都在讲，这个我知道的，但是我就是达不到那个标准。"为了便于交谈，我过去与他坐在一条板凳上，扳起指头慢慢跟他一起算账："你家有 3 口人，老两口带着一个儿子，儿子已成年，在浙江打工，没低保，养了 5 头牛，种植了一些洋芋，房子享受了农危改政策，砖混结构，80 多平方米。"我问老杨，"按照'两不愁、三保障'的脱贫标准，你家现在吃饭、穿衣能保证不？"老人说，这个没有问题；又问他义务教育有保障没有，他说："他家没有人读书，现在的小娃娃都是在永安小学上小学，在茂林中学上初中，九年制义务教育，不要钱，吃饭都是国家补助，这个也没有问题。"再问他参加新农合了没有？他说："参加了的，我是卡户，政府代缴了大头，每人代缴 180 元，群众每人只缴 70 元，平时看病报销 90% 的费用，看病现在是没得问题的，只是不晓得以后还有这个政策没得。"我又问杨秀高老人，"那你的住房有多大呢？"他说，"80 多平方米，村上的人来发动我修的，享受了政府 20000 多元的补助，儿子打工找了点钱，才修好不久，门不太行了，打算把门换了。"我就说，"看来你家安全住房也是没得问题的嘛，3 口人 80 多平方米"，老人说，"也是哈！"我又问他："你家人均 3750 元的纯收入达得到不呢？"老人说："领导！我一分存款都没有，修房子还背了一点账，所以，我家人均纯收入哪里有 3750 元啊！"看到老杨对人均纯收入的理解有偏差，我便耐心细致地跟他讲："老杨啊！人均纯收入 3750 元不是指你的银行账户上要有 3750 元的存款，而是指你家的总收入平均分摊下来每个人有多少钱，比如，你家儿子在浙江打工每月工资多少呢？"老杨说："一个月就是五六千元，养了 5 头牛，一年就卖 2 头，1 万多块钱，其他基本没什么大的收入了。"我便跟他说："就照你说的算，每年都是好几万的收入了，按照每人 3750 元的标准，3 口人一年只要达到 11250 元的收入，就可以脱贫了。"杨秀高老人笑着说："照你这么一算啊！好像我家也能够脱贫哈！"我知道杨秀高老人的担心与顾虑是什么，就是怕脱贫后享受不到扶持政策。于是，我劝导老人说，"你们不用担心扶持政策，党中央和习近平总书记决定了，脱贫不脱政策，教育、医疗、低保等各方面的扶持政策都不会变，大家要实事求是、正确面对脱贫。脱贫后，下一步国家还要实施乡村振兴战略，扶持会更大、发展会更好，老百姓的日子只会越来越好。”杨秀高老人说：“是啊！现在就是党的政策好，要感谢共产党！”

监督检查，扶贫工作和纪律作风建设“双推进”

2019年国庆期间，我在参加完县委组织的脱贫攻坚专题调研后，没有返回单位上班，而趁此机会到其他乡镇、村（社区）检查基层干部纪律作风情况。10月5日，我先后走访了伍寨乡的新胜、中寨、白云、长海等村（社区），与国庆期间正常上班的乡村干部、驻村队员交流工作，了解当地脱贫攻坚工作情况。这些村（社区）都与平时工作日一样，正常上班开展工作，闻不到一点国庆放假的气息，由于当时我到永善工作的时间只有几个月，很多乡村干部都不认识我，在伍寨辖区工作了一天，乡党委、乡政府的领导也不知道我在伍寨开展工作。当晚，我在茂林镇住宿，10月6日一大早，我从茂林来到了伍寨乡，本想向党委、政府的领导同志反馈10月5日调研情况。8点30分左右，我乘坐的车停在了伍寨乡政府广场上，下车后我也没有联系党委、政府的任何领导，就直接去了办公楼，想看看国庆期间是否全体同志都在上班。进入办公楼后发现整栋办公楼空无一人，除一间办公室开着门但没有人外，其余办公室全部关门闭户、“铁将军”把守，连一个值班的人都没有。下楼后，遇到了乡党委、乡政府的带班领导乡人大主席朱勇和武装部长殷崇发两位同志，我就问他们，伍寨乡怎么一个人都没有上班？对方说休假了。我感到很吃惊，便问他们说：“县委不是发了通知，今年国庆不放假，你们怎么就休假了呢？而且村上的干部、驻村队员都正常上班、没有放假啊！当天，有群众来乡政府办事，也无人接待，找不到人……”当时，我跟2个带班领导说我要看一看乡政府的一些台账资料，带班的2位领导马上通知了有关干部来打开党政办公室的门，可半小时过去了，仍然没人来开门，再次询问才知道究竟。原来，干部职工要么上昭通休假、要么回县城的家了。在发现伍寨乡脱贫攻坚期间纪律松弛、作风散漫、问题突出且典型后，我立马向县委主要领导作了汇报，并安排县纪委监委干部立即撰写情况通报，当天就在全县范围内进行了通报，要求各乡镇各部门及时传达学习、引以为戒。事后，县纪委监委对相关领导进行了追责问责处理。通过对这个典型案例的处理和通报，全县干部职工对脱贫攻坚期间的纪律作风有了新的认识，纪律意识不断增强，作风持续转变，为脱贫攻坚工作提供了坚强纪律作风保障。

通过经常深入一线、深入群众家中开展工作，我深切感受到，作为纪委书记，要做好扶贫工作，必须牢固树立习近平总书记提出的“以人民为中心”的发展思想，心里装着群众、一心想着群众、一切为了群众，只有这样，才能得到群众的理解和支持。同时，面对不正之风，必须认真履行一个纪委书记工作职责，敢于监督、敢于亮剑，持续强化干部职工纪律作风建设，以严管体现厚爱，这是纪检监察干部担当的神圣职责使命。

（作者时任中共永善县委常委、纪委书记、监委主任）

铁肩担主业　一线笃行鏖战脱贫攻坚

高　杨

在永善县脱贫攻坚主战场上，我把领导组织部门扎扎实实做好抓党建促脱贫攻坚当作政治责任，扛在肩上，抓在手上，既当指挥员也当作战员。我将扛起抓党建促脱贫攻坚作为政治使命，从严从实履行选优配强领导班子、建强基层堡垒、夯实基层基础作主业，充分发挥党的政治优势、组织优势、密切联系群众的优势，团结带领党员干部群众鏖战脱贫攻坚。

建强堡垒　“厉兵秣马”强素质

“决战决胜脱贫攻坚，关键在人，关键在党员干部。建强脱贫攻坚主力军，夯实抓党建促脱贫攻坚战斗堡垒是组织部长的首要任务！”近年来，我以提升组织力和强化政治功能为重点，持续不息抓实“基层党建推进年”“基层党建提升年”“基层党建巩固年”“基层党建创新提质年”；以建强基层组织堡垒，选优配强脱贫攻坚战斗队为己任，采取提高站位抓推进、直面问题抓推进、提档加速抓推进、示范引领抓推进、强化督查抓推进“五抓工作法”，筑牢基层堡垒，锤炼一流干部，为决战决胜脱贫攻坚奠定坚实基础。

“抓党建促脱贫攻坚调研只有不打招呼，不听汇报，直接到点，才能够真正发现问题。”每年，我根据脱贫攻坚和基层党建重点任务，轻车简从随机调研，一本台账，一本通讯录，一个笔记本是我进村入组的必需品。方便面、矿泉水、常用药、冲锋衣等是我出行的必备物。工作中，我将发现问题、交办问题、研究措施、限时整改、跟踪问效环环相扣。“他来调研，从不先通知，直接到村社区和村民小组，每次都是调研完了才来镇上交办问题、研究措施，从脱贫攻坚、基层党组织建设、村级集体经济、基层治理等都给我们一一指出存在问题，分门别类和我们研究措施，我们镇14个村（社区）抓党建促脱贫攻坚效果提升很快。”这是乡镇给我的评价。在随机调研中，我坚持不打招呼、不要陪同、不听汇报、直接到点，在问题反馈上不留情面，做到整改措施务实管用，给足基层时间整改，及时督查问效，在交任务的同时更加注重教方法，让基层专心致志抓好脱贫攻坚工作。

“教育培训必须以需求为导向，特别是抓党建促脱贫攻坚方面必须贴近实践实战。要认真研究课题、优化课程安排，让大家学有所得、学有所获、学有所用。”我把干部教育培训作为抓党建促脱贫攻坚的有力抓手，在选择县校合作单位上优中选优，从课程设置到授课教师选定到学员建议和培训方向我都亲自带着议定。近年来，永善县以实施“素质提升、能人治村、帮带致富、内培外引”行动为契机，以开展“万名党员进党校”为载体，采取“请进来”与“走出去”相结合、集中培训与分类培训相结合的方式，常态化加强干部教育培训；创新开展以考促学，对全县结对帮扶干部组织开展脱贫攻坚政策知识统一培训测试，提高干部掌握政策、运用政策的能力。截至目前，指导选派21期814名科级领导干部外出学习，选派942人次参加上级调训，开展专题培训60场次15000余人次。

“抓党建促脱贫攻坚，首要之责是要抓好脱贫攻坚队伍培育，只有打造一支拉得出、驻得下、能吃苦的干部队伍，才能够保障脱贫攻坚工作全速推进。”我坚持把脱贫攻坚一线作为培养锻炼干部的“主阵地”，对干部压担子、分任务、教方法，在精选优派驻村扶贫工作队队员、选聘扶贫志愿者驻村参与脱贫攻坚工作上着力，在压实挂钩联系部门责任，抓实力量下沉上用劲，做到精锐出战、尽锐出战；工作中，我坚持事业为上，树立重视基层、崇尚实干的鲜明导向，把敢担当、能干事、善创新、乐奉献的干部及时使用起来，确保了每一个贫困村都有一个坚强的战斗堡垒，每一户贫困群众背后都站着一名坚定的共产党员，为坚决打赢脱贫攻坚战提供坚强的组织保证。截至目前，从脱贫攻坚一线提拔干部 217 名。

精准研判 “靶向施策”出实招

“大道至简，实干为要”，“一实”可胜“百巧”，打好精准脱贫攻坚战，只有既注重“准”又注重“精”，才能够跳出“遍撒胡椒面”的误区，才能变“大水漫灌”为精准“滴灌”，才能提升扶贫工作效能。作为组织部长，我肩负着管干部、管党员、管人才重任，除做好自己挂联的乡镇、村社区和部机关结对扶持村社区脱贫攻坚“一亩三分地”之外，我把全县 141 个贫困村社区也称为“责任田”。

2019 年 10 月，县委组织开展“不忘初心、牢记使命”主题教育大调研活动，适值鼻炎和结石病同时复发，我带病坚持深入茂林镇冷米村的中棚、老鸦村民小组和文山村的老火地、水井上、沙池等 5 个村民小组及 1 个易迁安置点深入调研。调研中，我坚持问题导向，聚焦重点工作，紧紧围绕驻村督导发现问题台账和党的建设、漏评错退风险、户脱贫村出列对标任务、脱贫退出质量、人居环境整治、易迁进城入镇准备、矛盾纠纷、干部纪律作风等方面进行调研，查找出共性问题 6 个，个性问题 4 个，与村“两委”、驻村工作队、包村工作组逐一会诊，形成问题整改清单，限期整改落实。因茂林镇地处高寒，鼻炎加重，加之在边远难艰的村组间实地调研，冷热不和，我患上重度感冒，本应住院治疗，但为了将负责区域的情况调研好，我选择了坚持调研，进村入组入户，与群众拉家常、讲政策，找贫因、谋出路；与村社区找问题、理思路、抓整改。晚上，梳理调研情况，思考措施对策，撰写调研报告，高质量完成调研任务。那几天的我，一日三餐，餐餐有药，白天跋山涉水，汗水干了又湿，衣服湿了又干。

近年来，我参加了 15 个乡镇 141 个贫困村社区的火塘会、板凳会、座谈会、动员会、推进会、点评会。在走村串户中问诊把脉、科学开方，和干部职工们一起因村因户因人靶向施策，样样力求精准，高质量。在发展壮大村级集体经济工作中，我肩扛主业，为村集体经济发展找准方向，为 143 个村（社区）量身定制“套餐”。我与组建的“党员先锋队”一道，扎实开展思想帮带、生产帮带、创业帮带、项目帮带，提振贫困群众脱贫致富奔小康的信心。在政策实方面，我指导运用好扶持政策，让扶贫路上不漏一户、不掉一人。工作中，我以问题为导向，奔着问题去，盯着实效改，一月一调度、一月一分析、一月一研判，穷尽一切办法，采取超常规措施，全面谋划，整体推进。我把安排部署在一线、走访调研在一线、政策宣讲在一线、问题解决在一线、责任落实在一线、情感融洽在一线作为抓党建促脱贫攻坚的工作模式，问题不清零绝不放手，整改不到位不松劲，一个区域一个区域推进，一个问题一个问题解决，一个环节一个环节抓实。风雨兼程，跋山涉水，一天可以从海拔最低的坝区翻山越岭辗转到海拔最高的村组，为县、乡、村组干部加油鼓劲，为组工干部树立榜样，给贫困群众排忧解难，为抓党建促脱贫攻坚奋力拼搏。在全县各级各部门的倾力工作下，实现了基层党组织全面进步、全面过硬，各级干部团结奋进、尽职尽责，推动了全县如期实现脱贫摘帽。

一线督战 “目标同向”抓落实

“一分部署，九分落实，一分收获，必须一分耕耘，甚至十分劳作。”在抓落实上，我总是这么对扶贫干部说，自己也是这么做的。

决战决胜脱贫攻坚没有选择题，只有必答题！如何让党员干部面对问题敢于迎难而上，面对危机敢于挺身而出，做到担“责”不推、担“事”不躲、担“难”不怯、担“险”不畏、担“忧”不惧？是我工作中一直思考的问题，我把责任落实、政策落实、工作落实作为督战的重点，凡事坚持身影示范带动，亲自安排部署、亲自督促落实。

2020 年 4 月，我连轴在乡镇督战脱贫攻坚，结石病突发，据痛阵阵来袭，豆粒大的汗珠淌下来，我强忍着疼痛反馈了督战情况，才往镇卫生院就治，一段不足 3 公里从村到镇卫生院的路，我蜷缩着身体，经历了人生最长最痛苦的路。在镇卫生院做了急救处理后，又赶往县城医院诊治，山路崎岖、舟车颠簸，到县城诊治后，我又投入了脱贫攻坚工作中……

近年来，我白天深入乡镇、村组工作，晚上返回县城处理部机关事务，每年，到一线工作时间达 180 余天。工作中，我以县级党员领导干部每月一观摩、每月一点评工作机制为契机，全面收集存在问题，深入分析存在问题，研究整改措施办法；以“一月一督查、一月一通报、一月一考核”为撬动履职尽责的杠杆，在及时发现问题，梳理问题清单，制订整改方案，明确整改时限上用心用情，在目标同向上用力用劲，确保工作落实落地，问题整改、工作任务清零。“驻村工作队队员是推进脱贫攻坚的生力军，管好、用好、爱护好是组织部门的责任，我们要在生活上关心、思想上关爱、工作上关注、政治上关怀，在严管厚爱中力促作用发挥，确保脱贫攻坚一线干部人在基层、心在基层、干事创业在基层。”在如何推动驻村扶贫工作队驻得下、乐履职、见实效上，我通过深入调研，建立“一日一报备、一日一抽查、一周一通报、一月一考勤、一季一测评、一年一考核”机制，加强驻村扶贫队员管理，确保了每个贫困村都有驻村工作队、每个贫困户都有帮扶责任人，工作队和驻村干部一心扑在扶贫工作上，作用有效发挥。

组织起来，实干到底。我踏遍永善的千山万水、说尽千言万语、想尽千方百计、尝遍千辛万苦，与广大党员干部一起咬定目标不放松，务实工作当先锋，把脱贫攻坚的责任记在心上、扛在肩上、落实到行动上，用智慧、心血和汗水谱写了一曲党建扶贫“双推进”的铿锵劲歌！

（作者时任中共永善县委常委、组织部长）

东西携手　共奔小康的答卷人

——东西部扶贫协作挂职干部亲力亲为纪实

汤如烈

习近平总书记强调，东西部扶贫协作和对口支援，是推动区域协调发展、协同发展、共同发展的大战略，是加强区域合作、优化产业布局、拓展对内对外开放新空间的大布局，是实现先富帮后富、最终实现共同富裕目标的大举措。为进一步贯彻落实习近平总书记关于东西部扶贫协作系列讲话精神和中央、广东云南两省关于东西部扶贫协作工作重要决策部署，加大协作力度，强化顶层设计，根据中山市委、市政府安排，我于2018年到永善专职开展东西部扶贫协作工作。如何做好深度贫困地区协作工作，绘制东西部携手共奔小康的壮丽画卷，是一次新的挑战和考验，我深感责任重大，使命光荣！

用心用情融入　用尽全力帮扶

没有调查，没有发言权。永善县是集民族、山区、贫困“三位一体”的国家级重点扶持贫困县，也是云南27个深度贫困县、昭通市最大的集中连片特困区域之一。全县辖8镇7乡，143个村（社区）中有141个贫困村，其中深度贫困村有 74 个，初次建档时有建档立卡贫困人口 45020 户 160273 人，贫困发生率 38%，贫困程度深、贫困面大，帮扶难度巨大。

为推动东西部扶贫协作向纵深发展，与永善脱贫攻坚深度融合，我始终紧扣国务院成效考核指挥棒，聚焦“两不愁、三保障”，坚持“永善所需，中山小榄组团所能”，积极调研，用心用情融入，走遍全县 15 个乡镇，提出产业、就业、智力三个“对接主线”，制订最惠劳务协作“1233”激励政策和东西部扶贫协作招商引资优惠政策、首创“1 + 9”跟岗学习模式、打造云南省首个东西协作混合所有制“国有控股 + 民营企业 + N”扶贫产业项目，以高标准、严要求深入开展多层次、多形式、宽领域、全方位的东西协作。2018 年来，中山小榄组团累计投入财政帮扶资金和社会帮扶款物 1.9 亿元（2016 年来，累计投入财政帮扶资金和社会帮扶款物 2.26 亿元，实施协作项目 106 个），实施协作项目 82 个，惠及全县 15 个乡镇 120 个村（社区）8 万余贫困人口，永善县综合贫困发生率从建档立卡初的 38% 降至 2019 年年底 1.5%，并于 2020 年 5 月顺利通过专项评估，经云南省人民政府批准退出贫困县序列，成功摘掉了贫困的帽子。

扶贫先扶志　扶贫必扶智

习近平总书记强调，扶贫工作中“输血”重要，“造血”更重要，扶贫先扶志，一定要把扶贫与扶志有机地结合起来，既要送温暖，更要送志气、送信心。扶贫必扶智。摆脱贫困需要智慧。培养智慧教育是根本，教育是拔穷根，阻止贫困代际传递的重要途径。

多措并举，推动永善医疗教育事业发展。永善属高寒、高二半山区，山高坡陡，冬季出行尤为困难，像“冰花男孩”这样的事例并不罕见。通过一系列调研，我聚焦医疗教育短板弱项，进一步加大帮扶力度，投入财政和社会帮扶资金6855万元，实施医疗教育协作项目60个。其中，援建永善县域内最大易迁安置点红光易迁安置点配套学校——中山博爱学校，解决易迁安置点群众就学需求；建成1个乡镇中心卫生院和47个标准化村级卫生室，援建溪洛渡镇、莲峰镇、团结乡等乡镇学校基础设施，补齐深度贫困村地区医疗教育短板，有效满足了群众医疗教育需求，群众幸福感、获得感不断提升。引入浙江省温州知临教育集团，按照“加强合作、优势互补、互惠互利、共谋发展”的原则，合作创办永善县知临中学、托管永善县上善中学，打造优质教育资源。首创普高“1＋9”跟岗学习模式，每年成体系、成建制、全覆盖、全过程地对永善高考科目骨干教师和管理人才进行培训，为永善培养了一支带不走的教育人才队伍。创新“就学＋就业”培养模式，成功打造“格力班”“威力班”等特色职教班，累计组织永善籍学生1279名（其中卡户学生943名）到东部地区免费就读职业学校，普职比从2015年的1∶0.37提升到2020年的1∶0.89，超过全国平均水平，职教理念深入人心。

引产业断穷根，群众后续发展有保障。习近平总书记在宁夏考察时明确指出：“发展产业是实现脱贫的根本之策。要因地制宜，把培育产业作为推动脱贫攻坚的根本出路。”永善因地理环境和人文因素，以农牧产业为主，产业发展小、散、弱等特征明显，要加速产业发展，必须要在当地培育龙头支柱产业，大力招商引资带动当地产业发展。为此累计投入东西部扶贫协作帮扶资金1.5亿元来带动产业发展，引进8家企业落户永善，创新“国有资本＋民营企业＋N”“民营企业＋易迁扶贫车间＋”等多种产业合作模式，建立健全“一地生四金”等带贫益贫机制，推动永善特色产业合作发展，可直接带动830人易迁群众实现就地就近就业，惠及12个乡镇69个村（社区）。采取“展销会＋龙头企业＋”模式组织永善企业参加广州博览会、中山“328”对口扶贫协作招商引资洽谈会等交易会，通过“线上＋线下”、网上平台直播带货销售等方式开展消费扶贫，将永善农特产品销往东部市场，累计销售额达5000余万元。

稳就业促脱贫，充分激发群众内生动力。永善有丰富的劳动力资源，这正是中山甚至东部地区所欠缺的，如何有效地将永善劳动力引导到东部地区就业，是劳务协作的重点工作。习近平总书记多次对就业扶贫作出重要论述，强调一人就业、全家脱贫，增加就业是最有效最直接的脱贫方式，长期坚持还可以有效解决贫困代际传递问题。一是强化服务保障。两地政府互设劳务服务工作站，创设小榄组团（东凤）永善之家，选派专职干部常态化开展就业服务联络工作，做好后续服务管理工作。2020 年疫情期间，大力开展“点对点”输送行动，输送到广东省 3074 人，其中到中山 486 人（卡户 275 人）、到东莞 799 人（卡户 351 人）。二是强化政策激励。创新“政策 + 宣传 + 工作站”机制，助力贫困群众脱贫增收。投入资金 2243 万元，制订“1233”劳务输出激励政策，给予到东部地区务工群众 500—1000 元的交通和稳岗补贴。目前，已累计转移劳动力就业 8355 人。

社会力量齐参与，东西携手共小康。习近平总书记强调，要大力弘扬中华民族扶贫济困的优良传统，凝聚全党全社会力量，形成扶贫开发工作强大合力。为扶到根上、帮到点上，充分发挥组团优势，采取“市级资源 + 组团资源 + N”的模式，筹集帮扶资金 1645 万元，聚焦厕所革命、基层党建等民生短板，深入开展“万企帮万村”“携手奔小康”行动，动员中山小榄组团 7 个镇区 37 个社区、11 个社会组织、33 家企业与永善县 11 个乡镇的 74 个深度贫困村结对，实现深度贫困村结对帮扶全覆盖；立足中山小榄组团三甲医院资源优势，深入开展医疗卫生协作，实现县级医院结对全覆盖，帮助永善新开展开颅等 29 项新手术，建立东西部扶贫协作小榄 · 永善微信远程诊疗平台，让群众在永善就能享受到东部优质医疗服务；充分发挥中山支教专家的先进理念，促成广东省 13 所名校与永善县 9 所县级学校结对，实现县级学校结对帮扶全覆盖。广泛动员小榄组团行业协会、爱心企业、爱心人士等各方力量，向永善县累计捐款捐物折资 6829 万元，重点用于贫困人口脱贫补短板项目，其中 1524 万元用于厕所革命，改造无害化户厕 16785 座，覆盖 12 乡镇 76 村，为有效衔接乡村振兴打下坚实基础。发动广东熊猫体育文化产业有限公司捐资建成永善 120 院前急诊急救体系，据了解，该急诊急救体系是云南省建成的首家县域内覆盖乡镇的院前急救体系。

小康路上　与残疾人携手同行

习近平总书记高度重视贫困残疾人的生产生活和脱贫问题，他强调，残疾人是一个特殊困难的群体，需要格外关心、格外关注。2020 年全面建成小康社会，残疾人一个也不能少；共同富裕路上，一个不能掉队。近年来，共投入 200 余万元，通过产业扶持、技能培训、贫困资助等方式，逐步加大残疾人帮扶力度，惠及 9037 名贫困残疾人。

在不断帮助残疾人群体改善物质生活的同时，也不忘投入大量精力、人力、物力开展人文关怀，让我记忆犹新的是一名叫古中勇的小伙子，溪洛渡镇干河村建档立卡贫困户，2 岁时不慎跌倒进滚烫的猪食中，致使双上肢、胸部严重烫伤，因家庭困难无力治疗，最终落下终身残疾，几乎丧失劳动能力，直到 2018 年 8 月，中山支医专家张金成依托远程会诊平台，与远在中山的小榄人民医院外科专家一同为其会诊，在确定治疗方案后，不仅送至小榄人民医院为其免费治疗，还帮他和父亲筹集了治疗期间的生活费和路费，经过两个月的治疗和康复，现在他已恢复了 90% 的劳动能力，能够独自外出打工，成了家里的顶梁柱劳动力。县委戈昌武书记到小榄人民医院看望他时，他拉着戈书记的手激动地说道：感谢党！感谢政府！我这辈子最大的幸运就是能够成为小榄 · 永善微信远程会诊平台第一位患者，是各位领导的关心关爱，是东西协作让我重拾对生活的渴望和希望，我一定会努力工作来报答党和国家！

永善的 1000 多个日日夜夜，我始终不忘初心，担起使命，事必躬身力行，几乎贡献了所有节假日，来拓宽群众增收脱贫的道路，帮助群众重振志气，俗话说有志者，未来可期！

（作者时任中共永善县委常委、副县长）

慎终如始守初心　凝心聚力为民生

王昌庆

2016 年 12 月，我被组织任命为永善县人民政府副县长，主抓健康扶贫、教育扶贫等工作。作为一名扶贫人，我始终坚持把脱贫攻坚作为工作的头等大事抓实抓牢，全身心投入脱贫攻坚这项伟大工程中来，认真贯彻落实中央、省市县关于脱贫攻坚的各项安排部署，扛实脱贫攻坚政治责任，深入基层摸底调研、用心用情担使命、凝心聚力出实招，为永善脱贫攻坚献出绵薄之力，见证永善跨越式发展。

深入调研摸家底

“没有调查，就没有发言权。”我从昭通市外侨办踏上永善这片充满希望的热土后，为尽快熟悉永善县情、民情、贫情，快速进入工作状态，我在深入了解有关工作情况、认真研读政策、到部门调研的基础上，马不停蹄地深入 15 乡镇、142 个村（社区），通过明察暗访、实地察看、召开座谈会、与乡村干部（驻村干部）交流、在田间地头与群众拉家常等方式，全面系统地了解了全县教育和医疗的发展现状，找准短板，摸清影响群众脱贫的“病根”，为下步精准把脉开方奠定了坚实基础。

用心用情担使命

作为脱贫攻坚这项伟大工程的参与者、亲历者和见证者，面对永善脱贫攻坚任务重、贫困程度深、致贫原因复杂的现状，主动开启了“5+2”“白加黑”的工作模式，经常深入基层调研，动态掌握工作进展，在怀孕期间，虽然身体有诸多不适，但从未降低工作标准，减少工作量，坚持用心用情用力践行好为民服务的初心和使命。当好学习者，我始终坚持把理论学习作为了解情况、掌握政策、提升能力的重要渠道，系统学习习近平总书记关于脱贫重要论述及考察云南重要讲话精神，认真研究中央、省、市、县关于扶贫的各项政策尤其是关于教育扶贫和健康扶贫的政策，不断夯实政策理论基础，提升个人综合决策能力。同时，积极加强与上级部门沟通对接，及时了解政策动向，确保吃透政策，用活政策。当好指挥员，作为主抓全县教育扶贫和健康扶贫的分管领导，常常在工作之余、夜深人静的时候，思考如何在全局谋划抓实这两项最惠及民生的基础性工作，解决群众最关心的就学就医问题，确保抓出成效，绝不辜负组织信任和群众期盼。当好作战员，按照县委、县政府的统一安排部署，坚持每月花三分之一的时间深入挂联乡镇、重点村（社区），与镇村一道对照贫困村、贫困户退出标准，逐一研判，创造条件，对标补齐脱贫短板弱项。坚持深入结对包保群众家中开展遍访工作，逐户、逐人了解情况，及时帮助解决生产生活困难。

凝心聚力出实招

斩断穷根，教育先行。在 2015 年召开的中央扶贫工作会议上，习近平总书记提出聚焦“两不愁、三保障”，把“发展教育脱贫一批”作为“五个一批”之一。2019 年 4 月 15 日，在重庆市考察调研时习近平总书记指出，

“两不愁、三保障”，很重要的一条就是义务教育要有保障。再苦不能苦孩子，再穷不能穷教育。习近平总书记的殷切期望，时常响彻耳畔，我始终坚持把教育作为阻断贫困代际传递的重要途径抓牢抓实抓细，自到永善工作以来，我多次带领县教育体育局深入15乡镇、村（社区）和中小学（村小），与乡村、学校一道专门研究教育扶贫、控辍保学工作，分析、研判、解决影响孩子接义务教育的各类问题，让教育成为改变孩子命运、斩断穷根的金钥匙。制度保障方面，为更好保障每一个孩子不掉队，顺利完成九年义务教育，成立了以县长任组长，有关县级领导为副组长的教育扶贫领导组、义务教育基本均衡发展领导组等，切实加强对教育扶贫等工作的领导。严格落实“双线四级”责任，把“控辍保学”纳入对校长、教师的绩效考核，落实“三个同等责任”。牵头或组织先后制订了《永善县控辍保学工作实施方案》《永善县推进县域义务教育均衡发展激励和问责办法》《永善县义务教育控辍保学考核办法》《永善县教育扶贫实施方案》《永善县打好义务教育阶段控辍保学攻坚战的实施方案》等文件，形成了较为完备的制度保障体系。项目建设方面。每当到高寒偏远村小调研时，看到破旧的教学楼、教室、桌椅、运动场等硬件条件差时，心里五味杂陈。为改变这种现状，2017年以来，县委、县政府积极主动争取资金、政策等方式，大力实施学前教育工程、全面改薄、义务教育能力提升等项目，投入资金6亿余元，新建校舍11.76万平方米，运动场7.7万余平方米，建成教师周转房170套，完成“一村一幼”（班改幼）126个，全县教育基础设施明显改善，校园变宽敞了，教室变明亮了，教学设施更新了，学生活跃起来了，朗朗读书声让人踏实。教师队伍保障方面。“百年大计，教育为本；教育大计，教师为本”，加强教师队伍建设是补齐教育发展短板的重要途径，尤其是我们这些教育较为落后的深度贫困地区。2017年以来，通过补员招考、特岗招聘、紧缺学科选聘等渠道，全县共招教师593人，其中：聘用特岗教师121人、补员368人、优秀紧缺人才引进84人、其他20人，有效解决了师资不足的问题，通过“请进来、走出去”相结合的方式，提高了教师教育教学水平和质量。资助保障方面，为确保不出现因贫辍失学情况，我带领县教育体育局、县扶贫办研究，在全面理顺资助程序的基础上，督促学校、乡村进一步精准建立各类学生资助台账，全力做实各类资助政策兑现工作。自2017年以来，发放资助资金1.89亿元，覆盖建档立卡贫困户学生20万人次，实现所有建档立卡贫困户学生资助全覆盖，实现应助尽助目标。引进优质教育资源方面，为更好满足人民群众对优质教育的需求，我与傅县长等县级领导先后2次到温州知临教育集团进行合作办学洽谈，通过反复电话沟通、座谈交流，用真心真情打动了知临教育集团主要负责人，对方满怀诚意来永洽谈，有力促成了永善·温州知临教育集团成功签约合作办学，永善知临中学2020年9月实现招生办学目标。知临教育集团先进的教育教学理念、学校管理方式、队伍组建等为永善“量身定做”，为永善人民提供了更多优质教育教学资源，实现了家门口就有好学校上的目标。通过全县上下勠力同心，发扬不怕苦、不怕累精神，义务教育基本均衡顺利通过国家评估认定，得到国家和省、市的高度评价，在全省推进会上做交流发言；控辍保学工作取得显著成效，辍失学人数从过去每年的几百人到现在实现了动态清零目标；全县普职比从2015年的1：0.37上升至2020年的1：0.89，超过全国平均水平，为脱贫攻坚第三方评估验收、国家脱贫攻坚普查等奠定坚实的教育保障基础。

全民小康，健康为本。紧紧围绕让贫困群众看得起病、看得好病、方便看病的目标，全力以赴、扎扎实实在医疗保障上狠下功夫。全面落实健康扶贫各项政策措施。在建档立卡初期，全县因病致贫2003户8423人，看到这样的数据让人揪心，深知要解决群众因病致贫返贫，要做的工作还有很多。2017年9月27日，省人民政府办公厅印发了《云南省健康扶贫30条措施》，对照《云南省健康扶贫30条措施》，我及时带领县卫生健康局深入医疗机构、群众了解情况，拟定《永善县贯彻落实云南省健康扶贫30条措施实施方案》，召集有关部门逐条逐项研究，2017年10月31日印发该《方案》，让贫困群众看病就医吃下了“定心丸”。通过坚持不懈努力，全县建档立卡贫困人口和非卡边缘户100%参加基本医疗保险和大病保险，“先诊疗、后付费”和“一站式”即时结报、大病专项救治、医疗救助、家庭医生签约服务等惠民便民政策落到实处。截至目前，开展32种大病专项救治，建立“一人一档一方案”2975人，其中严重精神障碍患者1551人，其他大病1424人。共签约146144人，履约服务28434人，重点病种履约率均达90%以上，管理卡户慢性病9385人。全县因病致贫返贫人口降至289户1082人。全面提升医疗服务能力。2017年以来，实施乡村医疗机构改造和新建88个，建成标准化村卫生室（社区卫生服务站）137个，大力实施县级医院提质达标建设，深入开展社区医院试点创建和等级医院创建，县人民医院和县中医医院均达到二级甲等标准，县人民医院胸痛中心通过国家评估验收，危重孕产妇救治中心、危重新生儿救治中心、卒中中心、创伤中心已经省级验收，不断提升了县域医疗硬件设施。选派县、乡医务骨干到协作医院轮训、上级医院进修，推行优质医疗资源下沉，选派县级医疗技术骨干到乡镇卫生院支医服务，对村医、护士和管理人员开展专项培训等措施，县、乡、村医务人员医疗技术水平不断提升，方便群众就近看病就医，县域内就诊率达93.46%，基本实现了“小病不出乡、大病不出县”的目标。

文化扶志，育人无声。我清醒地认识到，群众要脱贫，不仅是物质上要脱贫，精神上更要脱贫，我们围绕“两不愁、三保障”对标开展工作的同时，也要坚持“智”“志”相扶开展文化扶贫，让群众精神生活不再匮乏。通过院坝会、文化下乡、感恩教育、宣传标语、农家书屋、“小手牵大手”等形式，潜移默化地教育引导群众知党恩、感党恩，让“安贫可耻、脱贫光荣”成为一种时尚，进一步增强群众主人翁意识，激发群众发展内生动力。

“事非经过不知难”，自开展脱贫攻坚工作以来，广大一线干部、教师、医务工作者等同心合力，献计献策，身沉一线，辛勤工作，实现了群众就学就医有保障，实现了文化育民、文化富民的目标。

（作者时任永善县人民政府副县长）

落实落细三项责任　决战决胜脱贫攻坚

曾国才

2015年11月，中央扶贫开发工作会议召开，吹响了打赢脱贫攻坚战的冲锋号。同月，得益于组织的关心和培养，我走上了新的工作岗位——从大兴镇党委书记调任中共永善县委常委、县委办公室主任、县直工委书记，虽然岗位和角色发生了变化，但是初心和使命没有改变。五年来，我始终深入学习贯彻习近平总书记扶贫开发重要战略思想，全面落实中央和省市县决策部署，紧扣目标任务，按照职责分工，坚持精准扶贫、精准脱贫，用心用情用力参与脱贫攻坚战，用实际行动体现对党忠诚。

强化服务保障

作为县委常委、县委办公室主任，我紧紧围绕中心服务大局，在以文辅政、优化服务、参谋助手上下功夫，带头做到夙夜在公、任劳任怨，全力做好办文办会、督查督办、辅助决策等工作，努力提升“四办”工作效率和服务水平，合力决战脱贫攻坚、决胜全面小康。

2016年1月8日凌晨2点，县委办公室灯火通明。当天本来是星期天，在以前也许可以不用上班、陪陪家人，但是因为1月9日要召开全县脱贫攻坚工作推进会议，迅速吹响全县脱贫攻坚冲锋号，对于永善而言，意义重大、影响深远，县委、县政府主要领导高度重视，要求准确把握当前脱贫攻坚面临的形势，总结前阶段工作，分析存在的困难和问题，安排部署下步工作，高质量准备好会议讲话提纲。为了圆满完成工作任务，我带着办公室另外3位同志，对讲话提纲反复进行修改完善，虽然大家都很疲惫，但是面对信任和责任别无选择。自脱贫攻坚大决战打响以来，工作到深夜是“家常便饭”的事，我常常教育引导办公室的同志们，能参与和见证第一个百年奋斗目标的实现，是我们这一代人的荣幸，更是沉甸甸的责任，大家只有风雨兼程、加压前进，努力克服工作和生活上的困难，才能让胜利之花盛开！五年来，我带领办公室同志起草了脱贫攻坚方面的汇报材料超过100份、领导讲话超过200份、文件超过300份，正是有大家的熬更守夜、废寝忘食，才始终没有出现差错，确保了县委各项工作及时、准确安排部署。

五年来，我带领办公室圆满完成中央、省市各级脱贫攻坚领域的调研、考察等重大接待任务超过30次，牵头成功筹办脱贫攻坚工作推进会、联席会、调度会、汇报会等重大会议超过50次，由于大家不怕吃苦、认真负责，做到了忙而不乱、有条不紊、万无一失。

五年来，我跑遍了永善县的山山水水。为强化县委督查室的职能职责，巩固驻乡村督查的成功经验，积极参与研究脱贫攻坚督查工作，采取从县直相关部门抽调42名督战队员组成15个督战队的方式，按照每月驻乡开展脱贫攻坚督战不少于20天的要求，对标户脱贫、村出列、县摘帽“571”标准，通过入户走访、现场查看、明察暗访、随机调研等形式，对乡村两级脱贫攻坚重点任务完成情况开展督查，促进了脱贫攻坚各项工作有力有序开展。同时，以服务脱贫攻坚大局为目标，我牵头研究制订了《关于进一步加强党政信息报送工作的通知》《永善县重要紧急信息快捷联审联报联发制度》等文件，严格执行信息（重大紧急）报送、考核、约稿等制度，信息质量和服务水平不断提升。五年来，上报《信息专报》超过 200 期，刊发《永善信息》超过 50 期。

强化指挥调度

2016 年 5 月，永善县把脱贫攻坚作为统揽各项工作的指挥棒、风向标和总抓手，把全县 15 乡镇分为三个作战片区，由 36 名县处级领导分别担任三片区指挥部领导及成员，目的在于为乡镇脱贫攻坚“找准病根、集中会诊、配齐药方、抓好良药”。我作为挂钩联系水竹乡的县处级领导，划入了第一片区，任指挥部成员。水竹乡境内山高谷深、叠峰绵延，长年阴湿多雨，少数民族占比超过五分之一，集偏远、高寒、民族、特困于一体，工作任务紧、难度大。2017 年 5 月 31 日至 6 月 1 日，根据县委、县政府的统一安排，结合水竹乡脱贫攻坚工作实际，我采取召开座谈会和实地走访调查的方式，对全乡农村人口基本情况摸底调查工作进行指导，在塘坝村大山村民小组，我走村入户开展脱贫攻坚政策宣传，引导群众通过对比脱贫攻坚前后自身家庭发生的变化，教育群众知恩感恩、转变观念、谋求发展。在各级干部和各族群众的共同努力下，2014—2018 年全乡累计出列 5 个贫困村、脱贫 652 户 2709 人，贫困发生率从 32% 下降到 2.98%，减贫事业取得了阶段性胜利。

2019 年 3 月，因人事变动和工作需要，经县委研究，决定调整充实县级领导挂钩联系乡镇工作及第一书记，我的挂钩联系的乡镇由水竹乡调整为莲峰镇，并兼任莲峰镇第一书记，同年 7 月，因机构改革和人事变动，县委、县政府调整充实了三个片区指挥部，明确我任第三片区指挥部常务副指挥长，肩上的担子相对变得更重，特别是莲峰镇 2019 年计划出列 12 个村，脱贫 2479 户 10250 人（占全县年度计划任务的六分之一左右）。面对困难挑战，我只有花更多的时间和精力在一线，2019 年 5 月 21 日至 26 日，我轻车简从到莲峰镇文潭村、米田村、大荡村开展脱贫攻坚遍访工作，聚焦“两不愁、三保障”，督促镇村干部家家入户、不留死角，访谈到人、提高质量，并围绕漏评风险、错退风险、矛盾纠纷、人居环境、未脱贫户短板等方面开展入户遍访，通过看房看水看产业、查学查医查就业等方式，全面摸清农户家庭情况，全面建立问题台账和清单，按照边访边研边改的要求，督促乡、村两级将遍访工作落地落细落小。一年多以来，我每月到乡村开展工作的时间都达到了三分之一以上，并定期组织挂钩联系莲峰镇的县直部门主要负责同志召开脱贫攻坚工作推进会，加强对片区乡镇脱贫攻坚工作的领导，分析查找莲峰镇和第三片区脱贫出列短板，研究补齐短板的措施办法，督促指导工作落实，在帮助镇村两级理清思路、找到办法，推动解决工作中遇到的“疑难杂症”等方面，发挥了应有的作用。目前，莲峰镇和第三片区所有贫困村和贫困人口已全部达到脱贫出列标准，按时啃下了脱贫攻坚硬骨头。

强化挂钩帮扶

2016 年 7 月 1 日，我到县委办公室挂钩帮扶的茂林镇甘杉村，听取了易迁安置示范点建设情况汇报，查看民房建设、河道治理工程进度，督促项目承建方要主动争取群众支持，充分考虑高寒山区天气情况，在人员调配、建材供应等重点环节上多下功夫，进一步优化施工组织，抢抓建设工期，争取打造精品工程；走访了谭家营中药材种植基地，了解了内务建设情况以及党参种植地块，勉励基地负责人要规范操作流程，加大产销衔接，不断挖掘产品附加值，提高产品竞争力，并注重内务管理，加强文化建设，积极营造良好氛围，树立良好形象；采取与基层党员座谈、重温入党誓词、慰问困难党员、讲授党课等方式，共庆了党的生日，并要求村党委要切实发挥战斗堡垒作用，促进“基层党建十条”落地生根，落实好党的惠民政策，维护好群众的合法权益，努力将“两学一做”新要求与改进作风建设相结合，与脱贫致富奔小康相结合，与农村综合治理相结合，努力打造好美丽乡村名片，守护好永善的南大门。五年来，我定期组织研究挂钩帮扶工作，经常组织干部职工深入挂钩帮扶村（社区）开展调查研究，进村入户与结对包保群众面对面交流，帮助查找致贫原因，分析脱贫对策，了解群众意愿，积极鼓励群众发挥主体作用，早日实现脱贫摘帽。在我的带动下，全办干部职工全力以赴、主动作为，茂林镇甘杉村村组公路总里程超过10公里，有村级活动场所1个、村级文化活动室1个、村民小组活动场所4个、完小2所、卫生室1所、乡村医生3人，已通动力电和网络宽带，广播电视信号覆盖率达99%，饮水保障率和户表升级改造率均达100%，所有贫困户已达到脱贫出列标准。同时，因机构改革县档案局于2019年3月划入县委办公室，县档案局挂钩帮扶的马楠乡马楠社区在大家的共同努力下，也如期达到了村出列、户脱贫的目标，按时完成了组织交办的工作任务。

（作者时任中共永善县委常委、办公室主任，现任永善县人民政府副县长）

不惧山高路难　只为全面胜利

纪苍雁

习近平总书记 2015 年代表全党向全世界作出的庄严承诺：“未来 5 年，我们将使中国现有标准下 7000 多万贫困人口全部脱贫。”自此，全国各地打响了一场轰轰烈烈的脱贫攻坚战。在党政军民齐动员、男女老少齐参战的这场人民战争中，我亲身经历并参与了永善县委、县政府带领全县干部群众一步一步消除存在千年的绝对贫困问题，亲自见证了永善从深度贫困县到实现脱贫摘帽，自豪的是，我是脱贫攻坚战永善县战场中的一员。

勇担使命　全力为脱贫攻坚保驾护航

着力创造脱贫攻坚良好环境。一分部署，九分落实，脱贫攻坚各项措施的落实，除了县委、县政府的贯彻执行和全县干部的努力，更需要广大人民群众的理解与支持。但在政策执行过程中，极少数人不仅没有心怀感恩、投身脱贫攻坚与干部共同奋斗，更是为满足一己私利，置国家政策法规、公序良俗不顾，捏造事实、隐瞒真相，哄抢扶贫物资、殴打辱骂扶贫干部、不赡养老人、不让孩子接受教育等，甚至为了享受扶贫政策铤而走险、触及法律底线，严重干扰和破坏了脱贫攻坚工作的正常秩序。为弘扬正气、打击违法犯罪，永善县开展了打击扶贫领域违法犯罪、整治扶贫领域不正之风等专项行动，公安、司法等部门联合各乡镇强势出击，依法查处扶贫领域内违法犯罪 68 起，成功化解人民群众间矛盾纠纷 3400 余件，有效惩治了脱贫攻坚领域违法犯罪，维护了人民群众、扶贫干部的切身利益和脱贫攻坚工作秩序，为全县脱贫攻坚各项工作顺利推进营造了良好的法治环境和社会氛围。

全力护航服务易地扶贫搬迁。永善县是乌蒙山片区连片深度贫困地区之一，立体气候特征明显，地质灾害易发多发，生存环境恶劣，人民群众“靠天吃饭”现象突出，是典型的“一方水土养不活一方人”区域，县委、县政府抓住国家易地扶贫搬迁机遇，推进实施 12138 户 51341 人易地搬迁，致力于帮助群众“挪穷窝、拔穷根”。然永善道路等级低、山路崎岖，搬迁群众有的在海拔接近 3000 米的大山深处，弯多路窄坡陡；有的在海拔不到 400 米的金沙江畔，临江临水临崖，搬迁涉及人员、物资及车辆众多，十分危险。为了确保群众顺利完成搬迁，我带领全县公安队伍帮助群众收拾物资、组织人员提前部署，集中搬迁时安排警员和警车全程护送车队，确保易地搬迁工作的安全，几年来，不论是县内的安置点搬迁，又或是疫情期间护送群众搬往昭阳区靖安和鲁甸县卯家湾两个安置区，搬迁路上均未发生一起事故，用实际行动践行了公安机关保障人民群众生命财产安全的使命，交上了护航永善县脱贫攻坚满意答卷。

奋力攻坚特殊群体全部脱贫。在全县贫困人口中，有一部分困难群众较为特殊，一般政策并不能将其覆盖纳入，有的贫困户是涉毒人员，不采取有效措施脱贫必然无望；有的贫困户因历史原因，没有登记户籍难以享受相应政策……为保证全县脱贫进程，公安机关主动作为，采取了一系列行之有效的措施：成立疑难户口专班，专门解决疑难户口落户问题；脱贫、脱毒双推进，确保涉毒贫困人员脱贫等等，通过几年的不懈努力，457 名涉毒贫困人员家庭达到脱贫标准，481 人的户籍问题有效解决，纳入脱贫攻坚政策覆盖范围，确保了全县脱贫攻坚顺利推进。

履职尽责　倾力做好联系点挂钩帮扶

根据县委、县政府的统一安排部署，我先后挂钩联系黄华镇三合村和水竹乡塘坝村、黄河村的脱贫攻坚工作，我深知贫困农户多种多样、贫困原因纷繁复杂，为此我走遍挂钩联系村所有村民小组、走到最偏远的贫困户家中实地察看，只为搞清楚贫困户的目前状况和现实困难；连续3天与乡党政班子逐户研究全乡贫困户的情况与需求，认真讨论因户因人施策保证脱贫的精准性；带领行业部门实地调研气候土质，为适合何种产业发展出主意、想办法；各处协调项目和物力财力等帮助改善基础设施，为群众脱贫致富提供保障。

2018年，我开始挂钩联系水竹乡脱贫攻坚工作，根据全县脱贫攻坚路线图，水竹乡属已脱贫的乡镇，但是基础设施短板仍然较多，产业发展不足，群众收入结构单一，整体脱贫质量不高，大部分群众仍有返贫风险，未脱贫的贫困户问题突出、扶贫工作难度大，整体形势比较严峻。为此，我多次在乡政府与党政班子共同讨论和完善全乡整体脱贫规划，整合乡村组织、挂钩帮扶单位、挂钩帮扶干部和社会各界帮扶力量，动员全乡人民积极投身脱贫攻坚中来。我们紧扣“两不愁、三保障”，加大在基础设施建设方面的投入，全力加快农危改和人饮工程建设进度，严格落实教育扶贫、健康扶贫等工作措施，用足社会救助政策，通过干部群众的不懈努力，水竹乡累计完成乡村公路硬化110.1公里，4个村卫生室投入使用，建成人饮工程40件，完成农危改961户，发展农村专业合作社4个，建成安置点8个，做到了让群众住上安全房、喝上放心水，小病不出乡村、大病负担明显减轻，没让一个适龄孩童因贫失学辍学，群众以及集体增收渠道更加宽广，累计脱贫693户2933人，贫困率从24.85%降至1.17%，圆满完成县委、县政府交办的脱贫攻坚任务。

回首来路　对脱贫攻坚仍有几点思考

历史长河浩浩汤汤，贫困问题一直是阻碍人类社会发展的难题，中国共产党带领各族人民倾全国之力创造了“中国奇迹”，但要让广大人民群众脱贫致富有生命力、能持续，除了国家战略支持、财政投入等为根基，更需要人民群众的力量做支撑，“外部输血”终不如“内部造血”更加长久，只有激发了人民群众的内生动力，才能让“中国奇迹”更加耀眼。

非学无以广才，扶贫必须扶智。教育，对一个家庭的长期发展至关重要。习近平总书记指出：教育是民族振兴、社会进步的重要基石，是功在当代、利在千秋的德政工程，对提高人民综合素质、促进人的全面发展、增强中华民族创新创造活力、实现中华民族伟大复兴具有决定性意义。但在偏远的农村地区，仍有不少家庭对教育重视不够，适龄青少年受教育机会极易被阻断，难以接受更高层次教育，以致无一技傍身，虽有生计确难以持续，甚至造成教育缺失的代际传递，这便不是我们党所为之奋斗的脱贫。故而，我认为扶贫必须扶智，要确保每个贫困学生在各个教育阶段有学上、有的放矢加强致富知识和技能的培训，既能帮助人民群众增长科学文化知识、提高劳动技能，又能让贫困群众在产业发展实践中长见识、增本领，从而发挥人民群众无穷的创造力，着力拔除贫困群众能力上的穷根。

非志无以成学，扶智必要扶志。不难发现，很多地方存在有些贫困户扶不起，这些人有脱贫的基础、也有脱贫的能力，但“等靠要”思想严重，缺乏脱贫致富的勇气和勤劳实干的行动，把党的扶贫好政策错误地当成了养懒人的政策。为此，我认为扶贫不但要扶智，更要扶志，通过培育“人穷志不穷”“穷则思变、穷则思勤”的奋斗精神，引导贫困户自觉想要斩断穷根，着力消除精神贫困，才能让人民群众发挥自身所学所长，才能让贫困人员在党和政府的帮助下用勤劳的双手创造幸福生活。

（作者时任永善县人民政府副县长、公安局局长）

集小溪之水　汇脱贫之洋

——挂职永善县脱贫攻坚定点帮扶纪实

余致辉

2018 年 6 月，按照中国建材集团党委的安排，我从中国建筑材料工业建设西安工程有限公司人力资源部到云南省昭通市永善县挂职副县长（挂职两年），分管县志工作，并从集团于 2016 年派驻李之嵩同志到挂职副县长手中接过集团未来的帮扶工作，自知责任重大、使命光荣。

永善，是乌蒙山片区连片深度贫困地区之一，是集民族、山区、贫困“三位一体”的国家级重点扶持贫困县。全县户籍人口 48.19 万人，贫困人口 180703 人，贫困面大，贫困程度深是最基本的县情、贫情，要攻克这样一个具有千年贫困历史的县，既是摆在县委、县政府面前的一道重大难题，也是我作为集团派驻挂职定点帮扶面对的“硬骨头”。

狠抓政策理论学习，切实找准角色定位

到永善任职以后，怀揣着激情与实干，为尽快转变角色、进入工作状态，我制订了详细的学习计划，每天坚持学习中央扶贫方针政策及习近平总书记重要讲话精神，认真钻研省市脱贫攻坚政策及文件精神。坚持抓实

调研，把调研作为自己熟悉县情、贫情以及从企业到行政思维及工作方式转变的有力抓手，围绕脱贫攻坚“两不愁、三保障”脱贫指标，利用一个月的时间全面调研了全县畜牧种植产业发展、易迁安置点、农村危房改造连片区域等情况，每到一处认真思考，对标对表国家、省市标准，查找差距和不足，找到集团帮扶的结合点，尤其是集团定点帮扶的细沙乡黄金、大同、凉水以及团结乡大毛等行政村，足迹遍布了每个自然村、每家建档立卡户以及部分非卡户，认真倾听群众想法及脱贫意愿，与乡、村两级干部、集团派驻村队员一起寻找致贫之因、商讨脱贫之方、思考致富之法，主动向集团汇报自己的帮扶想法，向县委、县政府提供脱贫良策。通过全面深入的调研，才深知真正的贫穷与落后，灵魂被触动、思想被洗礼、内心被震撼，让我深刻领悟了以习近平同志为核心的党中央实施脱贫攻坚的重大意义和必要性、紧迫性。永善贫困深度及贫困面之大，脱贫任务之艰巨，在我内心深处掀起了一阵波澜，久久不能平静，如何进行精准帮扶，体现帮扶成效，成了我日思夜想、魂牵梦萦的主题。

聚焦产业发展帮扶，建立带贫发展机制

永善的产业发展主要以传统种植业、养殖业为主，产业结构单一，管理粗放，虽然品种多，但零星分散不成规模，出于广种薄收效益差的状态，缺乏连片成规模的特色产业，没有一项立得起、收益好的支柱产业，群众收入渠道单一。在经过深入调研及反复思考的情况下，为切实解决集团定点帮扶的细沙乡黄金、大同、凉水以及团结大毛等村产业发展，采取以点带面的方式，结合气候、土壤、海拔等地形条件，通过与县委、县政府研判，与细沙乡党委、乡政府协商，向集团争取帮扶资金 990 万元，在细沙、桧溪镇、溪洛渡等乡镇规划连片种植猕猴桃 3150 亩，使群众的土地从低效变

高效、产业从短期变长期，有效带动群众770余户2800余人长期稳定增加收入。2019年，按照省委、省政府及市委、市政府的安排部署，我县在红光易迁安置点安置易迁群众1.4万余人，这些群众从不适宜生产生活的“六类区域”搬迁进城，长期稳定就业是一个亟须且必须解决的问题。为此，我多次深入安置点进行调研，切实把自己摆进去，在内心深处想为安置群众出一份力、献一份心，根据红光安置点规划，结合集团帮扶实际，向集团争取600万元帮扶资金，援建4000平方米扶贫车间1座，通过引进劳动密集型企业对本土特色农产品进行深加工，能有效解决400余人就业，带动1200余人脱贫。

改善基层教学环境，阻断贫困代际传递

由于受地形地貌制约，全县交通、经济、教育等发展严重滞后，加之受资源匮乏、开发利用率低等影响，全县人均受教育年限仅为6.5年，与沿海发达地区相比差距较大，职业教育发展起步晚、规模小，对经济社会发展促进作用不明显。集团帮扶的细沙乡黄金村黄金小学建校于1957年，拥有在校师生230余人，学生以走读为主，仅有的12名教师全部为乡外年轻教师，由于学校教学基础设施落后，没有教师宿舍和餐厅，多年来教师只能在学校附近的农户家租房居住教学，学生用餐晴天在操场雨天在教室。本着投资教育就是投资未来、今天的教育就是明天的经济理念，在认真听取村委会及小学相关领导意见后，主动向集团汇报争取资金，对学校进行提升改造。经过不懈努力和积极争取，集团给予帮扶资金98万元，按照一室一厅一厨一卫的设计标准，建设了一幢占地面积139平方米、建筑面积431平方米的教师周转房，结束了12名教师长期寄宿租住民房的历史；投入帮扶资金73.7万元，为学校新建了占地面积63平方米、建筑面积189平

方米的综合办公楼，并为学校微机室、留守儿童关爱之家、教师办公室配齐了相关设施设备；投入帮扶资金20万元，将学校原来凹凸不平的混凝土操场铺设为塑胶操场，安装了篮球架、乒乓台等体育设施，将原有的微机室旧楼改造为学生餐厅，采购了餐桌和大型消毒柜，让学生有了舒适的就餐环境。此外，充分发挥自己桥梁纽带作用，通过牵线搭桥，协调集团所属企业为学校捐赠图书2万余册、校服200余套以及电脑、打印机、复印机、音响等设备。通过硬件设施的改善，让昔日的乡村小学发生了翻天覆地的巨变，为教育扶贫打下了坚实基础。同时，抓住集团定点帮扶契机，结合全县教育发展不平衡不充分实际，向集团争取资金实施了永二中直播班、红光九年一贯制采购设施设备、茂林中小学购置学习必需品等一系列项目，在一定程度上对全县教育事业发展贡献了自己的力量。

狠抓转业就业帮扶，带动群众稳定脱贫

永善是一个多民族聚居的贫困县，经济发展呈两极分化状态，高寒冷凉地区只能从事原始农作物劳作，高投入低产出，处于深度贫困，但劳动力富余；江边河谷地区受地理优势影响，可种植花椒、脐橙、柑橘等经济作物，有经济稳定收入，贫困程度相对而言较浅。但全县的劳动技能及素质总体偏低，大部分只能从事低技能、重体力工作，缺少高技能和专业技术，随着国家经济转型升级和战略性新兴产业的发展，对劳动者的技能提出了更高要求，虽然自发输出了大量劳动力，但组织化程度不高、务工收入低，发展后劲不足。按照“转移就业一人、脱贫致富一家”的脱贫思路，结合我来县挂职前在企业人力资源部工作经历，经与集团汇报，积极对接集团企业，根据企业自身发展和永善贫困群众就业需求实际，决定降低门槛在永善实施技能人才招聘，让低学历、低技能的劳动力成为集团正式职

工，为他们制订长远职业发展规划，购买“五险一金”，不但解决就业问题，还为他们今后的发展夯实基础。2018—2020年，通过自己的努力争取及集团所属企业的支持，与永善县委、县政府联合举办了5场“中国建材集团对口帮扶永善县劳动力就业专场招聘会”，共计210余名大中专毕业学生、青壮年贫困劳动力成为公司正式员工，进一步增强了贫困群众的“造血”机能。

重视干部能力培养，建设高素质的队伍

打赢脱贫攻坚大决战，干部是关键。通过对全县干部职工知识结构、学历、培训经历等进行了研究，发现大部分干部职工为20世纪90年代中专学历，没有接受良好的高等教育，对新时代新思想新理念的认识不深、把握不准、学习不精，尤其是对脱贫攻坚政策学习把握、脱贫办法措施、示范带动发挥等按部就班、见子打子，没有创新思路及方法，工作停留在凭经验、老办法办事。要打赢脱贫攻坚这场硬仗，提高干部的工作能力、拓宽视野、增强创新意识是迫在眉睫需解决的问题之一。为切实提高永善县基层干部的能力素质，积极向集团争取培训项目，切实提升全县从科级干部、“村‘三委’、合作社、致富能人”三支队伍以及县乡办公室工作人员，先后组织开展了4期干部培训，培训人数达500余人，为全县顺利实现脱贫摘帽提供了强有力的人才支撑，建设了一支带不走的扶贫队伍，为有效衔接实施乡村振兴战略提供坚强保障。

挂职两年多来，通过自己的思考与谋划，在集团党委、扶贫办的正确领导及大力关心支持下，在县委、县政府的全力配合下，累计向集团争取帮扶资金5744万元，实施项目30余个，受益贫困群众10万余人，定点帮扶取得成效显著，成功助推全县实现脱贫摘帽。虽然尽自己的努力做了

一些工作，但与群众的期望相比、与集团党委和县委、县政府的要求相比，还有很大差距，但一人的力量是有限的，脱贫攻坚是一项长期的、系统的、庞杂的工程，非一日之功能解决，只有集小溪之水，才能汇聚成脱贫汪洋大海。

（作者时任永善县人民政府副县长）

金沙江畔那一片片乡愁和希望

邓福贵

2015年，党中央把贫困人口脱贫作为全面建成小康社会的底线任务和标志性指标，举全党全国全社会之力，全面打响脱贫攻坚战。回顾过去的五年时光，在县委、县政府的正确领导下，全县各行各业干部职工齐心协力、咬紧牙关、摸索方法、创新思路、凝聚力量，千方百计要啃下脱贫“硬骨头”，永善县脱贫攻坚取得了决定性胜利，贫困农户在安居住房、水、电、路等基础设施建设方面的条件得到了有效改善，“两不愁、三保障”问题得到有效解决，“六大产业”在全县各地一片片茁壮成长，孕育着希望。曾经马楠山上的一座座茅草房变成了联排的小“别墅”，曾经团结乡居住在穷山恶水的贫困群众搬进了住宅小区一样的易迁安置点，曾经黄华金寨因严重缺水被称作大毛坡的地方如今被群众称为产业发展的“金窝窝”。五年的时间，全县发生了翻天覆地的变化。

“输血”变“造血”，特色产业茁壮成长

习总书记曾强调：“产业扶贫是最直接、最有效的办法，也是增强贫困地区造血功能、帮助群众就地就业的长远之计。”作为全县分管农业农村工

作的副县长，如何谋划一批优势产业，切实打赢产业扶贫攻坚战，成了自己最重要的任务。面对全县产业结构不优、管理水平低下、规模经营不够、缺乏专合组织、龙头企业带动、基础设施薄弱、科技支撑不足的现状，我们进一步理清产业发展思路，我带领农业农村、林业和草原等部门专业技术人员，跑遍了全县十五个乡镇调研特色产业发展，对产业扶贫实施方案逐乡逐村研判，确保产业扶贫项目可行性，结合全县实际，因地制宜确定了以大力发展花椒、竹子、马铃薯、生猪、肉牛、特色水果为重点的“六大产业”，按照“三年抓重点、抓示范、打基础，两年扩规模、创品牌、见成效，五年促融合、树典范、大提升”的工作思路，以加快现代农业示范园区建设、统筹城乡发展、农业增效和农民增收以及精准产业扶贫工作为引领，以“调结构、扩规模、强产业、重科技、保安全”为重点，以现代农业示范园区带动优质农产品基地建设，龙头企业和专业合作社带动农户发展，品牌建设带动市场营销和效益提高为发展方向，大力推进高原特色农业产业发展，全县农业产业不断进步。实现 141 个村（社区）有产业发展条件的建档立卡贫困人口 39888 户 178013 人，户均拥有 1 项以上稳定增收产业。五年来，全县新植竹子、花椒、特色水果等 23.36 万亩，提质增效 19.46 万亩，规范化种植马铃薯 28.5 万亩，高标准打造“洋芋帝国”示范基地 2 万亩；实施退耕还林还草 18.44 万亩；集饲料生产、种猪繁育、生猪养殖、屠宰加工、冷链配送于一体的正邦福猪养殖项目进展顺利，年出栏 18 万头的茂林仔猪养殖基地即将竣工，年出栏 40 万头的团结仔猪养殖基地和年出栏 30 万头的涉项乡镇生猪育肥基地启动建设，肉牛标准化养殖发展加快；建成农村集体经济 142 个、农民专业合作社 527 个，累计获得“三品一标”认证 25 个。2019 年，农业增加值达到 18.2 亿元，年均增长 5.7%。通过五年的努力，以务基白胜的脐橙、茂林冷米的贡椒、黄华橘园的橘子、溪洛渡玉笋的枇杷等为代表的特色种植产业处处开花结果，效益逐渐凸显；以正邦生猪养殖、深山牧业、通源牧业为代表的规模化特色养殖产业规模逐渐形成，带领群众增收致富，全县产业扶贫成效凸显。

旧貌换新颜，农村人居环境逐年改善

农村人居环境整治是推进美丽宜居乡村建设的重要切入点，是脱贫攻坚工作的重要内容，也是统筹城乡发展的必然要求，整治农村环境对于改善农民居住环境、提高生活质量、提升健康水平有着十分重要的意义。全县农村环境卫生“脏、乱、差”现象极为突出，直接影响了农村环境质量和农民群众生产生活质量。我们深入开展农村“七改三清”，围绕“五净、三无、两化、两规范”总体要求，按照“先治乱后治脏”的原则，聚焦“打好一个基础，实现三个整洁、一个规范、一个力争”的目标，大力推进农村人居环境整治。记得曾经地下稀泥浆、蚊虫满天的马楠石灰窑，通过近年来的人居环境整治，如今已变成了风景宜人、环境整洁的小村落。还记得 2019 年 7—8 月，我们利用 1 个月左右的时间，组织全县 2863 名中小学教师和县、乡、村组干部、公益性岗位人员，开展农村人居环境专项整治行动，覆盖农村群众 9.26 万户，打造示范户 1.02 万户，通过集中整治，带动农村群众养成良好环境卫生习惯，全县农村人居环境得到逐步改观。同时，我们把村庄规划管控、乡村保洁、垃圾收费、村容整治、公共设施管护、推动移风易俗等纳入村规民约管理，组建村民治理小组，探索建立农村污水处理、生活垃圾处理付费制度，引导农村居民自我管理、自我教育、自我提高，养成共管共享的良好习惯。大力推进“爱心超市”建设，将农户参与人居环境整治纳入“爱心超市”积分制管理，推动形成农村群众参与人居环境整治比学赶超的浓厚氛围。完成中心村庄规划编制 110 个，自然村村庄规划编制 112 个，改造农村卫生户厕 3.02 万户，拆除农村危旧房屋 2.97 万户，农村人居环境逐年提升。

干涸变通渠，水利基础设施不断夯实

由于全县山高坡陡，河流深切，南北气候差异大，水资源时空分布不均、开发利用艰难，水资源呈现“总量大、利用难、灾害多”三大特点。水利基础设施亟待改善，作为分管水利工作的领导，我多次与水务部门一道研判全县水利规划，做实做细前期工作，多次到省、市主管部门对接协调水利项目的前期工作、争取项目支持。一是脱贫攻坚人饮工程全面推进。紧扣“两不愁、三保障”突出问题和贫困退出“571”标准，全面开展农村饮水安全核查，补齐农村饮水安全短板，与水务部门干部一起走村串户，确保全县农村饮水全覆盖、无遗漏，我多次召集农村安全饮水专题会议，督促项目进度和质量，5 年来实施农村人饮工程 748 件，巩固提升 16 万余人饮水安全。二是骨干水源建设加快建设。在全县各级干部的努力争取和共同努力下，我们县迎来了“五库同建”的壮举，务基锦屏、黄华鸦雀窝水处理厂投入使用，白云水库、双河水库、天星坝水库加快建设，大同水库、黄华至县城水源连通工程前期工作有力有序，建成田间沟渠 57.22 公里、各类水利工程 1346 件。全县水利基础设施有了翻天覆地的变化，曾经因缺水而贫瘠的土地上，一片片特色产业正在茁壮成长。

（作者时任永善县人民政府副县长，现任永善县政协副主席）

永葆为民情怀　践行脱贫使命

孙曦耕

不忘初心，牢记使命。承诺一次，直到永远。打赢脱贫攻坚战，全面建成小康社会，是党对人民、对世界的百年承诺。我作为永善县人民检察院党组书记、检察长牢记党的重托，不负人民的期盼，坚持以人民为中心，以党建为引领，按照“两不愁、三保障”的标准和市委“133 工作思路”，把人民装在心里，把责任扛在肩上，把工作落到实处，践行着全心全意为人民服务的宗旨。

以党建引领脱贫攻坚发展

我将脱贫攻坚作为一个时期的政治任务，坚持党建和脱贫攻坚双推进，强化党员干部的示范引领作用和模范先锋作用，组织党员干部积极为脱贫攻坚献策献力，让党员干部在一线得到锤炼。我院驻村的 8 名工作队队员中，不仅有 5 名共产党员，由院党组副书记担任驻村工作队队长、第一书记，而且包保干警中党员占 80% 以上。推进脱贫攻坚，是政治责任，是历史重托，以我为首的全院党员干部想在前、干在前、冲锋在前，充分发挥了战斗堡垒作用。同时，充分发挥党员干部扎根基层、联系群众的优势，积极发动群众、依靠群众，党群心往一处想，劲往一处使，坚决打赢脱贫攻坚战。结合“不忘初心、牢记使命”主题教育，分别组织300余人次的党员突击队参与疫情防控和易地搬迁。党员干部把身份亮出来、把担子挑起来，让党旗在脱贫攻坚一线高高飘扬。

以部署推进脱贫攻坚进程

为统一思想、凝聚共识，强化全院干警参与脱贫攻坚的信心，我召开党组会、全院干警大会近20次。这些会议，不断做好脱贫攻坚整体工作和阶段性工作的安排，要求全院干警强化责任意识，以舍我其谁的奋斗姿态，积极投入脱贫攻坚，以踏石留印、抓铁有痕的功夫，在脱贫攻坚中建功立业。召开党组会，决定成立以我为组长的挂钩帮扶领导小组，配齐配强驻村扶贫工作队伍，先后选派政治素质高、业务能力强、思维活跃、敢闯敢拼的8人次到我院挂钩联系点——溪洛渡镇吞都村驻村开展扶贫工作。他们把群众当亲人，聆听群众的心声，用心与群众交流，用情与群众交往，用脚步丈量民情，用汗水赢得民心，扎实推进脱贫攻坚这一民心工程。2019年，驻村工作队荣获永善县脱贫攻坚“青年先锋”荣誉称号，一名干部家庭被评为市级“最美扶贫干部家庭”。

以解难题提升脱贫攻坚质量

2017年9月20日，我到永善县人民检察院任职不足一周就到永善县级领导挂钩联系点墨翰乡调研脱贫攻坚工作，我与乡、村领导干部交谈，了解当地脱贫攻坚存在的困难和问题，为脱贫攻坚“问诊把脉”，用真诚的心、认真的态度、踏实的作风担负挂钩帮扶之重任。

我坚持贯彻落实全心全意为人民服务的宗旨，常态化深入县级领导挂钩的墨翰乡、我院挂钩的溪洛渡镇吞都村和其他担任有脱贫攻坚任务的溪洛渡镇佛滩社区、田坝村调研。我走村入寨、登田上坎，深入田间地头、深入寻常百姓家，俯下身子与群众交谈、拉家常，传播党的声音，倾听群众心声，共话发展大计。我走访群众，鼓励他们自力更生，为创造美好的生活艰苦奋斗。针对调研发现的基础设施建设不足、产业发展滞后、危房改造进度慢等问题，与相关乡（镇）、村（社区）干部一起研究解决，形成一问题一策略，在解决问题中提升脱贫质量，提升群众生活水平。2017 年以来，我为挂钩联系点协调解决帮扶资金 73 万元，用于加强基层组织建设，完善垃圾处理设施，组织干警为扶贫捐款 7 万余元，帮助吞都村协调推进上百万的人畜饮水工程一个，进一步提升吞都村饮水质量。吞都村现有建档立卡贫困人口 299 户 1192 人，已脱贫 291 户 1163 人，未脱贫 8 户 29 人，贫困发生率为 0.95%。2020 年，通过产业扶贫、就业扶贫、扶贫小额信贷等方式助推 8 户未脱贫农户如期实现脱贫。我真诚关心群众、帮助群众，我的脚步遍布挂钩联系点的村落，我的声音传遍挂钩联系点的乡间，像阳光一样温暖群众，像春雨一样滋润群众，为他们谋发展，为他们办实事，成为群众喜爱的一抹检察蓝。

以法治为脱贫攻坚保驾护航

宣传是让群众了解政策、了解法律，树立法治观念的最好方式。我将检察职能职责与扫黑除恶、法治宣传教育、禁毒防艾、疫情防控等县委重点工作结合起来，亲自部署，督促落实。围绕建档立卡户动态管理，干警遍访常态化，四年来我组织2000余人次开展遍访，召开院坝会、火塘会110余次，开展感恩、自强教育，教育引导群众知党恩、感党恩、听党话、跟党走。坚持以案释法，组织法治宣传志愿者深入溪洛渡镇、码口镇等乡镇及村（社区）开展打击扶贫领域违法犯罪专项宣传17场，联合县政法委、县公安局、县法院等多部门向社会发出依法打击扶贫领域违法犯罪公告，对相关违法犯罪形成震慑。我院着力运用检察职能保障脱贫攻坚顺利实施，依法严惩涉及扶贫领域的违法犯罪，批准逮捕3件9人，提起公诉1件1人，为脱贫攻坚营造良好的法治环境。

一分耕耘一分收获，一份付出一份笑颜。墨翰乡、溪洛渡镇吞都村群众的生活富足，不仅出行方便，住房安全，看病、就学无后顾之忧，水质水量已经符合国家标准，人居环境有质的提升，而且随全县其他地方一起脱贫出列，与全国一道建成小康。一心为民，民乐我喜，看着群众生活明显改善，我的心中犹如在黎明前看到胜利的曙光，群众的生活明显好了，我头上的白发也明显多了，但一切都是值得的。

唯有梦想，不问归期。脱贫攻坚是一场没有硝烟的战争，但战争总有终结的时刻，更何况这是为人民谋福祉的战争，我誓与贫困战斗到底，坚决用自己的血肉之躯、蒲苇韧劲去完成坚若磐石的脱贫任务，坚决扛起一个时代委以的重任。

（作者时任永善县检察院检察长）

永善脱贫之“路”

赵　其

乌蒙山巅、金江天堑，阻隔了永善人世世代代追求美好生活的梦想，贫困如影相随。2015 年年底，党中央、国务院吹响了打赢脱贫攻坚战号角，永善县作为国家扶贫开发重点县、云南省深度贫困县、乌蒙山片区脱贫攻坚主战场，全县上下顺应党中央的号召，3655 名干部肩负着全面建成小康使命，投身到了这场伟大的攻坚战中，通过 5 年的艰苦奋斗，全县 141 个贫困村全部出列、18 万多名贫困人口全部脱贫，创造了永善减贫史上的奇迹。

精准识别：
让符合条件的每一个贫困人口都纳入建档立卡管理

“小康路上，一个都不能少”，这是总书记的殷殷嘱托。永善县于 2014 年 6 月开始建档立卡，对贫困人口实行动态管理，特别是 2017 年，为进一步精准锁定建档立卡贫困人口，按照市委、市政府“从头再来、但不是推倒重来、精准动态管理”三句话的要求，全县组织了 1750 名干部进村入户，从 5 月起用了 100 天时间开展贫困人口精准识别，走访核查农户 10.5 万户 41.93 万人，全面核准农户人口、财产、住房、教育、卫生、社保等基本信息，精准锁定建档立卡贫困人口110862人。这次精准识别动态管理工作参与的干部之多、覆盖的面之广、经历的时间之长创下了历年来动态管理之最，县扶贫办副主任尤堂保同志回忆起当时的精准识别动态管理工作感慨万千，为精准统计贫困对象的基本信息，他连续加班长达4天4夜，近2000名干部跋山涉水、加班加点、熬更守夜，历尽了千辛万苦，青胜乡扶贫办工作人员张仕会因连续加班过度劳累晕倒在工作岗位上，当年省专项评估组在墨翰乡响水村开展专项评估时对永善的精准识别动态管理工作给予了高度评价，市科技局派驻响水村驻村队员刘富红当场流下了激动的眼泪。

精准帮扶：
不让任何一户建档立卡贫困户在脱贫路上掉队

习近平总书记强调，脱贫既要看数量，更要看质量。永善县地处国家集中连片特殊困难地区中的乌蒙山片区，建卡时贫困发生率达38%，高寒地区贫困人口占贫困总人口的45%，自然条件恶劣、基础设施薄弱、生产生活条件落后、产业结构单一、资源承载力低，脱贫攻坚任务十分艰巨。2015年，全县正式拉开脱贫攻坚序幕，5年来累计整合各类扶贫资金115.94亿元，实施各类扶贫项目3491个，覆盖产业建设、危房改造、基础设施、社会保障、素质提升等各个方面，帮扶精准到村到户到人，所有建档立卡贫困户户均至少享受一项帮扶项目，所有贫困村、贫困人口全部达到脱贫出列标准，不让一个贫困群众在脱贫攻坚路上掉队在我们这代人成为现实。

安居住房是脱贫攻坚第一道门槛。解决贫困群众安全住房成为脱贫攻坚的头等大事，全县上下按照“危房不住人、住人无危房”的要求，组织动员干部群众，掀起了一场农村危房改造歼灭战。为了抢建房工期，一支支党员先锋队帮助群众拖钢筋、运水泥、搬砖头，一支支帮建队穿梭在农村砌墙安窗、支模打板、维修加固，与时间赛跑、与气候斗争，仅2108年、

2019 年两年时间全县就完成了农村危房改造 1.64 万户，群众彻底结束了居住破旧土坯房、在险情危机中提心吊胆过日子的历史。

产业扶贫是贫困群众持续稳定增收的根本之策。产业兴则群众富。永善县聚焦产业培育精准到户，按照“良种良法、高度组织化和集约化模式、党支部 + 合作社”三个全覆盖的要求，制订出台马铃薯、花椒、竹子、特色水果、生猪、肉牛 6 大产业发展实施方案，通过招商引资、固本培元、主体带动，提升产业组织化水平，实现贫困群众增收。全县经济林果种植规模超过 120 万亩，大牲畜出栏突破 45 万头（匹、只），建成产业示范基地 27 个、产业扶贫基地 1492 个、发展村级集体经济 142 个、培育新型经营主体 527 个，实现了产业发展村村有亮点、组组有看点、户户有支撑，特色产业已成为永善贫困群众脱贫致富的“加速器”。

就业扶贫是贫困群众增收致富的主要渠道。就业稳，群众收入就稳。永善县聚焦信息摸底、网格管理、技能培训、转移就业等重点，把人力资源服务站建到了中山 · 东莞、杭州、昆明，制订出台转移就业 10 条激励政策措施，促进贫困劳动力转移就业，实现了贫困劳动力就业率达 86.1%，贫困群众工资性收入占家庭人均纯收入的 67.5%，特别是 2020 年，县委、县政府积极应对新冠肺炎疫情影响，通过包车包列“点对点”输出劳动力 1.81 万人，打通了务工群众从家门到厂门的通道。2019 年，我回农村老家过春节，随处可见群众家门口、公路边停放着外地牌照的轿车，向当地群众了解，这些外地牌照的车都是群众在外务工挣钱买的，在农村外出务工已真正成为群众脱贫致富的一条出路。

易地扶贫搬迁是解决“一方水土养不起一方人”的根本举措。搬不动大山就搬人，这是全县干部群众共同的心声。2016 年以来，全县上下立下“愚公志”，聚焦“六类地区”人口，以城镇化安置为主，因地制宜制订搬迁方案，深入推进易地扶贫搬迁工作，累计建成易迁安置点 64 个，搬迁安置贫困人口 9284 户 40191 人。特别是永善县红光万人安置点项目于 2018 年 10 月正式开工建设，2019 年 7 月安置房封顶断水，10 月完成安置房分配，

11 月底启动搬迁，做到了工程建设零事故、搬迁工作零伤亡，创造了“一年建成一座城，一周搬迁上万人”的易迁“永善速度”。回想起搬迁安置的历程，很多干部情不自禁地流下了眼泪。

基础设施是推动农村发展的重要引擎。基础不牢地动山摇，从 2014 年以来，永善县下定决心大干基础设施，聚焦水、电、路、通信等重点，通过政府投资、银行贷款、社会融资等方式整合资源投入，在全县掀起基础设施大会战，5 年累计硬化行政村公路 137.9 公里、村组道路 2001 公里，实施安防设施 1076 公里，新建和改造贫困村人饮工程 823 件，安装和改造一户一表 7.8 万户，新建和改造通信基站 296 个。一条条硬化路修到了家门口，一根根通水管网安装到农户，一座座移动通信基站矗立在显眼的山头……群众生产生活条件得到了极大的改善，到处是一片欣欣向荣的景象。

精准退出：
确保每一个建档立卡贫困人口达到脱贫标准

习近平总书记强调：“扶贫工作必须务实，脱贫过程必须扎实，脱贫结果必须真实，让脱贫成效真正获得群众认可、经得起实践和历史检验。”为了防止错退，永善县建立了“两线包保”制度，实行一线挂联和结对帮扶干部“双包保、双配合、双签字”机制，对贫困村、贫困户退出实行分层分类审核把关，确保脱贫退出质量。2020 年 4 月，云南省脱贫退出专项评估第三方团队西南大学 64 人深入我县开展专项评估，共抽取建档立卡贫困户 822 户、非卡户 634 户进行评估，评估结果为零漏评、零错退，群众满意度达到 98.3%，评估组对永善脱贫退出质量给予高度评价。2020 年 7 月，国家正式启动贫困人口脱贫普查工作，巧家派驻普查工作组 473 人，在永善各级干部的全力支持配合下，经过 40 天的入户普查和审核验收，永善县 41233 户贫困人口全部实现高质量脱贫。

精准巩固：
让每一名建档立卡贫困人口都过上小康生活

脱贫摘帽后，摆在各级党委、政府和广大干部群众面前的课题是如何巩固好脱贫质量和成效，实现全面小康目标。永善县认真落实总书记“四个不摘”要求，从顶层设计开始着手，先后制订出台脱贫攻坚后续帮扶巩固提升方案、巩固脱贫成果完善帮扶机制实施方案、防止返贫致贫动态监测和精准帮扶实施方案等一系列制度机制，围绕稳岗就业、产业提升、基础配套、人居环境、消费扶贫等重点，整合投入 7.87 亿元投入脱贫攻坚，深入开展百日总攻、百日提升、百日巩固“三大攻坚行动”，贫困群众“两不愁、三保障”得到进一步巩固，农村基础条件得到进一步改善，群众生活水平得到进一步提升，建档立卡贫困人口人均纯收入达到了 9840.37 元，农村贫困群众真正迈进了小康时代。

事非经过不知难。回顾永善脱贫攻坚工作历程，充满着酸甜苦辣，各级干部常年“5+2”“白 + 黑”工作，在脱贫攻坚战线上流血流汗又流泪，其间有群众的不理解、家人的不支持……有的干部舍小家顾大家，有的干部长期带病坚持工作，有的干部病倒在工作岗位上，甚至有的干部献出了宝贵生命，书写了一个个感人故事，谱写了一曲曲动人赞歌，缔造了一件件脱贫奇迹。2020 年 5 月 6 日，云南省人民政府发布通知，正式批准永善等 31 个县（市、区）退出贫困县序列，8 月 30 日，永善县等 83 个县（市、区）正式通过国家脱贫普查验收，标志着永善县脱贫攻坚战圆满收官，全面开启接续实施乡村振兴战略新征程。

（作者时任永善县人民政府办公室副主任、扶贫办主任）

第二编　产业就业扶贫

如此多"椒"

——永善县花椒产业助力脱贫攻坚纪实

张忠涛

深秋时节，漫步永善，金沙江碧波万顷，花椒林漫山叠翠，干花椒购销两旺，花椒油飘香餐桌，静美而灵动，热闹而喜庆。

鲜花椒、干花椒、花椒油、花椒粉，金江花椒、永善青椒、永善贡椒……在永善县绵延34万多亩的花椒林滋养下，名目繁多的花椒产品、品牌和品种交相辉映，将"绿水青山就是金山银山"的生态理念和发展愿景照进现实，一举多得地跻身为永善县的特色生态林业、重要支柱产业、脱贫林草项目，绿了荒山，美了庭院，富了椒农，麻了食客，醉了游客。

在永善，青花椒和贡椒作为不同品种的花椒，相互媲美、两翼齐飞，被赞誉为绝代双"椒"，是永善县名声在外的特色名片，也是永善人"椒"气十足的温暖记忆。

雪泥鸿爪，有迹可循。在永善花椒这一脱贫产业从弱到强的发展历程中，当地贫困群众受益匪浅。

青花椒：实力派的“老大哥”

永善，花椒种植历史悠久，现已很难考证第一株花椒在当地的具体种植时间，但种植历史少说也是上百年了。

自永善打响脱贫攻坚战以来，全县抓住国家退耕还林（草）、构筑长江上游重要生态屏障、生态补偿脱贫一批等各种政策上或项目上的机遇，全局动员、全面参与、全力以赴，因地制宜地扶持、发展花椒扶贫产业，花椒进入了规模化种植期，种植面积不断扩大，快速步入产业化发展之路。

一组真实有力的统计数据，记录了永善青花椒在面积存量上的蓬勃发展势头：2017 年新植青花椒 12834 亩；2018 年新植青花椒 13836 亩，青花椒提质增效 21909 亩；2019 新增 4797.7 亩。

贡椒：后劲足的“小兄弟”

青花椒，适宜在海拔 1600 米以下的山区生长，却将海拔 1600 米至 2200 米的高寒山区贫困群众拒之门外。经过调研、试种，一种来自四川省汉源县、名为“贡椒”的花椒新品种开始“飞”入 1600 米以上海拔的高寒山区，实现了花椒种植的地域全覆盖、品种多样化。

2018 年年初，在杨青海、刘伟等几位回乡创业人员的有效带动和永善县林草局大力扶持下，永善众森鑫种养殖专业合作社注册成立，立即开始修路建房、流转土地、引种栽种、建立基地，在永善县茂林镇文山村后山组、凉水组、木瓜组示范种植了 3600 余亩贡椒，当地 222 户卡户“淘金”贡椒产业，并辐射带动周边种植贡椒 4 万余亩。

在种植的时间上、面积上、产值上，永善青花椒、贡椒分别是老大哥和小兄弟的关系。但是，贡椒作为后起之秀，在卖相、口感、品质上独具特色，还解决了高海拔地区群众发展之需和各地食客不同口味之需，每公斤干花椒售价是每公斤干青花椒的四倍以上，市场竞争力强。

措施：管出每株花椒的科技含量

青花椒和贡椒种植面积共有 34 万亩，如何实现增效、增产和增收？

“种花椒，真是一门技术活，科技含量高。光靠勤劳，没有科学的管护水平，是不会有好收成的。”这是永善县林草局专家们和当地椒农们的强烈共识，也是双方的努力方向。

其间，发生了许许多多的感人故事和动人场景。

为了让椒农掌握花椒种植技术，打造优质高产花椒基地，永善县重视技术传授，通过“请进来”“走出去”方式，每年邀请东北林业大学、云南省林业和草原科学研究院、昭通市林草局专家到永善进行现场“手把手”式的技术指导，每年派出技术人员、种植大户到外地考察学习，县林草局组织专家编印《永善县花椒栽培管理综合技术》5000 余份发给椒农，2018 年以来与广东省第五扶贫工作组联合举办花椒种植管理技术培训班，助当地椒农解决花椒采种、苗木繁育、种植、嫁接、水肥管理、整形修剪、病虫害防治、提质增效等技术难题。

同时，永善县林草局发挥自己在花椒产业中的技术、人才、项目、资金等优势，扶持种植大户、致富能人，引进专业合作社、龙头企业，培育花椒产业示范基地和本地花椒品牌。“每次培训时，看到椒农特别是贫困户的饥渴劲儿和认真样子，我感受到了无形的压力和动力！”永善县林业专家工作服务站副站长张忠涛感慨道。

“这样的扶贫培训真是多，都是免费的，还送到家门口，我不好好学技术的话，就太对不起自己和这么多关心帮助我的人了！”码口镇雪金村金光二社村民罗世发如数家珍地说，通过不断的培训和摸索，他的花椒种植技术越来越高。通过科技抚育和精细化管护，老罗种植的花椒如愿丰产，2019 年，他家种植的 3 分地花椒产出 39 公斤干花椒，卖了 4000 多元，为当地树立了标杆。

培育 41 个花椒种植专业合作社，建成近 2 万亩优质花椒基地，提质改造了 7 万余亩老花椒林……一组鲜活的数据，“说”出了永善林草局发展花椒产业中的心血、汗水、智慧和担当，就是为广大农户赋能，为脱贫攻坚助力。

2019 年 4 月开始，永善部分花椒林爬满蚧壳虫、蚜虫或桑白蚧初孵若虫，发生黄花、黑果、落果灾害，马楠乡桃山村大房村民小组建档立卡贫困户王明德等受灾农户纷纷紧急求助……

获知情况后，永善县林草局党组书记、局长赵少涛向上级主管局汇报，向科研院所求援，多次会同来自省、市的林业技术专家，迅速来到黄华镇金寨村、马楠乡桃山村等受灾现场，查看取样、分析病因、科学实验，然后喷洒农药、防治虫害，就这样起早贪黑、风餐露宿地忙碌个不停，只为尽力尽早将灾害损失降到最低。

至今，每每回想起数不清的花椒林灭虫战，作为林业技术专家、高级工程师的张忠涛依然记忆犹新，眼前不断浮现出大家与时间赛跑、与椒农并肩作战的场景。

成效：34 万亩椒林变“摇钱树”

风雨过后见彩虹！如今，通过不懈努力，永善青花椒和贡椒两翼齐飞、双轮驱动，竞相媲美、捷报频传，做大做强了当地花椒产业，坚实有力地助推了脱贫攻坚，发生了一个个“山乡巨变”。

永善茂林镇文山村后山组40岁村民杨明才，住在海拔1900米的高山上，长期主要靠种植玉米、洋芋和领取低保、民政救济维生，收入微薄、经济拮据，加上他和妻子余顺贵都是“药罐子”，两个女儿读初中，一个女儿上小学，现在读初一的二女儿患有肢体残疾，一家人因病、因学、缺劳力、缺技术而穷得叮当响，是当地建档立卡贫困户，脱贫之路任重道远。

可是，2018年以来，随着永善林草局引进和扶持的永善众森鑫种养殖专业合作社入驻该村以来，他和当地乡亲们的生产和生活从此大变样，让永善县林草局职工们欣喜不已：进入后山、上后山、凉水井、木瓜、扎塘等几个村民小组的泥土路先后变成土石路、沥青路；从杨明才家流转过来的12亩熟地全部种上了贡椒，除了3个低保金收入，还可领取每年每亩120元的土地流转金；作为卡户的杨明才被优先聘请到该合作社做代班，带领工人在基地里除草、施肥、喷药、采收，月工资为3000元，年收入近4万元，他的妻子在贡椒基地里打零工，家门口就能创收，年收入1万余元；2019年，杨明才一家告别土坯房，住进了110平方米的砖混房，有了持续稳定的收入来源，最终如愿以偿地摘掉了多年的“贫困帽”，日子越过越好。

永善众森鑫种养殖专业合作社采用“公司＋合作社＋基地＋贫困户”运行模式，不仅发展了花椒、养牛、花椒育苗等特色产业，盘活了当地闲置土地和剩余劳动力，带动202户农户创收增收，让用资金加入合作社的348户贫困户年内获得44.5万余元分红收入，2018年4月至2020年6月发放的管理人员工资、务工人员工资多达480余万元。九枝、鸿兴、茂源、祥泰、华越等专业合作社如雨后春笋，也在花椒种植上带领群众奔跑在脱贫攻坚致富路上。

永善务基镇八角村村民李兴碧种植了18亩花椒，2019年采摘了1200多斤花椒，收入5万余元，乐呵呵地把花椒树称为他一家9口人脱贫致富奔小康的“摇钱树”。事实上，李兴碧一家只是务基镇花椒产业富民增收、助推脱贫中的一个缩影。据统计，务基镇共种植花椒4.44万亩，2020年年产值1.2亿元，在全镇农村经济总收入中占比40%以上，带动户均增收4.5万元。

小小花椒树，致富大产业！据统计，2019年永善县花椒种植面积达34万亩，其中投产28万亩，平均每亩产干花椒30公斤，产量8400吨，每公斤售价100元，产值8.4亿元。另外，2015年永善县农民人均花椒收入920元，到2019年增至2160元。

在永善林草人和当地椒农看来，花椒种植好处多多，全身都是宝，有着直接可观的经济效应，还有不可估量的生态效应，让一处处荒山披绿，让一个个食客唇齿留香，让一个个农户腰包鼓胀。

（作者系永善县林草局工作人员）

追“竹”的脚步

——永善县竹产业助力脱贫攻坚纪实

张忠涛

初秋时节，位于金沙江畔的永善县竹林苍翠欲滴，竹笋遍地飘香，采笋“大军”忙活，竹农们满满的收获感和幸福感！

在多年来的精心抚育和管护下，如今，30万亩竹林正在用堪称人间美味的竹笋，“回馈”着竹农们脱贫致富奔小康的火热生活：种下一片竹，绿了一处山，清了一方水，富了一群人。

说起竹子在永善的“发家史”，永善林草局职工和竹农大家心手相牵，情深意浓，其乐融融……

20万亩天然竹林护卫群山

近年来，永善县林草局主动向上级争取国家天然林资源保护、退耕还林、产业建设项目，全面落实林业政策，及时兑现生态补助，全力打造森林永善、生态永善。

竹子，不管是筇竹、毛竹、刺竹、方竹，生命力都很顽强，都具有良好的生态价值和经济价值，不仅绿化荒山、涵养水源、净化空气、美化庭院，所产竹笋、竹叶、竹竿也是用途甚广的“宝贝”，是大自然的馈赠。

永善种竹历史悠久，气候和土壤比较适宜种植竹子。于是，19.96 万亩天然可采笋用竹林应运而生，成为永善森林大军中的一支“主力军”。

这些广阔绵延的竹林制造了一个偌大的“天然氧吧”，更是制造了一支热闹的采笋“大军”。每到采笋时节，笋农们起早贪黑地背起背篓，带上镰刀，钻进竹林，采笋、剥笋、卖笋，欢笑声和吆喝声响彻山林。

几个辛苦的采笋季忙活下来，不少笋农收入可达万元。

10 万亩人工方竹赋能群众

永善县位于云贵高原北部、四川盆地边缘、乌蒙山脉西北面的金沙江南岸，境内江河绵延、峡谷纵横，有户籍人口 48.19 万人，是全国 592 个国家扶贫开发重点县之一、云南省 27 个深度贫困县之一，2013 年建档立卡时，全县有建档立卡贫困人口 45020 户 160273 人，贫困发生率 38%。有贫困村 141 个、其中深度贫困村 74 个，脱贫攻坚任务艰巨而繁重。

要脱贫，离不开产业支撑！自永善打响脱贫攻坚战以来，永善县林草局除了配合其他部门推进劳动力转移输出、发展劳务产业，也结合自身实际在脱贫攻坚战中的技术、人才、资金、项目等优势，大力发展竹产业。

永善林草人都记得，永善县马楠乡冷水村苟家坪社就是永善方竹产业发展壮大历程中的一个缩影。

长期以来，地处高寒山区的苟家坪社靠玉米、洋芋、白菜等传统种植为生，到处荒山，牲畜破坏，灾害频发，广种薄收，造成庄稼经常歉收甚至绝收，只能勉强解决温饱问题。

可喜的是，当地群众不屈不挠，一直在苦苦寻找适合山区群众脱贫致富的林业产业项目。

2014 年以来，永善县林草局四处考察，寻找出路，在高寒山区发展哪样林产业项目才能让群众脱贫增收致富，通过到重庆南川、四川叙永考察，发展方竹产业是一条可行之路。

在永善县委、县政府领导下，县林草局积极派出两三百名林业技术人员、生态产业辅导员、种植专业合作社、竹农，外赴重庆金佛山、贵州桐梓县等方竹主产区考察，就近到盐津县柿子镇、大关县木杆镇等竹产区取经。

通过广泛宣传，亲历亲见，永善竹农们迅速打消顾虑，兴起方竹种植热潮。

2014 年年初，从外地引进的首批方竹苗（裸根苗）在墨翰、水竹、莲峰等乡镇试种，因为幼苗在长途运输中有脱水现象，试种成活率仅有 10%，但幸存下来的竹苗长势喜人，印证了当地适宜种植方竹。

灾后，永善林草局党组书记、局长赵少涛带着一批专家，迅速查找竹苗成活率低的原因，在后期竹苗栽培上全部改用袋装苗，对竹苗进行迅速组织发放、现场指导栽培、后期管护监管，成活率一直保持在 90% 以上。

对于马楠乡冷水村苟家坪方竹产业的发展，作为苟家坪二组组长、护林员、产业辅导员的胡朝洪一路见证，全程参与，如数家珍。

胡朝洪说，为了发展方竹产业，永善林草局的叶忠、周祥、张忠涛、曾弟鞠、甘祥波等林业技术专家跋山涉水，走村入户，手把手地传授种竹技术，多次组织群众参加种竹培训，还于 2017 年在冷水村扶持成立永善宏远种植专业合作社，对当地竹农发放竹苗、化肥，提供松土、施肥、浇水、病虫防治等抚育技术管理，兑现每亩每年 300 元的抚育补助金，给曾有种竹忧虑的竹农吃下定心丸。

2017 年 9 月 8 日，胡朝洪组长带着邻居邵邦雄，自费地到昭通市彝良县小草坝方竹笋产区“偷师学艺”，看到了一棵 1.5 斤重的丰产竹笋，看到了遍地笋子热卖挣大钱的丰收场面，尝到了鲜脆味美的方竹笋，他自己又以每斤 4.5 元的价格买了 200 斤鲜方竹笋带回老家，给大家尝鲜和示范，更加坚定了大家发展方竹产业的信心、决心，种竹热情持续高涨。

就这样，苟家坪社、冷水村的方竹种植面积不断扩大，在荒山荒地里全覆盖地见缝插绿。截至 2020 年 9 月底，苟家坪社、冷水村、永善县的方竹种植面积分别达到 4300 余亩、13000 余亩、10 万余亩，为广大山区群众脱贫致富奔小康赋能。

科学管护：让竹笋产量大起来

“你们不要嫌可惜，要记得把这些长得细或长得密的竹笋都拔掉，注意松土、除草和施肥，栽种时的株行距为 3 × 3 米，新发笋保留的间距要控制在 10 厘米以上，这样产出来的竹笋才会又大又粗，卖出好价钱……”为了让竹农掌握这样的种竹技术，张忠涛等林业技术专家都很接地气进行讲解和传授，只为努力让原本专业性比较强的种竹技术变得通俗易懂、简单实用。

与此同时，永善林草局实施“生态建设产业化、产业发展生态化”战略，通过品种改良、技术培训、栽培指导、样板示范、以奖代补，致力于老竹林的提质改造，让“懒庄稼”迈入科技化发展的快车道。据统计，2014 年至今，永善林草局已对 8 万余亩老竹林进行提质改造，为竹农增产增收奠定坚实基础。

2020 年，苟家坪组初尝甜头，已有 200 亩方竹投产，平均亩产量 300 斤，都在冷水村集市上以每斤 5 元卖价被笋商一抢而光，产值达 30 余万元。要是运到永善县城，每斤竹笋可卖到 8 元至 10 元。

2020 年，胡朝洪家种植的 40 余亩方竹中已有部分开始投产，靠卖竹笋挣了 2000 余元。随着投产面积的扩大，明年预计可收入 3 万余元，让他一家对未来生活信心十足。

可观的是，据统计，2019 年永善竹产业面积 29.96 万亩，投产面积 13.5

万亩，平均每亩产干竹笋 7.5 公斤，每公斤卖价 120 元，产量 1012.5 吨，产值达 1.215 亿元，成为永善脱贫攻坚的支柱产业。

可期的是，冷水村等地的竹农富于远见、着眼长远、蓄势待发，除了要进行竹笋深加工、产品研发、竹笋产品地理标志申报、无公害绿色食品认证，还在着力于开发天然竹根水、打造竹林婚纱摄影基地、助力乡村文化旅游等。

精深加工：让竹笋价值高起来

如何把近 30 万亩笋用竹林资源真正变成资金优势和发展优势？

对此，早在 2012 年，永善县就通过招商引资，引进龙头企业——云南菜人家食品有限公司，在永善细沙工业园区进行规模化、工厂化、流水线的竹笋深加工，延伸产业链，提高附加值，改变永善当时只能进行炕制烟熏笋、盐渍笋和清水笋等小作坊粗加工的尴尬现状，破解竹资源“增绿不增收、丰产难增收”的发展难题。

走进云南菜人家食品有限公司的生产车间，只见一根根刚采收的竹笋，经过漂洗、切割、分级、装袋、抽空、封口等流水线作业，变身为一袋袋开袋即食、口味多样的小食品，购销两旺地成为国内外食客百吃不厌的舌尖美味。

通过就地深加工，竹笋更好卖了，卖出了好价钱，形成一个全新的产业业态，还通过“菜单式扶贫”模式，通过“龙头企业 + 合作社 + 基地 + 农户”“龙头企业 + 村集体经济组织”“龙头企业 + 基地 + 贫困户”等扶贫模式，与 11 个农业专业合作社、20 个村集体经济组织签订竹笋保底收购协议（每斤竹笋收购保底价为 2.5 元），带动竹农增收脱贫，助力永善脱贫攻坚。

张焕兰，曾是永善细沙乡细沙社区水洞子村民小组建档立卡贫困户，在云南菜人家食品有限公司及其竹笋加工厂的扶持带动下，她家种植了20亩方竹，从该加工厂普通工人做到了现在的副厂长，月薪6000元左右，其丈夫在浙江务工，一家人早已脱贫摘帽，日子越过越滋润。

跟张焕兰一样，云南菜人家食品有限公司已为细沙乡及周边乡镇的278名贫困人员就近提供了就业岗位，平均每人月收入达3600元，帮助146户贫困户实现了稳定脱贫。另外，该公司年加工竹笋量3000吨，平均每吨产值1.6万元，实现产值4500万元，并带动永善12465户62655人发展方竹种植5万余亩，预计带动户均增收6000元。

山有竹则山青，民有竹则民富。据不完全统计，2015年永善农民人均竹产业收入仅有87元，2019年增至430元，成为兴竹富民、脱贫攻坚的大产业。

值得一提的是，永善县除了方竹产业，还有其他林业产业，成为富民强县的“绿色产业”、生态产业。一份来自永善林草局2019年的经济运行情况报告显示：2019年，永善核桃种植面积40.02万亩，其中挂果面积14.63万亩，总产量5852吨，总产值5852万元；2019年花椒种植面积34万亩，其中投产面积28万亩，产量8400吨，产值84000万元；2019年新种植天麻0.97万亩，年产鲜天麻2100吨，产值12600万元；其他林产业，如蜡虫、木漆、油桐、野生药材、木材、板栗等产值达13794.5万元。

（作者系永善县林草局工作人员）

畜牧兴农谱新篇

——永善县畜牧产业发展纪实

汪　超

盛夏时节，行走在马楠山，蓝天下的草场一望无垠，膘肥体壮的牛羊一边悠闲地吃着青草，一边享受着“日光浴”，黄黑的牛儿，白的羊群，斑斑点点撒向天边，偶有一匹脱缰的骏马在眼前飞驰而过，远处的村寨里，不时传来猪叫鸡鸣之声，这就是永善县大力发展畜牧产业助力脱贫攻坚的一幅“六畜兴旺”的美好画面。

2016年脱贫攻坚拉开序幕后，为做大做强畜牧产业，增加群众收入，助推脱贫攻坚，永善县坚持质量兴牧、绿色兴牧、效益优先，积极推进畜牧产业结构调整，加快转变畜牧业发展方式，扩大畜禽养殖规模，使畜牧产业真正成为支撑贫困群众增收致富一项大好产业。

实施项目夯实发展基础

茂林镇文山村驼牛社信合养殖专业合作社法人王明龙在查看他准备的越冬草料时感慨道：“多亏了这些年来草原建设项目的扶持，帮我解决了草料、畜圈、青贮窖、储草棚这些困难，不然我养殖场的牛今年冬天不知道怎么过，又不晓得要死多少头。”

永善县有天然草场面积116万亩，但过去由于草场退化、过牧现象严重，导致草料紧缺，加之贫困群众收入不高，投入畜厩建设资金不多，畜厩量少规模小满足不了养殖需求，面对这一困境，2016年3月，永善县先后启动实施退牧还草、退耕还草等草原项目建设，在退牧还草项目中，通过翻犁地块撒播草种的方式在伍寨乡白云村白龙垭口实施人工种草0.24万亩，中寨村实施0.24万亩，溪洛渡顺河村火草坪实施0.02万亩。在溪洛渡镇云荞村燕子岩通过向退化草场撒复合肥和过磷酸钙，清除有害杂草，补撒草种的方式实施草地改良1万亩。同时，采取先建后补的方式在伍寨乡长海村小长冲建设畜圈74户3750平方米，在伍寨社区建设畜圈30户1450平方米，在云荞建畜圈20户1000平方米。在退耕还草项目中，通过县级负责地块规划和技术指导，涉项乡镇具体负责实施，购买肥料草、草种运送至项目村，涉项群众负责种植，验收合格后每亩分三年两次兑现补助资金850元（当年每亩兑现400元，第三年每亩再兑现450元）的方式，从2016年开始，先后在适宜乡镇实施退耕还草10.58万亩。

2018年5月，转变畜牧业发展方式项目在永善县马楠乡启动，通过向退化草场撒复合肥和过磷酸钙，清除有害杂草，补撒草种等方式在茂马楠村老铁厂、白草坪和伍寨乡白云村大陷塘社实施草地改良0.75万亩，通过翻犁地块撒播草种的方式在马楠、伍寨白云实施人工种草0.34万亩，并通过以奖代补方式在马楠乡马楠村、兴隆村，虹口、桃山建设畜圈9400平方米，在伍寨白云村犇众养殖专业合作社建设畜圈4550平方米，建设青储窖300立方米。

自脱贫攻坚战打响以来，永善县通过实施退耕还草、退牧还草、转变畜牧业发展方式、石漠化综合治理（畜牧部分）、南方现代畜牧业、草牧业试点等草原建设项目，共实施人工种草15.66万亩，草地改良4.76亩，畜圈建设99818平方米，青储窖建设5590立方米，储草棚建设5460平方米，购置各种饲草饲料加工设备182台，有力夯实了畜牧产业发展基础。

改良品种提高肉类品质

为提高全县生猪良种率，2017 年在四川荣昌引进产仔率高、抗病力强的荣昌母猪 600 头，2018 年在昆明好多多种猪场引进长势快、瘦肉率和产子率高的二元杂母猪 200 头，杜洛克公猪 9 头；组织县内白沙种猪场先后向乡镇供应约克种公猪 86 头，优质母猪 341 头；每年推广生猪人工授精 2000 窝次以上，使全县生猪良种覆盖率达 90% 以上。为提高黄牛品质，2018 年 8 月起，每年至少举办 1 期黄牛冻改现场培训班，组织开展黄牛冻精改良技术培训和现场示范，使养殖户熟练掌握冻精改良技术。为保护好云南半细毛羊这一优良品种，2017 年从巧家引进半细毛羊种公羊 30 只分别分发到马楠、茂林等乡镇，2018 年在马楠挑选种公羊 45 只分别发放到伍寨长海、茂林松林村换种，为避免近亲杂交品质退化，每年均由云南半细毛羊育种专家牵头，对马楠畜牧站 90 只种公羊，320 只适龄母羊进行品质鉴定，淘汰品质较差种羊，确保云南半细毛羊扩繁保种质量。

培训技术增强养殖经验

2019 年 5 月 16 日，由县级抽人组成的养殖技术培训会在务基镇锦坪村委会举行，现场气氛热烈，群众踊跃提问、老师讲解耐心，从畜禽品种、饲养管理、疫病防控等方面对参会群众进行了系统培训，为提高群众养殖技术，像这样的培训从 2016 年起永善县就没有间断过，并按养殖需求逐一发放《养殖技术手册》。在县级培训的基础上，还适时邀请市级专家从选种选配、饲养管理、草料生产、疫病防控等方面集中举办养殖技术培训。来自桧溪镇强胜村的养殖户谢朝伍会后感叹地说：“以前我们养殖全凭经验，没想到有这么多学问，看来不相信科学，养殖是成不了功的。”通过长期坚持培训，全县养殖户户均有一人以上掌握相应的养殖技术。每年春季3月和秋季9月，行走在乡村崎岖的山路上，经常会遇见三三两两手拿注射器，身挎保温箱的人员，他们看似医生却没有白大褂，那是永善县165名村兽医、防疫员分组以“整村推进”的方式开展动物疫病免疫注射工作，他们进猪圈、翻牛棚，走村串户，不留死角，以“三苗两针”的方式开展动物疫病集中免疫注射，他们边注射边向畜主了解畜禽发病和死亡情况，询问临床表现和特征，同时宣传防疫知识和养殖技术。为搞好养殖技术指导，发挥示范带动作用，县乡还抽人组成工作组，从疫病防控、养殖技术、饲草饲料、动物卫生等方面对全县有扶贫资金注入的养殖专业合作社进行巡回指导。

示范带动拓展养殖规模

按照“项目随着产业走”的原则，永善县采取“公司+基地+合作社+农户”运行模式，对新型经营主体注入扶贫资金，建立利益联结机制，辐射带动周边群众发展畜禽养殖。2015年云南深山农牧林开发有限公司在新拉村流转草场1200亩建设肉牛育肥基地，2017年又在马楠乡流转草场1.4万亩建设母牛基地，吸收800户建档立卡贫困户加入，每年支付新拉草场租金3.84万元，户均年增收312元；支付马楠草场租金14万元，户均年增收0.26万元；长期吸纳30人务工，每年付工资108万元，向卡户分红56万元，公司现存栏牛489头。依托脱贫攻坚畜禽养殖项目建设，围绕生猪、肉牛、肉羊、土鸡养殖，永善畜禽养殖专业合作社和养殖大户如雨后春笋般遍地开花，涌现出像薪源养殖、富彬养殖、聪明养殖等新型经营主体203个，与建档立卡户之间均建立起了密切的利益联结机制，群众通过土地出租、务工、种植饲草出售、粪肥利用等方面与新型经营主体利益捆绑，收入不断增加。

招商引资助推畜牧发展

经严格消毒程序后走进茂林镇冷米村永善通源牧业有限公司，花园式的养殖场让人心旷神怡，办公楼宽敞明亮，畜圈干净卫生，监控视频上清晰可见每头牛的健康状况，谈起与茂林镇的养牛情缘，董事长胡建东说：“我以前在江苏那边养奶牛，2015 年在昭通走亲戚时看到昭通这边的饲草资源很好，通过考察决定到茂林来投资养牛，2016 年在冷米村仓房流转耕土地 2600 亩种草养牛，2017 年投资 300 多万元引进西门达尔 350 头，吸纳建档立卡户 447 户，2018 年实现卡户分红 40 万元；2019 年分红 44.4 万元，付土地租金 24 万元，付工人工资 80 万元，收购青贮玉米 31 万元。直接增加群众收入 179.4 万元。现通源牧业有限公司存栏西门塔尔肉牛 323 头，今年已出栏 126 头。为壮大畜牧产业，永善县通过招商引资成功引进正邦集团、通源牧业、深圳联合澳牛、富彬养殖等公司入驻永善。现正邦茂林永安 0.72 万头能繁母猪基地建设将竣工投产，团结新田村 1.44 万头能繁母猪基地、水竹塘坝 1.05 万头育肥猪基地，莲峰南林 5 万头育肥猪基地已开工建设，马楠坪厂 20 万头、伍寨白云 20 万头、墨翰大寨 5 万头育肥猪基地建设正在加快推进，茂林文山村年产 36 万吨的饲料加工厂完成选址和地形图绘制正在开展设计工作，年屠宰 60 万头生猪的屠宰场已完成选址正在加紧推进相关工作；东方希望集团正在进行实地考察论证和方案审定。

2016 年实施畜牧产业扶贫以来，永善县共实施畜牧产业项目 358 个，投入产业扶贫资金 1.45 亿元，实施养猪 5878 头，养牛 7571 头、养羊 4118 只、养殖禽类 29.9 万羽，永善现有养殖专业合作社 203 个。通过项目推进、大户示范带动，全县畜禽养殖规模大幅度增长，2019 年年末，全县生猪存栏 24.1 万头，出栏 31.4 万头；牛存栏 3.35 万头、出栏 0.92 万头；羊存栏 11.7 万只，出栏 10 万只；禽类存栏 39.8 万羽，出栏 52.8 万羽，禽蛋产品 565 吨，肉类总产量 3.13 万吨，畜牧业综合产值 10.337 亿元，成为永善县脱贫攻坚中的一项支柱产业。

（作者系永善县农业农村局工作人员）

小小马铃薯　致富大产业

——永善县马铃薯产业建设纪实

陈生富

永善县位于云贵高原北部，四川盆地边缘，乌蒙山脉西北面的金沙江南岸，属典型的山区农业县，农作物品种繁多，由于马铃薯适应能力强，极易生长，应用广泛，经济效益好，成为当地群众最喜欢种植的主要农作物之一，也是当地群众较为喜欢的主要食物之一，不仅种植历史悠久，而且是群众的一项主要经济来源，马铃薯产业发展的好与坏、快与慢，关乎着永善县 18 万多贫困群众能否如期脱贫和持续发展的大局，为此，永善县坚定不移把马铃薯作为助推脱贫攻坚、决胜全面小康的重中之重的主导产业，精心培育、重点突破，秉承历史发展底蕴，全力推进马铃薯产业高质量发展。

抓品质提升

马铃薯是永善县的一项支柱产业，虽然种植历史悠久，但品种单一，长期种植，老化严重，出产率不断下降，为提升品质、提高产量，2016 年 1 月，从昆明云薯公司引进云薯 505 品种，在永善县莲峰镇官寨村种植 150 亩，2017 年云薯 505 种植面积就突破 3000 亩，2016 年 2 月在青海引进青薯 9 号马铃薯品种 300 吨，在茂林镇、莲峰镇、伍寨乡、水竹乡、马楠乡五个乡镇种植 2000 亩，2016 年 3 月，从甘肃定西引进陇薯 7 号品种，在茂林镇永安村种植。此后，陆续引进了云薯 108、靖薯 7 号、希森 6 号、合作 88 号、昭薯 6 号、PO3 等品种种植，替代原有老旧品种。云薯 505 在全县普遍推广种植，云薯 108、靖薯 7 号、希森 6 号、合作 88 号、昭薯 6 号等品种在莲峰、茂林、伍寨乡等乡镇也大面积得到推广种植，原来的会—2 品种逐渐淘汰。为进一步做好品种改良，提升品质工作，2016 年以来，组建了永善县鸿香种植专业合作社、永茂马铃薯专业合作社、永善博康种植专业合作社、永善县伍中种植专业合作社，开始进行马铃薯新品种试验示范和推广工作，随后又组建了马铃薯主产村专业合作社 87 个，带动主产村农户选用脱毒、抗病马铃薯新品种，不断提高马铃薯的产量和品质，全县品种改良实现全覆盖。

抓基地示范

为高质量高标准推进马铃薯产业，2019 年 4 月，永善县启动了“洋芋帝国”项目建设，为发挥龙头企业在投融资、建基地、创品牌、拓市场方面的主体作用，构建“公司 + 公司”“公司 + 合作社”“公司（合作社）+ 农户”的合作发展模式，实现当地龙头企业与外部实力企业嫁接联动、企业联动、龙头企业与合作社及贫困户捆绑联动，走出带贫促增收的新路子，2019 年 8 月，永善县招商引资引进云南农垦昭通农业投资有限公司、云南洪邦薯业公司等 7 家公司就“洋芋帝国”项目建设开展生产合作、供销合作、信用合作，实现优势互补、共同发展。2019 年 10 月，在茂林镇永安村、莲峰镇南林村、文潭村、大荡村、伍寨乡中寨村、长海村完成集中流转土地 2 万亩，2020 年 1 月，土地翻耕结束，籽种、肥料就位，基地正式投入生产，涉及66个村民小组1542户3645人，覆盖建档立卡户1337户2710人。为确保基地正常生产运营，组建工作专班下沉到点开展技术指导、引苗出土、除草培土、病虫害防治等工作；同时，按照适度超前、综合配套、集约利用的原则，同步开展土壤改良与培肥、配套完善与基地建设密切相关的水源设施、积肥设施、机耕道路、仓储库、无人机等基础设施建设，满足生产、营销及示范等方面需要；为实现"三个全覆盖"，通过集中流转土地，采取统一技术培训、统一生产标准、统一操作规范、统一品种改良、统一对外销售等措施，强化与经营主体的利益联结；2020年3月底，基地完成高标准、规范化种植2万亩，实现马铃薯平均亩产3吨以上，总产量6万余吨，综合产值1.7亿元，同时通过三产融合，示范基地年用工24万余个，解决当地就近就地就业1400余人，提供易迁安置就业岗位1000余人，参与基地建设务工人员均年收入0.8万元以上。莲峰镇鸿香种植合作社的负责人龙顺香，2020年种植620亩种薯，支付农民工工资59.52万元，带动200户农户种植马铃薯3000亩，马铃薯产量达1922吨，产值615万元，实现利润472.4万元。茂林永安村山脚社农户王兴晨，种植马铃薯80亩，收洋芋240余吨，总产值48万余元，实现利润29万元，由于效益明显，带动了周边30多户农户种植马铃薯500亩左右。

抓过程管理

2016年以来，县农业农村局组建马铃薯种植技术指导组专班、从农技中心、土肥站、植保站、种子管理站等相关站所抽专人下沉到15个乡镇，负责组织开展马铃薯绿色优质高产栽培技术现场培训，为提高马铃薯规范化种植水平，在永善县马铃薯种植的村（社区）开展了种薯选择、适时播种、高厢垄作、降解膜覆盖、中耕管理、病虫害综合防控、马铃薯收获与储藏等相关技术培训 2250 场次 9 万余人次，发放了马铃薯绿色优质高产栽培技术资料 10 万份，通过培训和发放技术资料，群众对马铃薯种植水平得到了很大的提高，群众也很自信地说，种植马铃薯同样也要相信科学。

抓市场营销

为做好马铃薯营销工作，建立以马铃薯营销组织、经销大户为主体的营销队伍，大力支持公司、专业合作社利用电商平台、微信等媒体平台开展马铃薯市场营销，扎实做好产地市场与销售市场之间的连接、交流、沟通与合作，引导和鼓励在马铃薯主销区建立马铃薯直销窗口，鼓励支持营销组织在定等分级，精品包装，商标注册上下功夫，不断提高马铃薯市场认可度、市场占有率、商品率和市场竞争率。2020 年，永善马铃薯销售超过 3 万吨，并与上海、成都、重庆、广州、广西、云南曲靖等多地达成种薯供应协议，大力拓展云南、四川、贵州种薯市场，为马铃薯产业发展打下了坚实基础。

如今，无论你在永善县的江边河谷、高寒山区、田间地块、房前屋后，随处可见郁郁葱葱的马铃薯，全县年均种植面积达 28.55 万亩，年均产量 51.39 万吨，年均产值 113058 万元，小小马铃薯已成为当地群众增收致富的大产业，成为全县贫困群众脱贫奔小康的“致富薯”“希望薯”。

（作者系永善县农业农村局工作人员）

为你牵线搭桥

——永善县定向推荐务工岗位工作纪实

刘世媛

永善县黄华镇凤凰村村民杨发银，十多年前曾外出打工，因信息不通畅，连续多日找不到工作，也不知道能请谁帮忙，最后没挣到一分钱回家，还用了不少盘缠，以后就再也不敢外出务工了。2020年，正当他准备在周边找点零工干的时候，恰好遇上永善县组织的“千场招聘进千村”活动，在招聘干部的帮助下，来自广东天杰集团负责招聘的工作人员与他面对面交流，推荐了他较为满意的工作岗位，并当场向他承诺，去公司不要他负责来回的车费。他像吃了定心丸，下定决心再外出务工，还叫了同村另一名不敢外出的群众一起报了名。2020年3月2日，背着行囊的他，告别家人，高高兴兴踏上了开往广东的免费务工专车，这是永善县为促进就业开展定向招聘的一个缩影。自脱贫攻坚战打响以来，永善县秉持“长期抓产业、短期促就业”的工作思路，积极开展定向招聘工作，千方百计促进劳动力就业增收致富。

搭建平台推岗位

为做好劳动力外出岗位推荐工作，从2015年开始，永善县大大小小共开展了定向招聘会212场次，每次招聘会都提前制订工作方案，细化招聘措施，整合县、乡、村各级各部门力量，采取入户、电话、短信、微信、座谈等方式，全面摸清劳动力数量、就业意愿、就业状态以及未就业原因等基本情况，对已外出务工的劳动力，通过电话、短信、微信等方式详细登记务工信息。与此同时，依托各地人社部门、人力资源机构和驻外人力资源服务站直接与企业协调对接，广泛收集、筛选省外、县外省内、县内企业、扶贫车间、产业基地等岗位需求，适时发布企业用工岗位需求信息，协调组织广东、浙江、江苏、湖南、四川等地的优质企业参与“网络招聘”、网格化推送、线上常态化招聘、线下因需招聘，对有就业意愿但未就业的劳动力，充分运用“微永善”、政府网、党建网、电视台等新闻媒体以及务工QQ群、微信群、公益短信以及农村院坝会、务工代表座谈会、扶贫课堂等平台，通过录制宣传片、发放宣传资料、张贴宣传标语、大力开展就业扶贫政策宣传，强化就业岗位信息推送，指导开展岗位筛选，为每个有意愿务工的劳动力推荐3个以上优质岗位，尽力确保有意愿务工的劳动力都能找到自己满意的工作。

抓住机遇推岗位

“我现在是中国建材集团的正式员工，工资待遇很好，公司帮我们缴纳了‘五险两金’，到手工资还有9500多元。现在我掌握了多项技术，正在读函授提升自己的文化素养。对我们农村孩子来说，能应聘进入中国建材集团工作，真是鲤鱼跳龙门了！”2018年9月28日第一批成功应聘中国建材集团的永善县马楠乡务工人员安义与应聘人员交流时兴高采烈地说。

2018年，中国建材集团定点扶贫永善县细沙乡黄金村，永善县抢抓这一大好机遇，按照“劳动就业一人、脱贫致富一家”的思路，加强与中国建材集团沟通对接，积极向中国建材集团定向推送务工人员，中国建材集团也倾力帮助。2018 年 9 月 28 日，中国建材集团在永善溪洛渡职业技术学校举办对口帮扶技能人才专场招聘会，招聘务工人员 47 人，2018 年 11 月 17 日，再次举办对口帮扶技能人才专场招聘会，招聘务工人员 68 人，此后陆续在永善县举办 3 次专场招聘会。三年来，中国建材集团在永善累计举办对口帮扶技能人才专场招聘会 5 场，永善县共向其推荐了 210 名技能人才，进入中国建材集团后相继成为该集团正式员工。

招聘进村推岗位

2020 年年初，突发新冠肺炎疫情，使永善县绝大部分劳动力无法外出，在家中不了解外部用工情况，忧心忡忡，为切实解决劳动力外出务工问题，永善县持续开展送政策、送岗位、送服务等就业帮扶活动，积极开展用工信息收集，加强与用工单位、劳务公司对接，为深入做好此项工作，2020 年 2 月 27 日，永善县“千场招聘进千村”活动在易地扶贫搬迁红光安置点拉开序幕，采取“县级主会场 + 乡镇分会场”相结合方式，邀请企业到乡到村到群众家门口，与群众面对面交流，相互沟通供需信息，为群众推荐合适岗位。在县级主会场，永善县委常委、副县长黄世美、政协副主席钟青山、浙江省嘉兴市秀洲区人大常委会副主任高海忠、海宁市人大副主任封叙坤，浙江省桐乡市政协副主席周民等领导带领双方人社部门出席会议，会议结束的第二天，来自浙江、广东、江苏各地企业就深入各村开展招聘会，群众通过微信群、朋友圈、村民小组长打电话、亲邻互相通知等方式了解到各村开展招聘会时间后，纷纷涌向现场，积极向用工单位了解岗位信息，寻找适合自己的岗位。

“受疫情影响，政府组织我们把招聘活动办到村里，群众纷纷前来找我们咨询、报名，通过‘千场招聘会进千村’活动，我们公司招聘到 60 多务工人员，解决了我们的燃眉之急。”参与招聘活动的人力资源机构南埜智汇总经理宁兴理高兴地说。

就业是民生之本，是最大的民生工程、民心工程和根基工程，永善县坚持就业优先战略和积极就业政策，注重解决结构性就业矛盾，多层次、多方位促进劳动力转移就业，通过定向招聘，永善县共向用工单位输送劳动力 0.97 万人次，强有力地促进了群众增收致富，为决战脱贫攻坚、决胜全面小康奠定了坚实基础。

（作者系永善县人力资源和社会保障局工作人员）

有了金刚钻 揽得瓷器活

——技能培训拓宽永善县劳动力就业致富路

龚志辉

技能短缺无出路，稳定就业创收难，如何提升劳动力技能水平，增加务工收入，助力脱贫攻，这是永善县劳动力转移就业必须破解的难题。“授人以鱼不如授人以渔。”2016年，永善县脱贫攻坚战正式打响，劳动力培训作为拓展就业门路的基础性、前瞻性工作也随即拉开了序幕。在技能培训工作中，永善县各级各部门坚持以“应培尽培、能培尽培”为目标，紧抓东西部对口帮扶的历史机遇，把职业技能培训作为保持就业稳定、缓解结构性就业矛盾的关键举措，大力推行终身职业技能培训制度，全面提升劳动者职业技能水平和就业创业能力，更好地发挥技能人才在脱贫攻坚、乡村振兴、产业转型升级发展中的支撑和引领作用。

学好手艺换老板

2017年10月，伍寨乡长海村焊工培训实操现场人头攒动、电光闪烁，参加由县人社局举办的焊工培训班的周照华一手拿着面罩，一手握着焊枪，露出面容。笑眯眯地说：“我年年外出打工，由于没有技能技术，都是在各类工地干些苦力，又脏又累，工资收入还不高。以前我不知道电焊机还要调节电流电压，现在我也能独立完成电流电压匹配了，这次学了焊工，平焊、横焊、立焊、仰焊都会干了。‘有了金刚钻，揽得瓷器活’，现在在家门口就能学到技术，出门打工再也不怕找不到好的工作了，再也不用干以前从事的苦活、累活了，这次出去打工可以换老板了。感谢党、感谢政府！”像周照华这样的学员比比皆是，大家都表示，要珍惜难得的机遇，学好一门技术，争取更多就业机会。

折翼天使的出路

在中山市小榄镇的亚皮纳鞋业有限公司，一名坐着电动轮椅上班的姑娘格外引人注目，她就是永善县茂林镇松林村山脚村民小组的杨天琼。杨天琼今年 23 岁，不满两岁时父亲就过世了，因患小儿麻痹症导致双下肢残疾，双脚一点力都使不上，离开双拐便不能站立，日常出行只能靠双拐，每天除了吃饭睡觉外，更多的时间只能坐在家门口仰望四周的大山，全家人的生活过得十分艰难，眼看 70 岁的母亲身体每况愈下，孝顺的她一心想外出务工获得收入，为母亲减轻负担，却又无能为力，心里充满了愧疚。

随着东西部扶贫劳务协作工作的深入推进，像杨天琼一样的残疾人就业越来越受到中山市小榄组团镇区和永善县两地党委、政府的关注，两地党委、政府协商决定，组织东凤镇青年企业协会几名有爱心有担当的企业家联合成立了“东凤—永善之家”，协调企业专门设置岗位，安置永善籍残疾人就业。

2019 年 2 月的一天，身残志坚的杨天琼从县、镇、村的就业岗位推荐信息中得知中山市小榄组团镇区部分企业招聘残疾人时，她既满心欢喜，又充满疑惑，随即拨打了岗位推荐信息上留下的电话进行咨询，县人社局的工作人员耐心地为她解开了一个又一个心中的疑惑，并鼓励她大胆外出务工。当得知自己符合招聘条件，可以外出务工获得工资收入时，杨天琼的心“扑通扑通”直跳，喜出望外的她当即决定报名外出务工。

可是，正当县人社局通知杨天琼准备统一乘车前往中山务工时，从未走出过大山的她有些担心害怕，她犹豫了，准备放弃外出务工的机会，并把想法告诉了右眼失明的未婚夫周明贵。在未婚夫和人社局工作人员的反复沟通和耐心疏导下，杨天琼终于打开了心结，决定与未婚夫踏上中山的打工之旅。2019 年 2 月 21 日，杨天琼与未婚夫周明贵及其他乡亲们一道，在永善县政协水务大楼十楼接受了“中山小榄组团——永善县东西部劳务协作外出务工人员岗前培训会”，对外出务工常识、安全操作技能有了初步了解。2019 年 2 月 24 日，杨天琼、周明贵与其他 12 名残疾人怀着忐忑的心情，踏上了中山这片充满希望的热土，永善县驻东莞·中山人力资源服务站将她们带到了“东凤—永善之家”，在经过“东凤—永善之家”为期一周的岗前培训、生活培训、励志培训后，服务站根据他们各自的身体情况，与“东凤—永善之家”的老师为他们量身选择岗位。考虑到杨天琼需要未婚夫周明贵的日常照顾，服务站和“东凤—永善之家”将他们安排在了亚皮纳鞋业有限公司的同一个生产车间工作，还积极协调爱心企业广东狮子协会为杨天琼捐赠了电动轮椅，方便她上下班和出行需要。

一晃半年过去了，杨天琼和周明贵各自都有了适合自己的工作，杨天琼每天的工作是为加工鞋画线，因为速度慢，做不上保底工资，公司董事长见她勤奋努力、踏实肯干，让她每月领取保底工资 3000 元；未婚夫周明贵则是在车间从事流水线生产工作，每月能挣 4000 元以上，比刚开始动员他出去时宣传的 3000 多点高出了 1000 元左右，半年来他们的务工收入达 40000 多元。如今的杨天琼喜获事业和爱情双丰收，目前，她已与周明贵登记结婚。工作之余，周明贵时常为妻子烧菜做饭，还与妻子一起像城里人一样逛街购物，并时常给母亲打电话，为她寄去基本生活费。“没有出路，政府帮助我们找路子，没有技能，又让我们参加培训，感谢党和政府给了我们这么好的大环境，感谢家乡的领导为我们操了不少的心，感谢每位帮助和关心我们的爱心人士们，谢谢大家给予我的热情与温暖，非常感谢你们给了我们来工作的机会，一个残疾的我只能对你们说一声：谢谢你们……”杨天琼深情地说道。

技能扶贫“挖出”致富路

2020 年 6 月，红光易迁安置点党旗高高飘扬，一台台挖掘机在轰隆作响，教练耐心地为学员讲解操作要领、指导操作技巧、告知注意事项，排队的学员像等着玩玩具的小朋友，他们迫不及待、跃跃欲试，都想过一把驾驶挖掘机的瘾。红光社区的建档立卡贫困党员肖坤文佩戴着党徽排在队伍最后面，他说：“太感谢政府了，我 2008 年起就外出到全国各地打工，因为没有技术，一个月收入才 3000 多元，除了家庭开支就没有结余了。看到朋友在新疆开挖掘机 7500 元一个月，还给买五险，我羡慕得不得了，也很想去学，可是自己去学挖掘机学费很高，还要在外吃住，很不方便。今年受疫情影响，出去找工作更难了，我正愁不知道该怎么办的时候，社区上的同志来告诉我，政府要组织挖掘机培训，不但送培训到家门口，还是免费学习。不夸张地说，我当时真是兴奋得跳起来，赶紧报名参加培训。”

2016 年以来，永善县通过公开招标引进省内优质培训机构 11 家，整合就业专项补助资金、东西部协作资金、就业专账资金、扶贫资金等各类资金 4000 余万元，立足辖区内重点产业发展需要和脱贫攻坚大局，秉持“市场需要什么、培训开展什么”的理念，“请进来”与“走出去”相结合，把职业技能培训作为保持就业稳定、缓解结构性就业矛盾的关键举措，围绕“有条件的劳动力至少接受 1 次就业培训”目标，面向企业职工、就业重点群体、建档立卡贫困劳动力、易地扶贫搬迁劳动力等城乡各类劳动者，大规模开展订单定向定岗培训，同步抓实农村实用技术培训。五年多来，全县共开展各类培训 14.17 万人次，其中贫困劳动力 7.66 万人次，7.6 万劳动力通过培训实现转移就业，劳动力培训成为永善县转移就业工作的有力抓手。

（作者系永善县人力资源和社会保障局工作人员）

第三编　基础设施建设

穿山越岭筑通途

——永善县交通扶贫工作纪实

朱　然

在脱贫攻坚大决战中，永善县交运局牢固树立“要致富，先修路”的理念，积极谋划、争取一批交通项目落地建设，为全县40多万群众筑就了奔向全面小康的幸福路、民心路。

“千好万好，不如通路好”，道出的是群众心声。“千难万难，比不上筑路难”，反映的是山区筑路之不易。群众希望公路修到家门口，但山高坡陡，悬崖峭壁间，筑路之艰难，只有亲身经历才能体会。绝壁上凿路，峡谷间架桥，施工安全难；单位投资大，建设资金缺，成为修路最大瓶颈。

民有所呼，就要有所应。困难虽多，资金虽缺，但永善交通人筑路铺桥的初心从未改变。2014年，县委、县政府提出“交通三年大会战”，举全县之力，集上下之智，集中人物财力，突破交通瓶颈。一时间，全县上下掀起了大干道路交通的热潮，国省干道升级改造、建制村通油、村组公路硬化齐头并进，高速、机场、铁路全力争取，“宁可其他暂缓，也要提前修路”成为全县人民的共识。三年艰辛付出，县、乡、村组四级联动，干群齐参与，为永善交通跨越发展打下坚实基础。2015年以来，全县共完成国省道升级改造2条，硬化农村公路1019条2637公里，实施生命安全防护工程146条1076公里，月亮湾大桥建设成通车，启动大永高速、G4216永善支线建设，完成3条高速公路工可编制，启动2条二级公路工可编制，金沙江水运规划取得阶段性成效，溪洛渡至水富高等级航道开工建设。

省道昭永公路升级改造项目，是县委、县政府通过积极争取，国家交通运输部将其纳入彝良地震灾区公路恢复重建的项目，工程概算总投资11.727亿元。昭永公路，是永善对外交通的“生命线”，是沿线群众脱贫致富的动脉，作为永善“交通三年大会战”的重点工程，为尽早确定设计方案、尽快落地建设，县委、县政府主要领导多次深入一线调研，现场听取汇报，各级各部门密切配合，前期各项工作超常规推进，工程建设环节，县人民政府成立了昭永公路建设指挥部，设立莲峰、务基2个现场指挥部，在全县选调懂技术、会管理的精兵强将，并面向社会招聘优秀专业技术人才充实现场指挥部，切实加强对工程建设的组织指挥和施工管理。该项目从2013年1月交通部同意建设，到2014年年底落地建设，在面临巨额投资缺口的情况下，历经改线路、降标准、压投资、抓融资，历时不足2年，创造了重大工程前期工作实、立项快、建设快的永善之最。升级改造后的昭永公路，车程由原来的190公里缩短至138公里，耗时从原来的5小时缩短到3.5小时。

如果说，省道昭永公路是人体的主动脉，那么，建制村公路和村组道路则是遍布全身的毛细血管。建制村公路硬化工程是永善“三年交通大会战”的又一个重点项目。昭永公路升级改造项目，主要难在于缺资金，而建制村公路硬化项目，更多的难在于管理。昭永公路升级改造工程一条线，建制村公路硬化涉及无数条线。全县15乡镇142个村790公里的村组公路硬化项目，点多面广战线长，有现场管理混乱的、有施工组织不力的、有群众不支持的、有管理不善亏损跑路的……建制村公路建设管理之难，曾全程参与“三年交通大会战”的永善交运局副局长唐云平感触颇深。为切实加强对全县建制村公路硬化工程的领导，交运局每名局领导都包片负责几个乡镇的建设管理任务。马楠乡冷水村、坪厂村、马楠村和水竹乡塘坝村公路，是唐云平负责的片区，工程竞标的时候，大家都争抢，中标后，却迟迟不进场，2014年招的标，到2016年还不通路，群众意见大，反映强烈。作为包片领导，唐云平绞尽脑汁都在想办法推进工程，但施工单位实在不给力，时间一天天过去，工程却毫无进展。任务完不成，上面领导不断催；路不通，下面群众在骂；催施工单位，直接电话关机老王不见面。

2016年，县委、县政府下了死命令，必须保证年底前建成通车，军令面前，分管副县长约谈中标企业、督促现场管理员，制订具体措施，倒排工期，倒逼进度。对无法联系工程承建人的水竹乡塘坝公路，责成中标企业接手按期完工；对马楠乡马楠村、虹口村、坪厂村、冷水村4条公路施工组织不力、现场管理混乱等问题，责成交运局代管，局长现场坐镇指挥，直至工程结束。强有力的措施，确保工程在攻坚克难中推进。按照设计，高海拔地区建制村公路采用混凝土小砖块体铺筑路面，一时间，铺路用的混凝土小砖块体成了热销产品，供不应求，价格飞涨。几条公路之所以一拖再拖，除管理不善外，没有铺路用的小砖块体也是其中最重要因素之一。企业自己生产成本太高，外购没有货源。为解决燃眉之急，政府出面从50公里外的莲峰镇砖厂预订。为抢工期、赶进度，制砖厂白天黑夜不停生产，各施工队伍起早贪黑不停施工；政府专门出台指导价，避免哄抬物价。经过艰苦卓绝的努力，终于抢在冬季来临前完成建设任务。唐云平说，那段时间高负荷的工作让他暴瘦十余斤，其工作强度可见一斑！

2017年年底，最后一个不通路的村——团结乡联合村公路贯通，标志着永善142个行政村道路已全部贯通硬化。建制村公路硬化完成，三年大会战的目标已实现，但永善加快交通建设的步伐并没有因此停歇。

2018年1月，全县脱贫攻坚决战正酣之际，村组公路硬化工程建设工程拉开帷幕。这是又一浩大工程，又一场艰苦的战斗！

“晴天一身灰、雨天一脚泥”是群众出行最真实写照。村组公路硬化，是老百姓最迫切的需要。是否通硬化路，更是脱贫出列的硬性指标之一。至2017年年底，全县村组通路里程达4168公里，基本没有硬化。按每公里硬化路55万元的最低标准计算，需资金23亿元，作为国家级贫困县，县财政又捉襟见肘。2020年群众要脱贫，村组道路要硬化资金则是横亘在面前的最大障碍，如何破局？“等不是办法，干才有出路”，危难之中，县委、县政府下定决心：村组路硬化再苦再难也要建！涉农补助资金，能用于修路的全部用上，缺口资金，向银行贷款。2018 年以来，全县共整合资金 4.74 亿元、向国开行贷款 7.3 亿元，实施 50 户以上不通路村组公路硬化 2001 公里。

2015—2020 年的 5 年间，永善县共实施生命安全防护工程 967.15 公里，投资 7462 万元；危桥改造项目 18 座，投资 2592 万元；资源路、旅游路项目 30.3 公里，投资 4848 万元；窄路面加宽项目 64.84 公里，投资 841 万元；撤并建制村硬化项目 31.44 公里，投资 1257 万元；27 个深度贫困县项目 871 个总里程 1612.7 公里，投资 40318 万元；投资 100 余亿元的大永高速正紧锣密鼓推进，沿江高速永善连接线、盐永高速启动在即……一串串冰冷的数据，倾注了参建各方无数心血和汉水，凝聚着永善交通人的不懈努力。

2015—2020 年的 5 年间，昭永公路、建制村公路、村组路硬化、高速公路，各项交通工程接踵而至。繁重而艰巨的工作任务面前，永善交通人日夜奋战、砥砺前行，困了，办公室小盹一会；饿了，方便面白开水解决。辛勤的付出筑起了群众脱贫的坚实基础。截至 2020 年 5 月，全县公路里程达 5935.82 公里，有二级汽车客运站 1 个，农村客运站 1 个，乡镇客运站 14 个；营运线路 58 条，其中班线 25 条，客运车辆 70 辆；农村客运区域线路 33 条，营运车辆 196 辆，乡镇通客车及行政村通农客车率达 100%；渡口 20 道，车渡码头 4 个，拥有各类船舶 370 艘，航运企业 1 家。永善外联内畅的交通网络基本形成。

削山填壑架虹桥、穿山越岭筑通途。过去偏远、闭塞、落后的永善破茧成蝶，实现了贫困地区交通后发赶超、跨越发展的涅槃新生。如今，四通八达的城乡道路，成为当之无愧的发展路、幸福路、希望路，承载着永善山区人民的致富梦想，也寄托着奔向未来的无限希望。它犹如一条条洁白的巨龙，在崇山峻岭之间雄浑翻腾，穿过大山，跨过深沟，越过河流，将一批又一批当地农副产品源源不断输送，成为群众脱贫致富、奔向小康的阳光大道，为永善决战脱贫攻坚、决胜全面小康再添浓墨重彩的一笔！

（作者系永善县交通运输局工作人员）

别了，溜索

廖尊华

溜索，曾是金沙江沿岸滇川群众文化交融、经济交往的主要交通工具。溜索的运行，经过人力推动、柴油机带动的迭代，虽然方便，但存在安全隐患，能建设一座桥是两岸群众的共同愿望。

2014 年 3 月，习近平总书记在关于农村公路发展的报告上批示：特别是在一些贫困地区，改一条溜索、修一段公路就能给群众打开一扇脱贫致富的大门。按习总书记的指示，云南省共启动溜索改桥 181 座，永善县月亮湾大桥是云南省最后确定的“溜索改桥”项目。大桥横跨金沙江溪洛渡水电站库区，连接永善县大兴镇和四川省金阳县德溪乡，主跨采用 1—465 米预应力混凝土加劲梁悬索桥，桥梁采用 2—50 米预应力 T 构 +465 米双塔单跨悬索桥 +7—25 米预应力简支 T 梁，主跨为世界最大跨径混凝土梁悬索桥，桥面宽 10.5 米，设计荷载公路 I 级，设计时速 20 公里 / 小时，连接线全长 3.98 公里，总投资 2.4169 亿元。

作为项目的实施主体，永善县委、县政府牢固树立“建设一个项目、树立一座丰碑、培养一批人才、锻炼一支队伍”的理念，严格按照《云南省“溜索改桥”项目实施管理办法》要求，成立项目建设指挥部，做好项目的组织实施和建设管理工作。由于县内未承建过这类特大桥，缺乏技术管理经验，指挥部专门外聘了经验丰富的专业人才担任总工，并设立现场指挥部，及时协调解决工程建设中遇到的各种困难和问题，为施工单位营造良好的施工环境。

月亮湾大桥建设地点处于溪洛渡水电站库区，地形地质条件复杂，受防汛和电站发电影响，库区水位落差在 60 米以上，而桥梁桩基施工都在最高水位以下，有效施工时间短，为了抢时间、与水位赛跑，指挥部制订 24 小时施工计划，采用土石围堰辅助施工方式，于 2017 年 5 月完成桩基浇筑；月亮湾大桥是目前世界上最大跨径混凝土梁悬索桥，主梁 78 片，单片重达 130 吨，通过多次反复论证，采用在主塔前设置起吊平台，缆索起重机吊装运行，空中转体 90° 完美完成了混凝土加劲梁的安装，在世界上首次实现 465 米混凝土主梁安装、合龙技术的突破；主桥纵向预应力体系长达 465 米，预应力体系的张拉、压浆施工难度大，经联合山东大学进行科技研究，基与光线传感技术，测试预应力分布，通过分级张拉控制锚下应力、真空压浆，有效攻克了主桥超长预应力体系的张拉、压浆难关。月亮湾大桥于 2016 年 4 月正式启动建设，建设者们顶烈日、冒酷暑、抢晴天、战雨天，于 2019 年 10 月完成沥青混凝土桥面铺装，实现试通车。

“月亮湾大桥通车了！”永善、金阳两县群众奔走相告，“以前要过江，坐溜索担惊受怕、坐渡船有时要等 2 个小时左右，现在桥通了，骑车从桥上过江只要几分钟，快捷又安全。”常年在凉山州做生意的永善县大兴镇村民周培容感叹道。大兴、金阳的群众纷纷走上桥头，拍抖音、拍视频发给远方的亲朋好友，“小武哥”拍的视频，在抖音上超过 200 万次的点击率，月亮湾大桥一度成为“网红桥”。

蛟龙踏水贯通滇川南北，长虹卧江造福金江两岸。溜索改桥是一项民生工程、富民工程。月亮湾大桥项目的建成，结束了永善、金阳两县 12 个村 3.92 万群众依靠溜索出行的历史，极大地改善了边远贫困地区人民群众的生产生活条件。

（作者系永善县交通运输局工作人员）

电力夯基助脱贫

——永善供电局行业扶贫工作纪实

丁福银

脱贫攻坚战打响以来，永善供电局始终把行业扶贫作为贯彻党中央、国务院决策部署的重大政治任务抓实抓好，深入落实南方电网公司《关于打赢脱贫攻坚战三年行动方案》，加大电力行业扶贫工作力度，保证了2019年永善行政区域供电关键指标达到国家要求，全面满足脱贫攻坚用电需求，实现了全县贫困乡、村如期脱贫摘帽，贫困人口稳定脱贫。

电网建设有效推进脱贫攻坚步伐

2016年以来，永善供电局紧紧抓住南方电网公司不断加快统筹农村电网发展，加大贫困地区电网投资力度的机遇，重点以农村电网改造升级为主要举措，认真开展行业扶贫，先后实施了电力易迁扶贫、贫困村通动力电、电力应急、电网升级改造、农危改电力保障等工程项目。累计投入电网建设改造资金28130万元，新建35千伏及以下输电线路940公里，新建变电站1座，新建及改造配电变压器481台，为群众新装、拆、移户表73525户，惠及群众26余万人。

电力易迁满足安置群众用电需求

“群众搬迁到哪里，我们的电就通到哪里；老百姓居住在哪里，我们的服务就延伸到哪里。”这是2016年8月永善供电局扶贫工作会议上，时任局长何贵先同志对全体党员干部提出的工作要求，也是永善供电局党委对全县易地扶贫搬迁工作的庄严承诺。

2016年以来，永善供电局按照“实施一个搬迁项目、安置好一方群众、实现一方人脱贫”的总体要求，密切跟踪全县易地扶贫搬迁规划、实施方案和建设进度，及时将有关供电项目纳入配网规划建设，有效满足扶贫攻坚项目开展和实施的用电需求，促进了全县易地扶贫搬迁任务顺利推进。截至2019年12月，永善供电局共实施了3批次电力易迁扶贫项目，累计投资3152万元，架设10千伏及以下输电线路118公里，新装配电变压器67台，新装户表7276户。

在易地扶贫搬迁这场攻坚大战中，永善供电局始终将“易地扶贫搬迁，供电服务先行”作为首要政治任务来抓，提前完成了红光、桐堡等81个扶贫安置点电力建设工程，及时解决了安置点群众和扶贫相关产业的生产生活用电需求，得到全社会的高度肯定，优质电力也成为贫困群众“搬进来、留得住、能致富”的重要保障。

“从1974年团结地震后开始有了救灾电站到1993年白水孔电站建成、2003年实施农网改造、2019年搬迁县城，从压电低、损耗大、灯不亮、高电价到农网改造后通动力、电器化、低电价，从农村的杆线到县城的管网”，从团结乡新田村田坝社搬迁永善县城红光新区安置的村民蔡天相深深感慨近些年电力发展的巨大变化。

贫困村通动力满足农村产业需求

2017年以来，永善供电局聚焦“两不愁、三保障”目标，扎实推进贫困村通动力电工程，2017—2018年，累计完成投资87万元，新建10千伏及以下输电线路7公里，新建及改造配电变压器11台。截至2019年11月底，全县所有行政村及下辖的自然村全部实现通380伏动力电目标，贫困村通电指标全部达标。贫困村通动力电工程的实施，让贫困群众用电需求得到有效提高，用电质量全面提升，农村产业发展动力强劲，为全县打赢脱贫攻坚战发挥了重要作用。“现在每个村组都通了动力电，电钢磨取代了石磨儿，饲料机取代了猪草刀，电力给群众生产生活带来了太多的实惠。”莲峰镇楠林村党支部书记、村主任马真孝如是说。

电力应急项目提升群众用电质量

为全面提升贫困地区群众的用电质量，2017年以来，永善供电局先后实施了三批次电网基建应急项目，累计总投资1349万元，新建10千伏及以下输电线路76公里，新建配电变压器41台，为贫困地区群众新装户表2186户。电力应急项目的实施，有效解决了重负载导致的用电高峰期电压不足，停电频繁等问题，最大限度满足了群众用电需求。

农危改电力保障群众用上安全电

2019年12月11日，永善供电局组织20余名电力员工，克服自然条件恶劣，交通不便等重重困难，翻越崇山峻岭，人背马驮搬运电力物资，为墨翰乡响水村老厂社白泥巴海子朱开珍老人解决用电。朱开珍老人一家原居住在响水村老厂社寨子堡，因危房改造选址新建住房于老厂社白泥巴海子，由于那里过去没有群众居住，所以没有高、低压电源到达。为解决朱开珍老人一家的用电问题，永善供电局投资近12万元，专门为朱开珍老人一家新建了10千伏及以下线路400余米，并安装了1台变压器。“你们供电局真舍得花钱，专门给她一家人安装一台变压器，以她家每月用40块钱的电费计算，200年都收不回成本。”在施工现场，有村民这样调侃道。“脱贫攻坚，是党中央的号令，作为共产党领导下的央企，我们不能丢下任何一户群众不管。只要国家有需要，政府有需要，群众有需要，我们亏本也要干！”面对村民的疑惑，永善供电局党委书记余荣强微笑着回道。当天下午，随着朱开珍老人新房子所有电灯全部亮起，永善县141个行政村农危改电力保障工程圆满画上句号。

2018年至2019年，永善供电局在全县15个乡镇141个行政村全面实施了农村危房改造电力保障项目，工程总投资3800万元，为群众新装、拆、移户表23766户，惠及全县23766户、95000多农村群众。农危改电力保障项目的实施，实现了全县所有城乡群众都用上安全电和放心电，全县所有行政村实现了安全可靠供电，为全县扶贫攻坚任务如期完成打下了坚实的基础。

电网升级实现城乡电力服务均等

2016年年初，国家发改委出台《关于“十三五”期间实施新一轮农村电网改造升级工程的意见》，提出了重点加快西部及贫困地区农村电网改造升级，有效解决电压不达标、架构不合理、不通动力电等问题的具体措施，明确了最终实现电力普遍服务水平全面提升等目标。2016年至2019年，永善供电局累计投入资金 19743 万元，实施了全县电网升级改造项目，新建 35 千伏线路 17 公里，新建容量 8000 千伏安的 35 千伏务基变电站，新建、改造 10 千伏及以下输电线路 722 公里，新建、改造配电变压器 362 台，新装、改造户表 40297 户。经过连续 4 年电网升级改造的实施，永善农村电网结构得到全面改善，城乡电力供应能力明显提升，城乡电力服务均等化进程快速推进，农村地区电力保障能力与日益增长的用电需求矛盾得到彻底改善，广大农村群众用电需求得到充分满足，全县农电管理体制全部理顺，城乡同网同价目标全部实现，无电人口用电问题得到全面解决。

（作者系永善县供电局职工）

“六库”书写水利辉煌史

马　豪

永善县位于云贵高原北部，四川盆地边缘，乌蒙山脉西北面的金沙江南岸，地处云、川两省六县接合部，金沙江流经县域 9 个乡（镇）168.2 公里，地形地貌复杂，属于典型山区县，山高坡陡、沟壑纵横、河流深切。人居高处，水在低处；汛期枯期降雨量不均；水资源空间分布不均；骨干水源工程少，雨季留不住雨，导致全县季节性、区域性、工程性缺水严重，曾经很长一度时期，群众靠天吃饭、广种薄收，“无灾不成年、滴水贵如油、挑水送人亲”成为常态。水资源难以有效利用，成为制约沿江群众脱贫致富的一大瓶颈。为切实解决全县季节性、区域性、工程性缺水问题，“十二五”以来，永善县紧紧抓住省、市实施“兴水强滇”“兴水强昭”等战略机遇，在全县掀起一场声势浩大的水利基础设施建设“大会战”，营盘、大板厂、白云、双河、富庆、天星坝 6 座水库陆续圆梦建设，浓墨重彩书写了永善水利工程建设的辉煌历史。

规划先行 做实前期

机遇总是垂青有准备的人。为努力争取一批重点水源工程进入国家、省、市盘子，永善县水利人充分发扬“献身、负责、求实”的行业精神，以大地为床、苍天为被，踏遍全县的山山水水，先后规划了大板厂、营盘、天星坝、双河、白云、富庆六座水库。规划总库容达 6081 万立方米，年供水总量可达 7710 万立方米。“六库”建成后，可解决溪洛渡、桧溪、务基、黄华、大兴、码口等 10 个乡镇 12.45 万人、11.75 万头牲畜的饮水问题和 25.06 万亩农田灌溉。

能修建水库的地方，都是交通闭塞、气候环境恶劣的村落，工程规划的艰辛，亲身经历的每一名水利人铭记于心。大板厂、白云、天星坝 3 座水库坐落的村庄，因为不通公路，只好采用人背马驮的方式搬运仪器设备，开展水库地质勘察和规划测量。2014 年，第一批地质勘测队到白云村开展地勘工作，设备无法用车辆运达水库选址地野猪沟，勘测队找到当地村民小组长陈大万，请求找群众帮忙搬运。陈大万看到地勘队沉重的设备直摇头：“空手走进去都要 1 个多小时，这么重的设备要五六个人才能抬得动，怎么抬得进去？”见陈大万满脸犹豫，勘测队队长陈黎忙把烟递上并说道：“这设备确实挺重，但我们的工作必须要这些设备。我们这次来搞地质勘测，如果地质符合要求，将在这里建设一座水库，造福周边村民，同时将配套修通到水库的进场公路，还可解决当地群众的进出难问题。”陈大万思量后回道：“这些年日子越过越好，要感谢政府。修水库是政府工程，我这就去找人帮忙。”在陈大万和村民的支持帮助下，大家人背马驮，三个多小时终于把勘测设备运到选址地。水利技术人员白天扛着沉重的测量仪器奔走于兴建水库的山水之间，夜晚挑灯夜战，汇制规划蓝图和编写规划报告。天道酬勤，六座水库先后进入水利发展与改革“十二五”“十三五”重点骨干水源工程建设规划，为启动建设奠定了坚实的基础。

奋力争取　圆梦建设

面对基础设施落后，发展需求与财力薄弱矛盾突出的现实，为使进入规划的重点水源工程启动建设，县委、县政府主要领导和分管领导分别率领水务部门上昭、到昆、进京汇报争取项目投资，有时一驻就十天半月，不达目的不罢休的精神，赢得了国家、省、市的关心支持，迎来水利建设的春天。2012 年至 2020 年间，大板厂、营盘、双河、白云、富庆、天星坝 6 座水库先后获得国家和省市批准、核准建设，总投资逾 21 亿元。

只争朝夕　不负众望

越是重大的工程，越需要一套明晰科学的建设理念为指引，确保工程建设蹄疾步稳、顺利推进。“六库”建设，从规划、立项到批准建设，凝聚着国家、省、市的关心与厚爱，凝聚着永善各级各部门的艰辛与付出。各水库工程建设一开始，水利人就树立了“科学统筹、超前谋划”的建管理念，确立了“建设优质工程、打造观光休闲水库”的建管目标。工程建设中，建设者们发扬“只争朝夕，力保工期，确保质量，全力推进”的精神。面对施工环境差、气候恶劣等困难，全体建设者不畏艰苦，日夜奋战。轻伤不下火线、领导坚持一线、后勤保障前线，成为工地上亮丽的风景。起早贪黑、昼夜轮班、人停机不停成为建设者的常态。功夫不负有心人，在参建各方的艰苦努力下，目前，大板厂、营盘、双河、白云水库相继完成建设任务，凸显效益；天星坝、富庆水库建设正紧锣密鼓推进。

水利精神　不问年事

完善工程建设程序的过程，漫长而疼痛。其间的一幕，深深激励着永善水利人风雨无阻、勇往直前。2019 年 8 月 28 日，省发改委组织专家到天星坝水库现场踏勘，专家组一行 3 人，组长余兴成，73 岁；水工专家罗世厚，84 岁；地质专家钱金龙，67 岁。看着一群两鬓斑白的老人，大家都担心他们是否适应高海拔气候？爬坡上坎、长途跋涉是否能行？而最终这些质疑都是多余，一天下来，专家们精神奕奕，爬坡不气喘，涉水不需扶。他们的体力让我们自愧不如，他们的精神让我们崇敬。他们为水利事业倾注一生的精力，是水利行业“献身、负责、求实”精神的有力诠释，激励着永善的每一名水务工作者勇于担当、只争朝夕。

（作者系永善县水务局工作人员）

电波架通“连心桥”

——永善县广播电视网络建设工作纪实

谢玉涛

在永善县康家堡广播电视发射台和黄华镇广播电视转播台，60余个广播电视节目无线数字化信号接发设备24小时不间断运转着。“从这两座广电转播台接收并发射出去的信号，包含了中央、省、市、县级电视及调频广播60余套节目。”永善广播电视局职工陈沛介绍，广播电视信号主要通过卫星、无线、有线三种方式进行覆盖，永善县域内通过2个广播电视转播台，29座调频广播和数字电视发射基站，以及广播电视有线网络，全县15乡镇142个村（社区）2871个村民小组，广播电视信号综合覆盖率达100%，受益群众达40余万人。

在脱贫攻坚工作中，永善把广播电视网络覆盖作为基础设施建设的重点工程来抓，把广播电视工作作为惠民富民、推进农村文化建设的重要举措，最大限度地解决农村群众看电视、听广播难的问题。广电网络架通了永善偏远乡村与外面的世界，成为农村群众获取信息、脱贫致富的主渠道，也架起了党政直通群众的连心桥。

天上的卫星　地上的民心

吃过晚饭，泡上一杯茶，打开电视看新闻这是墨翰乡干溪村村民曾书明每天最开心的事。“我最喜欢看新闻联播和农业节目。”70 岁的曾书明讲，家中的那口接收卫星信号的“天锅”是他非常宝贵的财产，通过那口“天锅”收看电视是他最大的兴趣爱好，也是他最大的精神寄托。

卫星信号覆盖是利用地球同步卫星，将地球站的电视信号转换为电磁波向地球表面发射，用户通过卫星接收天线对准天上卫星方向接收信号进行收视。近年来，永善县扎实抓好广播电视卫星信号覆盖，大力开展电视“村村通”和“户户通”工程建设，通过为群众安装卫星接收天线（锅面）接收广播电视信号，方便群众收看各级电视节目。截至 2017 年全县累计实施广播电视直播卫星“村村通”“户户通”100513 户，广播电视卫星信号县域内实现了全覆盖。

“以前只能用自制的天线接收信号，电视信号不好，现在安了‘天锅’，有 60 多个台，想看哪个台遥控器一按就可以了，真的要感谢党的好政策。”曾书明笑着感叹。直播卫星信号的覆盖，拉近了党与群众心与心的交流，也增强了群众奋斗致富的精神动力。

无线的信号，无限的真情。无线信号覆盖是利用发射天线，将广播电视信号转换为电磁波，通过空间开路传输的方式进行信号覆盖，用户通过接收天线接收无线电波进行信号收听收视，而这其中，广播电视高山台站建设无疑是最重要的工程。

广播电视高山台站的建设有其科学规律和相关要求，从调研规划到审批立项再到施工建设和试播开通，历来都是一个严谨又稳妥的过程。“在山上建台站，大部分工作人员一天都是跟方便面打交道，很多时候晚上都在车上睡觉，第二天一早就开工。”从业十四年的陈沛见证了永善广播电视无线信号网络覆盖的历程。

翻山越岭搭铁塔，跋山涉水建基站。从风景秀丽的马楠山上到激荡奔涌的金沙江边，每一座无线信号基站的建成都倾注了永善广电网络工作者所付出的汗水和心血。

至目前，全县累计建成调频广播、数字电视发射基站 29 座（其中：调频广播发射基站 10 座，电视发射基站 19 座），安装无线数字电视发射机 19 部、调频发射机 20 部。无线信号覆盖 2701 个村民小组，经昭通市地方广播电视节目全覆盖验收实测，地方广播电视节目覆盖率达 90% 以上。

交织的网络　圆梦的信心

在完成卫星与无线信号覆盖的同时，有线信号的覆盖打通了农村公共文化服务的“最后一公里”。

有线信号覆盖是通过光缆或电缆将电视信号传输至用户终端的闭路传输方式，截至目前，永善通过广电网络闭路电视和中国移动、中国电信开展的网络电视 IPTV，共覆盖 142 个行政村 1062 个村民小组。

2008 年完成康家堡广播电视发射台建设并投入使用，转播中央及省、市、县电视节目 50 余套，转播调频广播 4 套；2012 年年初完成黄华电视转播台建设，转播昭通人民广播电台调频广播 2 套；2016—2018 年完成中央广播电视无线数字化覆盖工程建设，转播中央 12 套数字广播电视节目……复杂的数据传递的是最纯粹的初心，交织的信号连接的是党群共克时艰的信心。

从广播电视“村村通”到“户户通”，从天线接收到有线、数字化的跨越，信号发射与接收方式的变迁折射出永善多年来广播电视网络覆盖的发展历程，也展示着永善脱贫攻坚给农村群众生活带来的巨变。广播电视网络覆盖工程的实施，把党的声音零距离送到群众心中，在满足人民美好精神文化需求的同时，将党和群众的心紧紧连在一起，共同将脱贫致富奔小康的梦想放飞得更高更远。

（作者系永善县委宣传部工作人员）

“网”事如歌

——永善移动分公司行业扶贫工作掠影

黄文海

2015 年以来，永善移动分公司积极响应国家脱贫攻坚的号召，努力践行“正德厚生，臻于至善”的企业核心价值观，不遗余力体现企业的社会责任和担当，大力加强通信网络基础设施建设。公司团队以高质量、快节奏的建设效率攻克了一个个难以实现的施工项目，确保了脱贫攻坚工作的顺利完成。

2019 年 5 月中旬的一个早上，天空下着蒙蒙细雨，在县城南部桐堡新区易迁点，公司副总经理张朝伟仰望一栋栋高楼细心观察，随行的网络建设人员沉默不语。此时，张朝伟一句话让现场的气氛变得死寂，“不管用啥子办法，我们都要在二十天之内把这里的宽带建设全部完成。陈朝廷是网络主管，这个任务就交给你了。”陈朝廷木讷地望着灰蒙蒙的楼宇，好一会儿才接过话来：“恁个多住户，二十天时间根本就完不成嘛。”“完不成也得完成，这是死命令，在易迁户入住之前我们必须装完所有的宽带。”其实，说这句话时张朝伟的内心也没有一个底。陈朝廷委屈地反驳道：“你看我们就只有这几个人手，时间又弄个紧，咋个干吗？”“就是呀，就算不吃饭不睡觉也干不完嘛。”旁边的同事附和道。

看着大家都情绪低落的样子，张朝伟也感觉到事情的严峻，因为他清楚，这支队伍自进入网络组以来经历过无数的建设施工硬仗就从没认屣过，但今天，他无论如何也要把这个任务安排下去，否则没法向县委、县政府交代。

“这样子，我今天就让设计人员把方案拿出来，陈朝廷负责协调其他区县的装维人员前来支援，陈思杭负责联系市公司赶紧把需要的物资备好运下来，肖仕龙和赵顺负责分配好各楼栋的人员队伍结构，其他的人协助配合好以上工作，大家准备一下，后天正式开工。”安排完毕后，张朝伟用坚定的眼神看向大家，问道：“你们有啥子问题没得？”大家听过张朝伟的一番部署，觉得事情好像也并没有之前想象的那样难了，应道：没得问题，干就完了。

建设施工如火如荼地进行，杆路建设不能在规划区就避开选址，地下管道不具备穿孔就从楼顶布放，入户暗管不通就暂时用明线排牵。每天晚上施工结束后各队汇报进度情况，并将问题一一罗列出来，次日必须进行解决。施工期间，所有施工人员加班加点坚守在阵地，吃饭也严格规定时限。骄阳下，大家汗水湿透衣服，双手磨出的血泡戳破了缠上创可贴继续布线，困了就在楼道间躺上一会儿又马上投入工作，没日没夜地奋战，直到6月6日，赶在易迁户入住之前，桐堡新区所有住户的宽带建设全部安装完毕并调试正常运行，向县委、县政府交上了一份满意的答卷。

自脱贫攻坚工作启动以来，永善移动分公司共计投资1.62亿元，新建无线网基站210个，升级改造无线网基站180个，完成了全县397个行政村、社区和自然村以及30个卫生室的有线宽带建设覆盖，建设分纤箱4319个，端口59826个，覆盖客户数199420户，并完成了全县166所学校的教育专网建设。这一串串数据，充分彰显了企业在脱贫攻坚工作中的社会担当。

（作者系永善县移动分公司职工）

一“网”情深

——永善电信行业扶贫纪实录

黄文飞

在脱贫攻坚工作中，永善电信公司切实担起通信行业的扶贫责任，同移动、联通一道，加大对农村“两网”（移动网和宽带网）的建设，自 2014 年以来，对 142 个行政村共布放光缆约 700 公里，新建杆路 320 公里，新建光端口 8400 余个，全县光端口总量已达 32840 余个，行政村“两网”覆盖率达 100%。共建设 3G、4G 基站 164 个，布放光缆约 600 公里，新建杆路约 350 公里，全县 3G、4G 基站达 238 个，基本解决了村委会、学校、卫生室及居住密集区域的光纤网络和移动网络覆盖。

永善县黄华镇新坪村，海拔 1400 多米，是一个偏僻的高二半山村。村委会坐落在一个三面环山，一面临江的大山平台上，该村有 4 个自然村，19 个村民小组，758 户 4140 余人。2014 年前，该村不通公路，人们出行或购物需走 10 余公里的山路到江边的黄坪村集镇，所需物资全靠人背马驮，通信不覆盖，“出门靠走、通信靠吼”是村里群众交通、通信的写照。新坪村盛产核桃、花椒，产品质量较好，由于交通不畅、通信不通，农产品要卖出去却是一个大难题，严重制约了新坪村的发展，造成新坪村近 50% 的人口（350 余户，1500 余人）还在贫困线上挣扎。

2015 年以来，随着脱贫攻坚工作的推进，新坪村的水、电、路等基础条件逐步改善，但通信仍是制约该村发展的一大瓶颈。2016 年，电信公司积极向上争取，对新坪村实施宽带网和基站建设。新坪村是黄华镇较为边远的一个村，地理位置特殊，距黄华镇 30 余公里、莲峰镇 20 余公里。项目实勘阶段，根据现场勘查设计、比对，最终建设方案确定从莲峰镇电信机房建设 22 公里光缆杆线至黄华新坪村，途经莲峰新店、三道水、黄华三合，建设投资 130 余万元，宽带覆盖村委会、学校、卫生室及沿途人口相对集中的村寨，共建设 FTTH 端口 180 余个，并在三合村、新坪村村委会旁各建设移动基站 1 个，基站建设投资 70 余万元。

由于山高坡陡，交通不便，工程建设十分困难。工程实施中，很多段落杆线建设需通过山路抬杆两三公里，沿途很多地方属硬岩区域，两三人一天只能打下一个杆洞，还要克服河谷区域天气炎热等问题。该工程于 2016 年 8 月启动建设，历时 3 个多月，通过艰苦努力，于 11 月底完成光纤网络建设。三合、新坪基站建设开通，彻底解决了村委会、学校、卫生室及周边老百姓的通信问题。2017 年，电信公司在新坪村顺田社又开通一个 4G 基站，实现了新坪村 4G 网络全覆盖。

通信问题解决了，村委会办公效率变高效了，收发文、报表、信息收阅成了分分钟的事；学校教学步入电子化，老师备课、课件查阅、新知识学习实现信息化；卫生室实现卫生系统连接，药品需求与电子化管理、业务学习不再是难题；老百姓不但打电话问题解决了，4K 高清电视想看什么点播什么，直播、回放随意看，用微信、刷抖音、阅信息，了解世界更加便捷；微商、电商兴起，核桃、花椒等农产品的宣传与线上销售进入了信息化时代。如今的新平，路通了、电有了、水到户了、上网和用手机方便了，老百姓日子越来越好。“新冠疫情期间，学校开不了学，幸好网络开通了，娃儿在屋头也可以上课。”村民李光林激动地说。

（作者系永善县电信公司职工）

建设广厦千万间　山乡旧貌换新颜

——永善县农村危房改造工作纪实

曾正友

近年来，永善县紧紧抓住国家加大对地震灾区灾后恢复重建和贫困地区扶贫投入的机遇，把解决群众住房安全作为一项重大的“民心工程”，作为决战脱贫攻坚、决胜全面小康的一项紧要任务，多管齐下大力实施农村危房改造，帮助20余万群众结束了居住破旧土坯房的历史，住上了崭新的安居房。

建房有多难

交通不畅，建材物资运输难。“公路起槽槽，开车蹦迪高；处处是稀泥，开车玩飘逸。”曾是永善县道路交通的真实写照。时间回溯，永善交通基础设施薄弱，起点低、欠账大，至2012年，全县行政村通村公路硬化只有65公里，仅占全县总里程980公里的6.6%，是全省5个、全市唯一一个未通二级路的县。尤其农村公路，等级低、路况差，通路不通车，晴通雨阻现象十分突出。交通不通，人背马驮，高昂的运输成本让老百姓无奈“望路兴叹”，修建抗震安居房只能“水中望月”，居住土坯房成为一辈子的“宿命”。如：青胜乡青胜社区青明一组大火烟4户人家，因为不通到户公路，在实施农危改时，足足1公里的运距，所有建材物资完全是用人工制作的竹船从村组公路上顺着上坡往下拖，上去时还得人工背着竹船走，光建房屋主体，耗时近一年，房子建好后，挂钩帮扶部门和乡村干部20多人组成“帮建突击队”帮助搬运门窗。像大火烟这样人居分散、人烟稀少，不通到户公路的地方，在永善农村随处皆有。

山高坡陡，群众建房选址难。永善属典型的山区县，山地地形占全县总面积的95%以上，正所谓“地无三尺平”。如：水竹乡沙坪村杨家坪，近乎60度的陡坡上，13户人家根本无法找到平缓的宅基地建房，在这样的陡坡上建房，单开挖基础、支砌挡墙就得花上五六万元，建房成本对老百姓来说是一笔“天文数”。青胜乡青胜社区花坪一组，背靠大山，前临江边悬崖，部分农户的老宅，后辈分家后要“另起炉灶”无“容身之地”，想扩扩不开，想建建不了。

劳力匮乏，群众建房组织难。由于农村大量青壮年外出务工，城乡的发展反差让他们产生了不想“故地重游”“回归原始”的愿景，同时，也怕回乡建房影响务工收入和建房差欠新账，大多不愿返乡建房。在家愿意建房的农户，又面临无资金、无劳力、无技术的“三无”困境，导致农村危房改造组织难。

气候恶劣，建设施工推进难。全县最高海拔3199.5米，最低海拔320米，地处高寒山区的马楠、水竹、莲峰、茂林、伍寨等乡镇，日照少、湿度大、气温低、霜期长，日照最少的莲峰镇年日照时数1240小时，无霜期最短的马楠乡年无霜期仅80—120天。沿江的9个乡镇，山巅到河坝，垂直高差最低的青胜乡1662米。受气候条件影响，高二半山农户建房施工严重受限，工程推进较为困难。

措施有多硬

党政重视，强势推动。县委、县政府坚持把实施农村危房改造作为一项重大的“民心工程”刻在心上，抓在手上。建立健全领导机构和工作机构，形成主要领导牵头抓，分管领导具体抓，职能部门日常抓的良好工作格局。多次召开专题会、联席会研究部署工作，坚持一月一调度，及时发现问题、解决问题，统筹各级各部门力量强势推进农村危房改造工作。

挂图作战，限时“清零”。实行县、乡、村三级挂图作战，倒逼工期、加压推进。县级以乡镇为单元、户为单位，乡镇以行政村（社区）为单元、户为单位，村（社区）以村民小组为单元、户为单位，将 4 类重点对象、非 4 类重点对象建房能力不足、享受低标准再次成为危房、4 类重点对象面积不达标、非 4 类重点对象面积不达标、有 3 万元以上机动车辆、有工商注册实际经营、有公职人员家庭等危房户进行分类，明确目标任务、确定“清零”时限，每周更新进度情况，实行“清零”倒计时。

精心组织，精细工作。严格按照“危房不住人、住人无危房”要求，采取“以房找人、以户对房”方式，通过全覆盖开展专项调查，精准锁定实施对象，做到应建尽建、应改尽改。针对农村建房任务重、技术力量薄弱的问题，住建部门通过以会代训，对乡镇分管领导、业务人员和村（社区）干部开展农危改技术培训，提升一线工作人员业务能力和技术指导水平；实行领导分片负责，督促指导乡镇抓好农村危房改造工作；聘请 44 名专业技术指导员，负责 15 乡镇农村危房改造建设的技术指导，引导农户合理选择建房地址、房屋户型，做好规划放线、基础验槽、钢筋布设、墙体支砌、支模打板等关键环节工作，保障建房安全、质量和进度。

责任到人，包保到户。将农危改工作与脱贫攻坚有机结合起来，实行县处级领导挂乡（镇）、县直部门和乡（镇）领导包村、干部职工包户制度。挂钩联系乡镇的县级领导每月到乡（镇）牵头研究 1 次农危改工作，逐村逐组逐户研判，找准问题短板，一户一策抓推进；各乡（镇）将农危改任务分解到人，时间具体到月、到旬、到天；一线挂联人员和结对帮扶干部向包保农户亮明身份、公布联系电话，严格落实“九包九到位”（即：包宣传引导、包资金筹措、包规划放线、包建材准备、包技术指导、包质量监管、包建设进度、包施工安全、包资料完善；做到选址到位、基槽开挖到位、下基础到位、设抗震柱及浇筑地脚圈梁到位、墙体支砌到位、楼层支模及扎筋到位、楼层打板或盖瓦到位、门窗安装及室内外装修到位、搬入新居到位）责任，对农村危房改造工作一包到底，直到竣工验收并搬迁入住。实行挂钩帮扶部门对所挂钩村的农危改负总责，一线挂联干部对个人所包保农户农危改工作负具体责任，结对帮扶干部对所挂钩农户农危改工作与一线挂联干部负同等责任，县级挂钩领导、乡镇和部门主要领导向县委、县政府提交承诺书、结对帮扶干部和一线挂联干部分别与部门和乡镇签责任书，层层压实责任、传导压力，做到村村有领导、户户有干部、人人有担当。

披荆斩棘，清除障碍。为有效破解制约全县经济社会发展的瓶颈，永善县自 2014 年起，在全县上下打响交通基础设施“三年大会战”，三年时间，建成通乡油路 5 条 151 公里，实现乡乡通油路；硬化建制村公路 75 条 831.6 公里，实现村村通硬化路。脱贫攻坚大战中，永善县整合涉农资金 3.3 亿元，争取国开行贷款 7.3 亿元，启动实施了贫困村村组道路硬化 2001 公里，完成硬化 1572 公里；投资 5600 万元，新建贫困村村组道路 295 公里，完成 280 公里，实现了 50 户以上的村民小组全部通硬化路，30 户以上的村民小组全部通公路。通过大力实施交通“内循环”工程，打通了服务群众“最后一公里”，清除了制约群众建房的最大“屏障”。为解决群众自筹资金不足问题，县财政拿出资金 13874 万元提高农户建房补助标准，协调金融部门发放贷款 21149.3 万元，财政贴息 500 余万元。交运部门针对大量村组公路在建与群众建房物资运输冲突的实际，合理组织施工，安排时段保障群众建材物资运输；市场监管部门落实砂石料限价保量供应措施，对钢材、水泥等大宗建材物资，设立厂家直销点，确保主要建材不断档、不脱销、价可控；水务、供电等部门立足职能职责，全力保障建房群众用水用电，为全县农村危房改造营造了良好环境。

携手奋进，汇聚合力。充分发挥基层组织作用，以“自建、援建、帮建”方式，发动群众亲帮亲、邻帮邻，动员机关单位、企业、社会各界慷慨解囊，竭力为群众解难帮困。挂钩帮扶部门组建工作专班一线督促落实，帮助群众协调建材物资、建房贷款、组织施工力量，组织党员先锋队和建帮突击队帮助特殊困难家庭完成危房改造建设。青胜乡青胜社区缸子坪村民小组建档立卡贫困户彭连均，家徒四壁，多年蜗居在破旧的土坯房里，2017 年以来，乡村工作人员上百次做工作要求建安居房，但其始终以没有自筹资金、贷不到贷款、政府补助资金不够建房等为由，既不自主建房，也不同意政府帮建。挂钩帮扶青胜社区的永善县委政研室了解情况，主动将其揽为本单位的结对帮扶任务，多次上门做思想工作，帮助协调宅基地和建房贷款，并从单位办公经费中挤出 3000 元为其支付调换宅基地的附着物补偿。在大家耐心细致的宣传引导和真心帮助下，彭连均最终被感化建房。政研室明确一名干部为其担任“第一户”，“保姆式”服务料理建房事宜，全面落实“九包九到位”措施，帮助彭连均一家建起了安居房，结束了蜗居的日子。工作人员跑烂脚皮、磨破嘴皮、不达目的不罢休的帮扶精神，让彭连均深深感动。“感谢你们，为我的事情操透了心。”这是彭连均发自内心的感慨。彭连均户仅是永善广大挂联干部真帮实扶的一个缩影。工作力量沉到底、宣传动员反复抓、困难问题帮到位，是全县打好农村危房改造“歼灭战”的“金钥匙”。

严格考核，拧紧责任。为确保农危改工作责任落实、工作落细、任务落地，县委、县政府从县纪委监委、县委办、政府办、扶贫办、农危改办等部门抽人组成专项督查组，对全县农村危房改造工作实行一月一督查，一月一通报，将督查发现问题清单式反馈乡镇和挂包部门，限期抓好整改落实。将农村危房改造工作任务完成情况与乡镇、部门和干部绩效工资、扶贫责任金、年度考核等挂钩，对不能按时完成建设并搬迁入住任务的干部，扣缴全年责任金，取消年度评先评优资格；对工作敷衍塞责、不严格执行政策、履职尽责不到位、工作措施落实不力，影响脱贫攻坚进度和质量的单位和个人，严格追责问责，促使了工作有力有序有效开展。

2014 年以来，全县累计解决了 55165 户、206197 人的住房安全问题。在开展农危改的同时，同步拆除危旧房屋 19890 户。

（作者系永善县住建局工作人员）

"土地增减挂"　脱贫大红利

赵泽明

金秋时节，驱车来到伍寨乡新胜村空寨子村民小组，一块平坦翠绿的良田映入眼帘。"这一片原来是居民区，共十余亩，群众通过地质灾害避让搬迁陆续搬了出去，我们对群众搬离后的危旧房屋按照相关政策进行拆除，并通过实施城乡建设用地增减挂钩项目，将拆旧后的地块进行清理、平整，种上荞子，明年七八月收割时，这里将是一幅'阡陌纵横飘金浪，穗风和畅满地香'的丰收图景。"随行的村支书指着眼前这片良田告诉笔者。像这样一块规划区，通过实施城乡建设用地增减挂钩项目，可带来300余万元的跨省调剂收益。这是永善县城乡建设用地增减挂钩项目实施的一个缩影。

抓机遇快行动

永善，是典型的山区农业大县、全国334个深度贫困县之一，贫困人口多、贫困程度深、财政增收难、攻坚难度大，发展资金短缺尤其成为制约脱贫攻坚的"瓶颈"。

2015 年 11 月，党中央、国务院下发《关于打赢脱贫攻坚战的决定》，提出“利用增减挂钩政策支持易地扶贫搬迁”。2016 年 7 月，云南省国土资源厅印发《关于贯彻落实城乡建设用地增减挂钩政策支持脱贫攻坚的实施意见》，正式拉开云南省增减挂钩支持脱贫攻坚工作的序幕。

永善县紧紧抓住城乡建设用地增减挂钩政策带来的脱贫机遇，积极而为，精心组织项目方案报批，抓好项目实施，推动全县脱贫攻坚工作长足发展。按照“依法拆旧、耕地优先、协作推进、保障权益”的原则，秉持“试点先行、分步推进”的思路，先行将码口、茂林等 5 个乡镇纳入第一批城乡建设用地增减挂钩工作试点项目，于 2016 年 10 月启动方案编制，2017 年 9 月获省厅批复启动实施。随着第一批试点项目的顺利推进，迅速启动了第二批次 6 个项目方案编制、上报审批。截至目前，累计规划报批 3 个批次 9 个子项目，已实施完成 4 个，其中第一批试点项目完成复垦农用地 1010 亩，第二批次 3 个项目完复垦农用地 2038 亩。

2020 年 5 月，永善县全面清理排查了辖区内后备资源，按照“边设计、边施工、边验收”的工作要求，清理排查后备资源 4361 亩。目前，用于保障 2018 年度跨省调剂任务的已通过省级验收，拆旧复垦土地 1579 亩；保障 2019 年度跨省调剂任务外业核查工作已经完成，正开展方案编制、项目实施等相关工作。

聚合力促推进

县委、县政府把增减挂钩项目作为有效增加县级可用财力、助力打赢脱贫攻坚战役的有力措施精准施策、常抓不懈。成立以书记、县长为双组长的领导小组，主要领导亲自安排、亲自部署。相继印发《永善县城乡建设用地增减挂钩拆旧复垦工作方案》《关于做好增减挂钩拆旧复垦工作的通知》等文件，坚持把加强党的领导贯穿项目建设全过程，实行“一把手”常态化研究推动，县处级领导挂片督导，坚持“一月一调度、一月一通报”，形成党委领导、政府负责、自然资源部门牵头、其他部门和乡镇齐抓共管的工作格局。实行自然资源局领导班子成员定点挂包机制，将每个乡镇的增减挂钩任务细化分解到责任领导，紧扣时限，盯村、盯户、盯进度，在全县上下形成“县政府为主导、乡镇政府为主体、相关部门共同配合、上下联动”的工作机制，推动增减挂钩项目快速实施。

抓关键保基础

抓住调查摸底、外业核查、方案编制、落地落实 4 个关键环节，精准发力，确保做细、做足、做实各项前期基础工作。

为摸清资源家底，县领导小组办公室组织技术组到各乡镇指导后备资源调查，发动乡、村、组和帮扶干部力量，对全县范围内的易地扶贫搬迁、农村危房改造、地质灾害搬迁避让等项目实施后废弃的农村危旧房和废弃的工矿用地，不漏一村、不漏一户进行排查摸底。

组建 6 个外业核查工作组，分赴各个乡镇，白天冒着烈日、跋山涉水，逐村逐户实地核查地块，晚上加班与设计单位一起规划地块，短期内完成了 2018 年项目图斑的外业调查和测绘任务，为编制方案打下了坚实基础。

方案编制过程中，将增减挂钩与易地扶贫搬迁、农村危房清零、地质灾害搬迁避让、农村宅基地制度改革、第二次全国国土调查相结合，统筹谋划，用足、用活政策。

严格项目实施。按照“宜耕则耕、宜林则林、宜草则草”原则，规定拆旧复垦的土地地势相对平整、相对集中连片，可耕作层不得低于 40 厘米，达到基本农田耕作要求。通过实施黄华镇米贴村横寨子村民小组易地扶贫搬迁项目拆旧区复垦复绿试点，组织各乡镇主要领导、分管领导、增减挂钩工作人员现场观摩，为全县增减挂钩项目树立榜样，统一标准，积累经验。县财政积极筹措项目资金，以每亩3000元的标准将复垦资金拨付到各乡镇，保障项目顺利实施。

助脱贫显成效

通过实施城乡建设用地增减挂钩项目，使农村危旧房在拆除后腾退的宅基地、废弃的工矿用地等土地资源得到了有效运用，在提升农村人居环境、促进人民安居乐业等方面起到了促进作用，有力助推了全县的脱贫攻坚事业。马楠乡兴隆社区椿天坪易迁点、茂林镇官家屋基易迁点，在实施增减挂钩项目后，积极引导群众打造居家式微菜园，房前屋后种植蔬菜瓜果，既消除了危房拆除后泥土、建筑垃圾乱堆乱放的不良影响，提升了人居环境；又提高了土地利用率。茂林镇甘杉村谭家营村民小组的群众在享受地灾搬迁避让和农村危房改造的利好政策下搬出本组，通过实施增减挂钩项目，将危旧房拆除后，配套施行垃圾清运、土地平整等一系列措施，打造出一块面积约15亩的标农田，荒坡换了新颜。实施城乡建设用地增减挂钩项目，节余指标交易后解决了脱贫攻坚“缺钱”问题，既保护了耕地又保障了发展，既改善了农村的居住条件又提高了群众的生活水平，为全县打赢脱贫攻坚战提供了重要支撑和资金保障。自2016年永善县实施城乡建设用地增减挂钩项目以来，已完成节余指标交易3177.38亩，实现收益96928.7万元，这些资金均投入脱贫攻坚的各乡项目建设中。

（作者系永善县自然资源局工作人员）

改建一个厕所　改善一片环境

——永善县农村“厕所革命”纪实

李艾娜

全县农村厕所多是在畜圈旁边开槽搭两块木板，直排入粪坑，没有化粪池，夏天一到，苍蝇乱飞、蛆虫遍地。据统计，至 2019 年 4 月，全县农村地区有旱厕 5.27 万座、无厕户 0.89 万户，厕所问题一直是影响群众生活品质的突出短板，严重制约农村人居环境整治成效。为改变群众如厕习惯，提升村庄环境，近年来，县委、县政府把大力推进农村“厕所革命”作为一项重要的民生工程牢牢抓在手上，小厕所大民生取得显著成效。

宣传动员改习惯。“这个池子太小了，2 个立方，不够种植施肥用”“茅厕都弄到屋里来，像啥子话”……村民大会上，大家你一言、我一语，都不接受改厕。启动改厕之初，群众的不理解、不支持成了推进农村“厕所革命”最大的问题。面对工作推进中的难题，县委、县政府充分发挥“一线三支队伍”作用，统筹村组干部力量，通过入户走访、院坝会、火塘会等方式广泛宣传农村“厕所革命”的重要意义，无害化卫生厕所概念及卫生保洁知识等，共计开展宣讲会 438 场次，县乡级现场培训会 60 余场，发放《永善县农村户厕改造建设实用技术手册》3500 份，努力提高群众的接受度，动员广大群众积极改厕，养成良好的如厕习惯。

严把标准抓规范。“我们把这个池子总的分成三份，第一份占 2、第二份占 1、第三份占 3，如果池子长 2 米，那第一份就是……”在改厕现场，指导员耐心讲解着建设要点，指导群众建设三格式化粪池。全县组织县、乡、村三级改厕指导员 321 名，进村入户，广泛宣传农村改厕政策，指导农户科学选址，严格按照《云南省农村厕所改造建设技术指南（试行）》《农村三格式户厕建设技术规范》《农村集中下水道收集户厕建设技术规范》《农村三格式户厕运行维护规范》等规范要求进行厕所建设，提高农村户厕改造质量。

健全制度重管护。农村厕所特别是公厕粪污遍地、臭气熏天、手纸乱丢、水箱损坏等脏乱差现象严重，针对农村公厕缺乏管护的突出问题，永善县制订了《农村公厕管护制度》《农村公厕管理达标制度》，明确各公厕保洁员、责任人及电话，明确保洁员职责和保洁内容，全面加强公厕保洁员管理，由村（居）委会负责监督检查，根据履职情况给予奖惩。针对农村户厕卫生保洁，强化教育引导，结合“爱心超市”行动激励广大群众做好家庭厕所卫生，彻底扭转农村厕所脏乱差的局面。

多方筹资减民负。农村基础条件差，农户普遍养殖牲畜，多数户厕是圈厕混用式旱厕，厕屋简陋，难以改造，新建成本高，群众自筹压力大，积极性不强，工作推进难。为充分调动群众改厕积极性，按照“省级补助一点、县级奖补一点、群众自筹一点”的原则，县委、县政府将补助标准从 0.04 万元 / 座调整到 0.2 万元 / 座，通过中山市小榄组团捐赠、东西部定点帮扶、干部职工和企业捐款等措施多方筹措资金，保障改厕补助资金，减轻群众自筹负担。累计筹集资金 5144.24 万元用于农村“厕所革命”。

自“厕所革命”启动以来，全县累计组织实施农村户厕改造 30271 座，行政村村委会所在地公厕 80 座，农村群众如厕环境得到明显改善，村庄环境得到有效提升。“感谢党的好政策，使我们的生活环境得到改善”，开展卫生户厕改造验收时，大兴镇河口村村民代成付由衷感激。“以前，家里旱厕一坑两块板，夏天苍蝇乱飞，臭气熏天。现在可好了，改造后的厕所既卫生又方便。”用上新建的卫生厕所，墨翰乡干溪村村民潘国治心情美满。

（作者时任永善县农业农村局副局长）

第四编　易地搬迁扶贫

聚焦脱贫攻坚　勠力易地搬迁

——永善县易地扶贫搬迁红光安置点工作纪实

肖文杰

永善县位于乌蒙山脉西北面的金沙江南岸，辖 8 镇 7 乡 47.81 万人，境内重峦叠嶂，沟壑纵横，地势南高北低，海拔悬殊，是国家级重点扶持贫困县，也是云南 27 个深度贫困县、昭通最大的集中连片特困区域之一。尤其是高寒冷凉区域，山高路远，信息闭塞，交通、水利、教育、医疗条件十分薄弱，生存环境恶劣，条件型与素质型贫困叠加。近年来，永善县始终坚持把易地扶贫搬迁作为解决“一方水土养不活一方人”的第一政治任务和首要民生工程，高位谋划、统筹推进，精确施策、精准发力，规划建设易迁安置点 64 个，有计划、有组织地实施易地扶贫搬迁 12138 户 51341 人（三年行动计划任务 4494 户 18299 人，其中建档立卡户 2925 户 12720 人，同步搬迁户 1569 户 5579 人；新增易地扶贫搬迁 7644 户 33042 人，其中建档立卡贫困户 6359 户 27471 人，同步搬迁户 1285 户 5571 人），把生活在资源承载力严重不足地区的贫困群众搬迁出来，彻底摆脱恶劣的生存环境和艰苦的生产生活条件，吹响了挪穷窝、换穷业、拔穷根的总号角。

突出规划引领

2018 年以来，按照省、市党委政府关于坚决打赢新增易地扶贫搬迁攻坚战的统一部署，统筹抓实三年行动计划扫尾的同时，在县城西北选址规划建设红光安置点，写下了“一年建设一座城，一周搬迁上万人”的壮举。

精准锁定对象。坚持以脱贫攻坚政策宣传和稳定搬迁群众思想为重点，先后开展了 4 轮意愿调查核实，各级干部经常进村入组到户，利用“扶贫课堂”、农村“院坝会”等载体，向群众广泛宣讲易迁政策，把知情权、决策权交给群众，锁定了搬迁对象。同时，以开展易迁“五清”工作为重点，多次组织搬迁对象到安置区现场参观，讲清政策和发展前景，切实稳定搬迁群众意愿，增强搬迁信心和决心。

科学规划建设。永善县红光安置点，位于县城西北部，规划用地 650.62 亩，总投资 17.7 亿元，规划建设安置房 102 栋 30.35 万平方米，有 94 栋安置易迁对象 3542 户 14672 人，其中：建档立卡贫困户 3087 户 12856 人，同步搬迁户 455 户 1816 人。规划商业服务中心 1 个，配套建设幼儿园 2 所、九年一贯制学校 1 所、社区服务中心 2 个、卫生服务站 2 个、就业服务中心 1 个、群众互助活动场所 1 个、日间照料中心 1 个、儿童福利院 1 个、农贸市场 2 个、派出所 1 个、村史馆 1 个、公厕 4 个、垃圾中转站 1 个、扶贫车间 3 个、配套底层商铺 8000 平方米、停车位 2826 个，安置区道路 6.05 万平方米和“一水两污”等公共服务设施。

项目于 2018 年 7 月 16 日启动征地拆迁工作，10 月 26 日正式开工建设，安置房于 2019 年 7 月 22 日封顶断水，10 月 26 日完成住房分配工作。

强化组织保障。省、市领导多次深入安置点检查指导工作，县委、县政府举全县之力推进易地扶贫搬迁，成立了以县委书记、县长为“双指挥长”的易地扶贫搬迁项目建设指挥部，坚持每隔 20 天召开一次工作例会，及时研究解决建设中的重大问题。指挥部下设红光分指挥部，具体负责项目建设管理。组建了由县处级干部牵头负责的产业就业、就医就学等12个工作专班，分类负责群众后续发展服务工作，努力提升易地扶贫搬迁的质量和成效。

严管质量安全。红光分指挥部制订了工程进度、质量安全考核奖惩办法，严格落实“周例会”制度，统筹地勘、设计、施工、监理、造价咨询等单位和5个现场管理组力量，实行日检查、周考核、旬通报，确保施工力量、建设进度和质量安全。

快速安全搬迁

县易迁指挥部提前半年制订住房分配、搬迁入住工作方案，指导全县“安全搬迁、有序搬迁、和谐搬迁”；引导搬迁对象通过流转、入股、托管、代耕代种等方式有序处置土地资源，让群众放心搬迁；统筹有效力量帮助搬迁群众收整搬迁物品，合理添置家具，让群众轻装搬迁；派出搬迁服务力量，落实一户一策措施，让群众有序搬迁。提前做好搬迁运输保障，组建搬迁护航队，随车做好安全护送和生活保障工作，让群众温馨搬迁；搬迁安置工作于2019年11月25日启动，12月3日全部搬迁入住，实现了工程建设“零伤亡”和搬迁工作“零事故”，创造了建设一周年分房、一周搬迁上万人的“永善速度”。

2019年12月3日，随着最后一支满载扶贫易地搬迁群众和生活物资的车队浩浩荡荡到来，来自全县马楠、细沙、水竹等8个乡镇3542户14672人全部搬迁入住，成为昭通全市8个万人以上扶贫易地搬迁安置点首个实现搬迁入住的安置点。

“搬到县城来心里非常高兴，我们要感谢党的恩情，如果没有党和政府的领导我们就不会搬到条件这么好的地方来，我们很高兴和满足。”来自团结乡花石村的杨定发，一家 6 口人住进了四室两厅一厨两卫的安置房，回想起过去的艰难日子，他的感激之情溢于言表。

细化后扶措施

为如期实现稳定脱贫目标，永善县高度重视，提前谋划，重点对照省“50 个有”工作目标要求，紧扣“五个一”思路，引领群众后续发展。

盘活一笔资源。在稳定群众承包权属不变的前提下，对流转搬迁农户耕地的，按 15 元 / 亩 / 年的标准分别给予流转双方补贴；托管耕地的，按 5 元 / 亩 / 年的标准补贴给托管方；托管林地的，按 2 元 / 亩 / 年的标准补贴给托管方。对既不能纳入退耕还林还草，又不能流转、入股、托管、代耕代种的零星土地，按照农户申请、乡村统筹、县级给予种苗支持、收益归群众的原则盘活土地资源。

配置一定股份。对红光安置点建档立卡贫困户人均配置 3000 元的产业发展资金，与引进的江西正邦养殖集团合作，每年按 8% 进行资产收益分配；按人均 5000 元、每户不超过 6 人的标准进行资产配股，群众每年获得股金 5% 的分红，确保群众收益稳定。

培植一批产业。依托已建成的 1 万亩蓝莓基地、34 万亩花椒、5.5 万亩方竹、10 万亩特色水果、161 个规模化养殖场等种养殖业带动，盘活“三块地”再新种植竹子 4 万亩、贡椒 2 万亩、马铃薯 1.2 万亩、商品蔬菜 0.5 万亩，发展规模化养殖大户 20 个。同时，借助东西部扶贫协作平台，在已引进 6 家企业的基础上，再引进一批农业企业，助推农业产业培育。

转移一批就业。针对未就业劳动力，围绕“两个 100%”的目标，制订“一人一策”措施，依托永善驻中山、东莞、杭州、昆明人力资源服务站，落实就业扶贫十条激励措施，点对点的组织劳务输出，结合实际开发公益、公服性岗位，建设竹笋精包装、蓝莓加工、服装生产、发热器组装等扶贫车间 1.6 万平方米，能满足未就业人员实现充分就业。

做好一个保障。制订出台《永善县易地扶贫搬迁进城安置群众后续发展实施意见》，配套完善民政、教育、就业、医疗、养老、户籍、物业等 21 个后续服务方案，合理布局金融、百货、餐饮、快递等便民服务网点，满足群众生活需要。成立了安置点临时党工委（管委会）及红光、永红 2 个社区党委，全面做好易迁群众后续发展服务工作。

基本工作经验

永善县取得“一年建设一座城，一周搬迁上万人”的成绩，主要有以下工作经验：

群众工作抓得牢。永善县认真落实市委“133”工作思路，坚持把易地扶贫搬迁作为检验“不忘初心、牢记使命”主题教育成果的重要载体，多形式宣讲政策，多次组织到安置区参观，精准锁定搬迁对象，切实稳定了群众意愿，增强了搬迁信心。

基础工作抓得实。突出“五个早”，系统谋划推进易迁工作。规划建设早统筹。围绕集中安置点“50 个有”的目标和“一配套、两支撑”要求，优化建设方案。县级指挥部每 20 天召开一次例会，及时研究解决重大问题；制订工程进度、质量安全奖惩办法，实行日检查、周考核、旬通报，快速推进项目建设。群众家底早摸清。扎实开展“五清”工作，全面摸清“三块地”、就医就学、劳动力及就业意愿等情况。保障工作早衔接。抓实“一人一策”措施落实，提前做好低保、医保、养老等政策过渡、接转工作。财产物资早处置。引导群众妥善处置财产、合理添置家具，让群众放心搬迁、轻装搬迁。搬迁工作早细化。提前制订搬迁入住方案，成立红光临时党工委（管委会），下设5个工作站17个工作小组，组建红光、永红社区党委，全面做好搬迁入住、稳定过渡等工作。

搬迁工作抓得细。主要是抓实4项基础、压实5级责任。“抓实4项基础”即：细化1套作战图，县易迁指挥部安排搬迁任务到乡、到村、到天，确保有序搬迁。派出1支先遣队，各乡镇派出先遣队做好入住服务准备工作。绘制1张搬迁图，统筹挂包力量，细化到户搬迁路线，做到物资装卸有序、搬迁入住不乱。组建1支帮迁队。组建帮迁服务队，全程帮助搬迁对象搬运生活物品和安装摆设等工作，做到生活物资不搬完、家具摆放不到位，帮迁队伍不撤离。“压实5级责任”即：压实县级挂钩领导组织指挥责任、乡镇主体责任、专项工作组帮迁责任、挂钩帮扶部门配合责任、一线挂联和结对帮扶人员直接责任。组建8个搬迁专项工作组，设置12个便民服务点，组织干部职工8000余人次和志愿者500余人，投入车辆3000余辆次，全力做好搬迁入住服务工作。

后续服务抓得紧。把后续服务摆在极端重要位置，入住当日即开展逐户回访，察看入住质量；以楼栋会、院坝会等为载体，开展政策宣讲、感恩教育、操家理务、环境卫生等培训，建立重病、重学、特困、零就业等台账，实行销号管理；开展就业培训，为搬迁群众现场提供就业服务；合理布局农贸市场及超市、餐饮、金融、通讯、快递等服务网点，满足群众生活需要；组建红光派出所，引进物业公司，有序选配片区长、楼栋长，实行网格化管理，全方位为搬迁群众提供“保姆式”服务。

目前，走进永善红光安置点，一栋栋美丽的新楼房在阳光的映衬下熠熠生辉，一条条宽阔的柏油路四通八达，行道树上红红的灯笼挂满枝头，路旁“饮水思源感党恩、幸福不忘总书记”的标语格外醒目，广场上谈笑声、歌舞声汇集成一曲美丽动听的交响乐，温暖的阳光透过窗户照进群众的新家。

（作者时任永善县发改局副局长、易迁办常务副主任）

万里星辰，不及此处灯光点点

——永善县易地扶贫搬迁红光新区安置点建设纪实

李佳　梁育辉　杨龙杰

“真没想到这个年纪了还能搬进城里住上楼房，多亏了国家的好政策。”马楠乡易地扶贫搬迁户韩大爷笑逐颜开，乐呵呵地说道。韩大爷和来自团结、黄华、莲峰、细沙 4 个乡镇的 2265 名易迁户们一早从家里出发，坐着镇上的搬迁车队走进红光新区，由工作人员带队拿钥匙、看房子，一一住进了自己的新家，在高大敞亮的新房里开启自己的幸福新生活。在经历数个辛苦的日夜后，终于迎来了这个激动人心的时刻。

永善县坐落于乌蒙山脉西北面的金沙江南岸，地处滇东北中山山原西北边缘，红光新区位于永善县城西侧的斜坡地带，由云南建投总承包一部总包管理，云南建投二公司、五公司、十一公司承建。项目占地 650.62 亩，总投资 17.7 亿元，安置规模为 3596 套 14672 人，是永善县有史以来最大的易迁安置点和自主建设的最大单体工程。同时，安置点配建了幼儿园、九年一贯制学校、医疗卫生服务站、农贸市场、通信等公共服务设施。

不同的岗位　同样的使命

易迁安置项目的最大特点是工期紧，必须在时间节点完成施工内容，必须以“高原铁军”的精神克服每一项困难，一个环节都不容许出错和耽误。由云南建投五公司第五直管项目部负责施工的工程内容包括二组团、五组团、幼儿园所有建筑及市政工程，共计33栋住宅。

为了顺利推进33栋住宅的有序施工，确保完成交付使用的节点，直管部2018年完成绥江、东川易地扶贫项目的管理团队直接赶赴永善易迁新战场。2018年10月26日，在金沙江南岸永善县易地扶贫搬迁红光新区正式开工。

在基础工作完成后，迎面而来的却是周转材料、钢管、木枋、模板、钢筋等各种材料急缺的问题。直管部经理葛正云在直管部内临时成立了材料保供小组，并且亲自任组长，先后多次到昭通各处的租赁站联系、落实周转材料；又与呈贡、宜宾等地的供货商协调、沟通木枋层板的供应。最后经过数月的共同努力，2019年8月9日，各栋号建筑终于全部主体封顶，按时完成任务。回望那段时光，葛正云笑笑说：“那段时间我就是个材料员。”

7月中旬，进入装饰装修阶段时，眼看时间更加紧迫，直管部抽调了技术科实测实量负责人钱斐、安全科副科长杨云河、梁王河道路项目经理刘明星到永善项目，共同努力推进工作。三位同事到达项目后，好像瞬间就忘记了自己曾经的岗位，每天早早地来到项目现场，排查现场情况，协调各项细节问题，摇身一变做起了主工长的工作。

10月初，室内仅剩细节收尾工作时，室外也需要马上跟上进度，此时，只能一人多用，大家的职责多了起来，还拥有了一些特别的外号，如晚上加班经常带着扳手到处修修补补的主工长“李扳手”李莹江、带着挖机修路、从室内调到室外的“刘室外”刘平、天天运动步数都保持在3万以上的“陈木匠”陈顺洋，还有“孙钢筋”孙继文……

大家是一个团队，无论面对什么困难，都团结一致，并肩共努力，哪里工作需要人，就马上补位完成好相应的工作，所以，“今天，我的岗位是技术负责人、资料员、材料员、施工员……但我们都有同一个使命：打赢易地扶贫搬迁攻坚战！”

永善项目的副经理孟富兵是一位有着丰富管理经验的现场大管家，大家都习惯叫他“老孟”，虽然已经50多岁，但现场各项事务都亲自盯办。每天陪大家加班到深夜，提醒大家施工工序的及时穿插、紧凑有序，保证工作开展正常。他每天的闹钟设在凌晨4点，是因为在装饰装修过程中现场经常出现停水的问题，老孟安排修建了两个蓄水池和一条引水沟以提前储备水。这两个水池也成了他每天最关注的东西，平常时候的早上6点、特殊时期的凌晨4点、晚上加班结束后的深夜，老孟一定要去检查一下水池的蓄水情况。水量不足时就马上安排人员排查引水沟、协调车辆拉水等保证施工用水。老孟说：“只有死死守住了这两个水池，才能守住房子。”

为了节点，项目管理人员有时候会忙得顾不上吃早餐。在最关键且最困难的最后一个月里，直管部总经理葛正云带着核心管理人员，每天一大早就在项目门口的早餐铺子请大家吃早餐。如果你听到“老板，要一份米线”“老板，再加一个蛋”……那肯定都是直管部的人在吆喝着。每天清早都有40多号人陆陆续续默契地聚集到那里吃早餐，吃完就开始新一天的工作。还有一些刚加完一个通宵班的人，则打趣说：“吃完这份‘宵夜’，就回去睡觉了”。

8月底至10月中旬，是时间最紧张的日子，在外架拆除期间，为了能将常规每栋一天半的拆除时间压缩到一天左右，项目部将作业时间提前到早上6点开始安全技术交底，6点半准时上外架进行拆除作业。因为项目部生活区与办公区距离较远，步行需要20多分钟才能到达，安全员杨龙杰、范才金为了能在工人上班前到现场，准时开展安全交底工作，两人就直接在办公室将就睡了一晚，这样的将就持续了将近一整个月，直到一个月后外架全部拆除完毕。而工作了40年的安全员张玉和也是一刻都没有放松过，时刻叮嘱着工人正确佩戴好安全帽、挂好安全带，每天要看到每个工人都从外架上安全下来，才肯下班。他说："最后阶段了，绝对不能出现任何差错。"

不管是凌晨 4 点起床，还是清晨 6 点睡觉，抑或是搬铺盖到办公室过夜，在这里，都有一群人，朝着"完成节点"的最终目标努力着。

来时一片荒芜　走时万家灯火

国庆节前后，那时候，朋友圈里一张张"夜景"图不断刷屏，那是项目管理人员拍的现场亮灯夜景，漆黑的夜里，一户、一层、一幢、一片，最终一座座山头都被点亮了。

"来时一片荒芜，走时万家灯火。"施工员杨继瑞感叹道，"我管的栋号都上过电视了！"现在看着航拍的全景图，每一栋房屋都充盈着暖暖的灯光，宛若一座美丽的小城。

家在昭通永善团结乡的测量员刘平说："还记得那天傍晚，突然整个组团的灯光一下全亮起来，那一瞬间的亮光也照亮了我的心，想着四面八方的家乡父老亲朋马上要搬进来了，一股温暖和欣慰感也充斥着我，能用自己的一份力回报家乡，真好！"

据悉，自 2019 年 11 月 25 日正式启动搬迁入住工作以来，9 天内将入住 3542 户 14672 人。安置点内附属幼儿园目前也正在进行装饰装修中，计划今年内完工，并将于明年 3 月新学期正式投入使用。让百姓们在搬迁新居的同时，子女也有学上，不仅当下摆脱贫困，未来也更加充满光明。

面对前期道路不畅、施工场地狭窄、施工环境恶劣、材料紧张、运输困难，后期施工用水供应不足、施工人员不足等诸多艰难困苦，项目管理团队每个人都未曾退缩，多少个日日夜夜的辛苦，带来了成长与成熟，回报了自豪与骄傲，每个人都坚守住自己的岗位，最终胜利打赢了这场脱贫攻坚战，建成了一座座新房，点亮了一盏盏明灯，这样的灯光，胜过万里星辰。

（作者均系云南建投第五建设有限公司职工）

叉叉田新颜

——桧溪镇永胜村的叉叉田易迁安置点工作纪实

邱学超

走进位于桧溪镇永胜村的叉叉田易迁安置点，一栋栋漂亮的楼房映入眼帘，区域环境卫生整洁干净，群众淳朴热诚。

记得这是我2019年3月到叉叉田开展工作的情景。是我自2018年10月到桧溪工作以来第一次到叉叉田，和我一同去的是永胜村党支部书记杨安友，可能是因我第一次到这里，一到叉叉田，刚下车，杨安友就兴奋地向我介绍叉叉田的基本情况，他告诉我："原来的叉叉田是群众的土地，前后左右2公里无人居住。2017年年初，为了安置铁厂片区的困难群众，县乡领导多次到铁厂片区调研，选址在这里建设易迁安置点。项目于2017年9月启动建设，2018年8月完工，群众搬迁入住，共安置了铁厂片区的建档立卡贫困户14户60人。"

听完杨安友的介绍，我们随即来到贫困户龙治友家，看到我们的到来，坐在门前长凳上的龙治友他急忙起身，连声说道"来屋里坐、来屋里坐"。走进门，一套三室一厅一厨一卫的房屋宽敞整洁，客厅中茶几明亮，上面一个果盘放了些时令水果，青蓝色的布衣沙发美观大气，落地电视柜上43英寸的数字电视正在放着CCTV-7台的农科节目，走进厨房，冰箱、油烟机、电饭煲等厨房用具一应俱全，打开水龙头，一股清水汩汩流出，清冽可口。交谈中，说起了叉叉田易迁点安置点，这个质朴的汉子兴奋地说道：

“我今天能住上这么好的房子，要感谢党、感谢政府。以前我家的房子是土坯房，墙身多处开裂，有的裂缝拳头都能伸过去，每当大风天，外面刮大风，屋内刮凉风。特别是听说哪里地震了，全家人一夜都睡不着觉，害怕真的地震来了，房子垮了怎么办。为了让我们叉叉田这十多户群众能住上安全的房子，党和政府操碎了心。还记得 2017 年 9 月建房初期，我在这里打小工，当时正值秋季，我们这个地方一入秋以后天天阴雨连绵，记得以前我们自家盖土房子，一到这个季节就停工，来年春季才接着建。这样的气候给修建易迁点的施工队带来了很大的困难，建筑材料无法运进场地，记得有一个月，受天气影响，施工队在这里休息了 20 多天未动工，看着这样的情形，桧溪镇党委、镇政府及时组织人员协调，调运砂石料，花了 10 多天时间保通了到安置点的路，相应建材勉强能运到这里，工人才陆续上班。受阴雨天气影响，工地开工也是‘三天打鱼两天晒网’，很多工人不愿来这里，导致项目建设缓慢，随着工期越来越紧，桧溪镇党委、镇政府出面协调从外地调工人、运输车辆、建筑材料，将工人分作两班倒，白天黑夜抢工期，工人们夜间冷了，就烧一堆火烤烤又继续干，这样才在 2018 年 8 月左右完成项目建设，我们才顺利搬迁入住。通过这样的工作方式，让我们 10 多户群众没掏一分钱、没出一天力就住上了这么好的房子，交通也方便，到我们这里的路全部都是硬化路。为了让我们搬到这里能有稳定的收入，党委、政府又给我们规划了草果、猕猴桃等产业，组建了花卉种植专业合作社，我农闲时都在花卉基地务工，每年能挣到 2000 元至 3000 元的零花钱，我真的要感谢党和政府。我对我的孩子都是这样说的，没有党和政府，就没有我们今天的幸福。”

转眼间我已在桧溪工作了两年，当前全省爱国卫生运动如火如荼开展。2020 年 9 月 28 日，根据安排，我再次跟着永胜村党支部书记杨安友到叉叉田组织开展爱国卫生专项运动，走进叉叉田易迁安置点，一句叉叉田之约“九要九不准”映入眼帘，看到这一幕，我好奇地问杨安友，这是哪个群众编的，编得太好了，通俗易懂。杨安友激动地对我说：“这是我们叉叉田的群众通过讨论形成的，目的就是要让大家遵规守纪，现在叉叉田的群众思想意识很好，在人居环境整治方面，他们将其作为一项经常性的工作，每天起床的第一件事情就是打扫室内外环境卫生，每半月还开展一次卫生评比。”随后，我和杨安友来到叉叉田易迁安置点的中央，用竹篾编制的一个个微菜园、微花园整齐有序，杨安友主动告诉我：“这些微菜园、微花园是上次桧溪镇党委书记肖云峰到叉叉田调研工作时指导群众建设的。”对比两年前我初次到叉叉田，这里又发生了翻天覆地的变化，一盏盏太阳能路灯屹立在道路两旁，环境卫生整洁干净，群众家中各类物品摆放有序，群众的精神面貌焕然一新。现在叉叉田人民在党和政府的关心下快速步入了小康社会，开启了幸福新生活。同时随着农村人居环境整治、爱国卫生专项行动的开展，为叉叉田增添了新颜，目前叉叉田已是桧溪镇人居环境卫生最好的示范点之一。

（作者系桧溪镇政府工作人员）

易地搬迁真不“易”

——大兴镇河口村大毛坡安置点工作纪实

魏　莉

清晨醒来，一缕温暖的阳光照了进来，睁开惺忪的眼睛，慵懒地打个哈欠，起身走到洗手间，拧开太阳能里放出的热水刷牙洗脸后，村干部邵鹏在门后背起了小背篓、扛起锄头，准备出门摘点四季豆，为中午的午饭做准备。一推开门，朦胧的远山，在阳光的照耀下显得熠熠生辉，碧波荡漾的金沙江蜿蜒着流向远方，也让刚搬入新居的邵鹏思绪渐渐飘向了那曾经的大毛坡……

精心选址　重铸安心家园

地如其名，曾经的大毛坡是一块大荒地，野蛮生长的杂草已经长到成年人的膝盖处，整个地方看起来荒凉贫瘠，鲜少有人居住，而现在居住在这里的群众也并非这里的“原住民”，他们的“老家”在大湾一、二社，是一个地质隐患滑坡点，每到雨季，尤其是暴雨过后，坡上的小石块、泥土总会三三两两地从高处滚落下来，让人提心吊胆，夜不能寐。在每个下暴雨的晚上，大湾一、二社的村民总是会到居住在别处的亲戚家“避难”，待暴雨过后，又继续回来生活。

这样的情况镇党委、镇政府看在眼里、急在心里，多次向上级请示汇报。2017 年，正值脱贫攻坚如火如荼开展之际，大湾一、二社村民搬离滑坡点迎来了转折契机。通过地质专家的实地勘察测量和镇村干部的多次走访，最终选择了离滑坡点 5 公里处的大毛坡作为大湾一、二社居民的搬迁之地，并进行了易地扶贫搬迁项目实施申报，获批开展建设。自此，大毛坡成了大湾一、二社村民新生活的起点。

多次入户　协调建设用地

理想很丰满，现实很骨感。安置点的修建充满了重重阻碍。“这块地是我家的，你们拿来修房子了，我家房子修哪儿去？修好了我又不能住，我为啥要换……”拥有大毛坡荒地使用权的邵贤均气愤地说道。“这个安置房主要是针对大湾一、二社的群众嘛，他们现在住的地方随时都会滑坡，实在不适合居住，大家都是乡里乡亲，你体谅一下……”河口村尧支书苦口婆心地劝道。

左一轮右一轮的商议陷入僵局，河口村村委会只好将此情况向镇党委、镇政府做了汇报，为了啃下这块“硬骨头”，镇主要领导和县领导也开始轮番上阵到邵贤均家做思想工作，过年镇长亲自到他家拜访，看望他家老人，与老人聊家常、谈生活；书记也多次去他家和他聊政策，谈易地搬迁的意义，深入了解他家情况，最终通过长达三个月的沟通，邵贤均才同意由搬迁群众拿出部分土地置换建房宅基地。

修建公路 保障交通运输

“我们不搬迁，修路和我们没关系，我们的地是要用来种庄稼的，想让我们出地，不可能……”“你们在这儿修路，大车天天要从这边过，吵到我家休息了……”为了把施工材料运上大毛坡，修建公路势在必行，这就需要征用部分群众的土地，也因此引起了一些群众的不满，为了和群众讲清修路的好处，河口村发动一线三支队伍挨家挨户地做工作，“嬢嬢，你们的心情我们理解，虽然你们不属于搬迁户，但是，在这里修路还是有很多好处呀，你看，假如从你家门口修条公路，你去镇上要省好几十分钟了……”“叔叔，你听我们说说嘛，在这边修公路好处多呀，以后你送孙儿读书就方便了嘛，还有……”从入户做思想工作到召开村民大会，从吃闭门羹到群众理解，一线三支队伍付出了极大的努力，最后群众还自发组织了一个护路队，为公路修建保驾护航。

人形路标 指引交通方向

清晨的大毛坡云雾缭绕，可见度不超过 10 米，由于昨晚刚下过雨，路面还有些湿滑。“部长，路太滑啦，车子上不去呀，而且雾很大，根本看不清前面是啥情况，要把东西运上去，怕有点难哦……”李部长看了一眼前面的路，一直是蜿蜒上坡的路，如果就这样强行开上去，危险系数太高了，“一定要保证施工安全。”镇主要领导的嘱咐在耳边围绕着，“要不这样吧，前面用车子拉，后面用装载机来推，这样就可以保障车子的安全了。”这个提议获得了大家的赞同，于是，李部长立马调了一辆车子和装载机前来帮忙，但是，另一个问题又出来了，可见度这么低，路又窄，旁边就是一个坡，稍不注意，车子可能就会翻下去，“部长，这样吧，我们站在旁边看着路，当路标。”工作组组员王晓丹笑道，“有点危险，你们要注意点。”“没事儿，车子开得慢，而且我们长这么好看，还是很显眼的嘛。”物资运输车就这样在“人形路标”的指引下，一步步艰难前行。

跋山涉水　寻找施工用水

为了保障安置点施工用水，李部长背上背包，带上干粮，再次带领工作组踏上寻找水源的征程，大家爬山下坡四处寻找，可是都没有找到合适的水源，看着大家失望的表情，李部长的心里有点难过地说：“兄弟们，不要难过嘛，这里找不到，我们换个地方找嘛。”大家再次鼓起精神往上走，一直走到了金沙村，从白天走到黑夜，饿了就从包里拿出干粮大家一起吃，渴了就喝包里的矿泉水，晚上就在农户家中住下，就这样过了四天，大家都疲惫到了极点。当走到马坡村一处山坡时，“快来看，这里有水源，而且位置很合适哟。”经过评估和思考，确定了这里可以作为施工的水源，大家欢呼雀跃，皇天不负有心人，终于找到了！

蹲点指挥　加快建设工期

排除万难之后，大毛坡易迁工程终于得以顺利进行，由于工程时间紧、任务重，为了按时完成建设，使群众尽快搬入新居，大家都在全力以赴，李部长拖着病弱的身躯长期蹲点指挥，依靠着止痛片一直坚持在施工建设一线；60 岁的白发支书尧志明，虽然年迈，但无论晴天还是下雨，都坚持到工地查看施工进度；河口村工作组组长魏永雄在得知施工方经济困难的时候，主动为施工方垫付 5 万元；河口村计生委员王艳在女儿发烧的情况下，仍然坚持背着女儿到工地进行质量检测。

2018 年 9 月，大毛坡易迁安置点工程基本竣工。2018 年 10 月，大毛坡群众举行了搬迁仪式，在搬迁仪式上群众个个脸上都挂着喜悦的笑容，眼里是对未来美好生活的满满期待，“终于要搬新家了，内心五味杂陈的，新房子很漂亮，周边配套设施也很齐全，像城里的小区一样，别提多带劲”，邵大妈激动地说着。“太高兴了，自从开始建这个安置点，我们整个组基本吃在工地，住在工地，半年才回次家，现在看到这些群众开心的笑颜，我觉得这一年的辛苦很值。”正在帮群众搬迁的领导组成员开心地说着。自此后，46 户搬迁群众住进了安全舒适的小洋楼，告别了曾经提心吊胆的生活。

告别过去　构筑幸福生活

为了让群众“搬得出、稳得住、能致富”，党委、政府对大毛坡当地的气候、土壤、温差等进行了综合评估，规划出了一条发展枇杷产业致富路。为提升群众个体发展产业技能，农技站的工作人员走到田间地头，向群众传播枇杷种植的技能知识；同时发放枇杷苗，帮助群众申请小额信贷，避免群众因资金不足而阻碍产业发展；另一方面，党委、政府还规划建立了一片面积多达 600 余亩的枇杷产业园区，希望通过小小的枇杷树，形成属于大毛坡的致富大产业。

经济跟上了，精神生活也不能落下，刚刚结束广场舞的钟大美热情地告诉我们：“我很喜欢跳舞锻炼身体，但是以前在老房子那边住的时候根本不行，想跳舞只有去镇上，一个来回差不多就几个小时。现在好了，政府不仅给我们修了房子，把路也修好了，还修了卫生室、活动场所，配备了音响。每天做完农活吃过晚饭后，我们就组织起人在广场上跳舞锻炼身体。开始他们还有些不好意思呢，但是现在成了每天饭后的必玩项目。现在党和国家的政策好了，我们也要锻炼身体多活几年好好享受啊！”

如今的大毛坡，告别了曾经的荒芜贫瘠，林立起了一座座面朝金沙江的二层小洋楼，小洋楼的旁边规划着一片片的微菜园，里面种着小葱、薄荷和各式各样的应季蔬菜，存量不多，但是，也可供每日所需了。白天耕种，晚上跳舞，现在大毛坡的群众不再只是“日出而作，日落而息”，他们的生活丰富多彩，幸福不言而喻。

（作者系大兴镇政府工作人员）

易地搬迁艰辛路

——墨翰乡箐林村河沙坝安置点易地搬迁建设工作纪实

刘志强　张喜彬

小桥流水，绿树成荫，独幢房屋排列整齐划一，街道整洁，宽敞干净的活动广场。俨然一派江南小镇风光。然而，这只是墨翰乡大山深处的世外桃源——箐林村河沙坝易迁安置点。

快凌晨了，墨翰乡政府会议室的灯还亮着，这是墨翰乡党委、乡政府、县人社局、箐林村三方共同召开的箐林村贫情研究会。箐林村党委书记罗星明继续说道：我们村海拔高、气候较为恶劣，在 1041 户 3521 人中，就有建档立卡贫困户 422 户 1796 人，占比相当高，特别是岩上、纸厂、马家沟、沟口 4 个村民小组，更是居住分散，自然环境差，基础设施较差，修建道路等投入又非常高，如果不建设好基础设施，材料、物资又很难运上去。如何使这部分人住上安居房，脱贫致富，是我们目前最为头疼的问题。乡党委书记白友万说：有什么具体的想法和措施吗？箐林村包村领导叶顶波接着说道：我们的初步想法是，既然一方水土养不了一方人，可不可以考虑易地搬迁，集中到条件较好的地方谋发展。白友万说：我觉得可以，大家具体论证一下……这一下，大家忘了疲惫，瞬即满血，你一言我一语地讨论起来。河沙坝易迁安置点就这样，经过数次实地考察，经过了许许多多个这样通宵达旦的研究、论证，应运而生了。

天上下着小雨，河沙坝易迁安置点的工地现场，看着已动工开建的易迁点，乡党委书记白友万眉头紧锁。村主任曹子翼正在汇报情况：我们始终按照乡党委、乡政府要求，以“群众参与、立足民意、科学规划、合理实用”为出发点，之前云南景城规划勘察设计有限公司等多家公司对安置点拟选地址进行勘测，及时公示方案，征询意见，确保选址切实宜居宜业，群众也是认可的。目前，就是岩上村民小组有15户群众想法又有动摇，故土观念重，不想搬。白书记想了想说：那就乡村两级组成几个工作组，每个工作组负责三户群众的工作，把将来发展，对他们自身甚至是惠及子孙后代这些和群众说清楚，不要说教，要和他们交心，心与心的沟通，做好思想工作，做不通咱就不出村。10多名工作人员就这样抱着啃硬骨头的精神，开始了长达半个多月的沟通动员工作，老人的工作不好做就从年轻人做起，这户的不好做就从亲戚朋友入手，白天陪下地、路边聊，晚上陪谈心、火塘边坐。就这样，终于将15户群众的思想工作做通，使他们切实感受到了党和政府的一片赤诚。

一大早，天刚亮，纷纷扬扬地下着水毛凌，副支书罗明星在易地搬迁建设点巡视着，这是他经常做的一件事，易迁点虽然邀请云南万图建设咨询有限公司做监理方，严格监督住房建设质量。但是他似乎还是不放心，每隔一两天就要来看一看施工进度。这个柱子打得好不好，那里钢筋有几根，都要看看心里才踏实。住房的建设就要完工了，为了让群众不仅住得下，还要有脱贫产业和稳定发展措施。同时，为了清洁，按每户1个20平方米的畜圈集中规划了74间畜圈。但新问题又出现了，畜圈的地理位置有部分坟墓。经村多次上门做工作，几乎都答应迁坟，但就有那么一家，死活不迁。正想着，看到叶顶波副书记开着自己的车已经到了，他忙迎上去。叶副书记一打开车门忙问：还是不行吗？罗明星说：是啊，昨晚我又跑了张廷选家和他做工作，他死活不同意修畜圈，说他父亲的墓地在那儿，哪个敢整，他就和他拼命。叶副书记说：“走，我直接去找他，做做工作。”这一去可是不容易，一个星期跑了五六趟，又是拉家常、又是讲政策、又是带他参观易迁点各项设施、又是描绘即将到来的美好生活，才总算是同意了畜圈的建设。至此，易迁点建设的难题一一解决。

2018 年 9 月，易迁点人声鼎沸，群众聚集，终于到了搬迁入户的时刻。乡党委书记白友万在入住搬迁仪式上向 74 户群众致以美好的祝愿。群众欢天喜地搬入了新家，群众哪儿都觉得新奇，这儿看看、那儿走走，街道宽阔，庭院优美，交通方便，连牲畜养殖、农具储放、粮食存储等都做了专门的规划，活动广场等公共服务基础设施配套齐全。和以前住的夏天透光、冬天漏雨，白天几里不见人，晚上野猪都要吓死人的地方真是比都比不得，村民们高兴地说："感谢党的扶贫政策，让我们搬进了漂亮的新家，这辈子没想到还可以住这么好的房子和小区，我们也过上城里人的生活了。"

搬迁只是手段，脱贫才是目的。如今，易迁点已结合实际发展种养殖产业，成立专业合作社，将农户规划养殖的牛加入合作社，带动贫困户通过入股分红实现增收脱贫。同时，进行种植 300 亩油牡丹，刺老包 50 亩等特种经济作物纳入合作社收益分红，并将有劳动力的贫困群众转移输出务工。

（作者均系墨翰乡政府工作人员）

荒山变城市　奏响幸福曲

——永善县易地扶贫搬迁红光安置点后扶工作纪实

黄　琳

3542 户 14672 人易迁群众搬迁进红光安置点后，主动融入城市生活，思想观念、生活方式逐渐改变，老有所娱、少有所乐，安置区沉浸在一片欢乐祥和的气氛中，实现搬迁群众“搬得出、稳得住”目标。

搬出大山走进幸福生活。2019 年 9 月 22 日，马楠苗族彝族乡乡长李文全带领乡干部 5 名，医生 2 名，组织大小车辆 4 辆，到该乡最偏远、最高寒的坪厂村大板厂、梢子厂接易迁进城安置群众代表 25 人到红光易迁安置区参观。“以前都是听乡村干部给我们讲，还有点不相信这么快就可以搬新家了，我们今天看了新房子，确实跟干部些讲的一样，现在虽然没有搬进去，但是看了很高兴、很满意，设计也很合理，室外设施样样齐全，不像我们老家上个厕所还跑几十、上百米远。”来自大板厂小组村民代表王富德看到新房以后激动地说。参观过程中，群众代表亲眼看到了安置点配套设施、环境卫生、物业管理及绿化、亮化，了解搬迁后享受到的各项政策，“回去以后，我将今天看到的、了解到的情况如实告诉其他人，尽快处理家中的牲畜和其他生产资料，等待政府通知我们分房，启动搬迁。搬下来后，政府还有很多保障措施，要管我们，还要照顾我们，并且我们还能够打工找钱，生活过得下去了。”梢子厂一组村民王华章这样说。2019 年 12 月 3 日随着最后一支满载群众生活物资的易迁车队到来，标志着搬迁万人的目标圆满完成。

干群一家共创美好新生。群众入住以后，为尽快帮助他们实现从“农民”到“市民”的转变，永善红光安置点临时党工委管委会认真落实县委关于易地扶贫搬迁进城安置后续发展实施意见的工作要求，倾力为易地扶贫搬迁群众提供“保姆式”服务，帮助他们尽快融入新生活。同时，成立红光、永红社区党委，设置10个居民小组党支部、52个居民小组，通过安置区临时管委会推荐、迁出村（社区）推荐相结合的方式，由社区对居民小组党支部书记、居民小组长、楼栋长人选进行考察使用，目前已全部投入岗位工作；新设红光派出所临时在安置区底商处理日常事务，现有民警6人、协警16人；设立党群服务工作站，引进第三方机构创建“映象红光”数据平台，以“支部+网格+物业管理”的基本模式，逐步实现党建引领全统筹；引进永善兰花物业公司开展物业管理（保安20人、保洁22人）；儿童活动中心、养老服务中心借用未分配房屋开展活动；自易迁群众搬迁入住以来，通过集中授课、院坝会、单元会等形式，开展感恩教育、生活技能、操家理屋、易迁政策知晓、安全常识等培训22场，开展操家理屋大比拼1次。

2020年县级财政安排10万元，从政策知晓、操家理务、自主发展、人居环境、家庭美德等方面开展积分评定，以积分在“爱心超市”兑换商品或企业捐赠物资。

12月的红光安置区在阳光的照耀下到处暖洋洋的，63岁的搬迁群众韩明会正忙着做饭，脸上洋溢着幸福的笑容。搬迁以前，韩明会一家人居住在高寒冷凉的马楠苗族彝族乡坪厂村椭子厂村民小组，过着煮饭烧水全靠柴火的日子，回想曾经“晴天一身灰、雨天一身泥”，“种一坡、收一箩”的艰苦生活，韩明会感慨万千。“我们在老家用的是柴火，煮饭的工具是吊锅，纯粹没有什么电器化的东西，所以到这里以后很多东西都不懂得如何操作。”“刚搬来的时候不会用电器，工作人员天天都来教我们煮饭、洗衣服，现在我啥子电器都会用了。”“工作人员都带我们去买菜，现在菜市场在哪里我也找得到了，到超市买东西、去买家具这些事我都能做了。”搬进县城后韩明会老人在为民服务站工作人员的精心指导下，不仅学会了安全使用电磁炉、电饭煲、洗衣机等家电，还像城里人一样逛超市购物，进农贸市场买菜，渐渐融入了新的生活环境。

把现金放在家里是部分群众的生活习惯，在服务队员入户走访苗族同胞王泽华时，得知王泽华家将所有牲畜变卖后的现金存放在家里，考虑到他的财产安全，服务队员耐心做通王泽华的思想工作，带着他把钱存进了银行，并手把手教他存钱、取钱的操作方法。“我在老家时，有点钱都是放在家里，没拿去银行存过，存钱、取钱都不会，搬进城后工作人员带我去银行，把钱存到了卡上。”王泽华说。

后续帮扶携手幸福前行。为确保他们“搬得出、稳得住、能发展”，永善县出台了后续帮扶措施，从就业、产业等方面致力于解决易迁群众就业需求，增加易迁家庭经济收入。盘活“三块地”。易迁群众迁出地有耕地43194.715亩、有林地81411.625亩，宅基地674.33亩。对流转搬迁农户耕地的，按15元/亩/年的标准分别补贴给流转双方；对托管耕地的，按5元/亩/年的标准补贴给托管方；对托管林地的，按2元/亩/年的标准补贴给托管方；对既不能纳入退耕还林还草，又不能流转、入股、托管、代耕代种的零星土地，按照农户申请、乡村统筹、县级给予种苗支持、收益归群众的原则盘活土地资源。目前，易迁群众已全部签订“三块地”处置协议。建设扶贫车间。安置区规划建设扶贫车间3个15133平方米（服装车间、电器组装车间、果蔬加工车间），均已完成主体建设；引进云南康迪服饰服装车间已临时租用县工业园区厂房开展生产及业务骨干培训（解决就业42人）；引进广东康舒美电器车间已临时在红光安置区租用底商（300平方米）进行各种电暖器组装、销售及展示（解决就业3人）。发展农业产业。规划建设蔬菜大棚基地，已完成土地征拆。同时，针对易迁建档立卡群众按人均3000元标准配套产业发展资金，以政府招商引资方式引进正邦集团有限公司进行生猪养殖、饲料、特色种植等合作，购买正邦集团资产出租方式获得收益。目前，已兑现2019年分红资金（人均分红210元）。规划建设商铺。对安置区底商7497.39平方米进行合理布局，开设自助银行、通信网络、水电缴费等网点，通过公开竞租方式开办超市、五金、餐饮等便民商业经营服务。促进劳动力就业。成立红光安置区就业服务工作站，暂在管委会简易房开展业务。充分发挥片区长、楼栋长作用，以楼栋为网格单元，与群众"面对面"核实劳动力就业现状，全面掌握劳动力求职意向，及时更新完善安置点就业台账，分类筛选后实行未就业台账逐人销号制度。针对有就业意愿但未就业岗位劳动力群众，邀请省外、省内及县城周边用工企业在进行现场招聘，切实做到企业与群众现场双向选择，8月组织平均年龄53岁的易迁群众18人，通过"点对点"输出到青海省从事枸杞采摘工作；针对因照顾家庭等原因不能外出群众，借助广东中山协作机制加大招商引资力度，因地制宜发展现代特色农特产业、农产品加工和特色手工业，促进服装扶贫车间、电热器组装扶贫车间、竹笋和蓝莓深加工扶贫车间落地见效，吸纳就近就业；对有就业意愿但无就业技能群众，充分了解群众就业愿望，期望培训工种，分类统计后组织开展就业技能培训，自7月以来有156人参加挖掘机技能培训；对有一定劳动力残疾家庭、"一有两无"落实公益公服岗位覆盖，切实做到易迁群众充分就业。同时，严格落实2020年就业激励政策，充分发挥永善驻外地人力资源服务站的作用，重点对外出广东省务工的贫困群众发放交通补贴、稳岗补贴和一次性奖励，激发易迁群众内生动力。目前，红光安置区有劳动力8204人，已转移就业7826人（省外3591人，县外省内829人，县内3406人），就业率95.39%。

（作者系永善县易迁后扶中心工作人员）

多措并举强服务　齐心协力促发展

——永善县易地搬迁桐堡安置点后扶工作纪实

王思洁

有一种艰难叫困羁于山，有一种信念叫走出大山，当易迁安置房神奇般拔地而起，当2238名群众彻底斩断“穷根”走出贫困大山，一场易地扶贫大搬迁正在用永善县溪洛渡镇桐堡社区如火如荼进行。

搬出大山天地宽

居住条件恶劣、生产方式落后、交通不便、致富无门……曾经，永善县许多深山区贫困群众，都梦想着有一天能够搬离穷山过上新生活！如今，他们这个遥不可及的“新家梦”终于实现了。“搬”到大山之外的新居里，生活环境发生了巨大的变化，学校、爱心超市、农家书屋、社区卫生室等，各类设施一应俱全；学校、医院、农贸市场等依托县城周边设施给予保障。

桐堡安置点属于三年行动计划内2018年的易地扶贫搬迁安置点，安置点占地55.88亩，已建成安置房13栋46500平方米及附属设施，共安置溪洛渡、黄华、青胜、细沙、团结、桧溪6个乡镇建档立卡贫困户540户2238人，无同步搬迁户。同步规划正在实施的还有商铺、活动广场、停车场等配套工程。如今安置点房屋建设以及内部道路、排污、排水和绿化等附属工程都已经完成，2019 年 6 月 30 日完成搬迁并全部真搬实住。

团结乡苏田村番家山村民邓良才分到一套三室两厅一厨一卫的新房，告别居住 30 余年的土坯房，开启了城里人的生活，老人心里可高兴了。细沙乡石屏村的明正顺回忆以前到镇上赶集，要走 20 多公里的路程，公路不通，山高路窄，也很少有车子通行。“如今搬来这里，房子前前后后都是公路，离县城又近，交通十分方便，5 岁的小孙子也能跟上时代的步伐，上幼儿园学习了！”来自黄华镇任坝村下沟社的 69 岁老人缪通委，做梦都没想到自己在晚年时期能够搬出祖祖辈辈生活的贫困大山，进入县城住上了高楼，开启了幸福生活新征程。“我们都感谢党和政府的关心，感恩党和政府让我们住上了宽敞明亮的房子。”

保姆式服务全覆盖

群众启动搬迁以来，由县委副书记牵头，成立安置点过渡期工作管理组，负责日常管理服务工作。桐堡安置点为民服务中心由永善县易迁后扶中心牵头，从各乡镇及帮扶单位抽出精干力量，全面开展涉及搬迁群众各项咨询、服务和代办工作设立“一站式”为民服务中心，在就学、就医、低保、社保、户籍等方面开展服务；又引进物业管理公司入住安置点规范管理公共卫生、绿化及秩序维护；采取群众较为接受的院坝会、楼栋会现场互动方式培训，开展知恩感恩、操家理务、生活常识、遵纪守法、电器使用培训等教育培训；筹集 10 万元资金建立“爱心超市”，以积分兑换商品，对安置点群众政策知晓、遵纪守法、文明礼仪、环境卫生、家德家风、创业就业等方面进行积分管理，引导搬迁群众热心参与公益活动、传递好脱贫攻坚正能量，提振广大群众主动脱贫精气神，真正让搬迁群众尽快融入县城，适应城市新生活。并以楼栋为单位进行分组包保，入户走访核实群众基本信息，精准掌握群众生活现状，推荐就业，办理就学、低保、房屋瑕疵维修协调等业务工作，变群众跑为干部跑，切实为易迁群众提供“保姆式”动态服务，最大限度地为搬迁群众服务。

桐堡安置区易迁群众搬迁入住后，为确保他们“搬得出、稳得住、能发展”，永善县出台后续帮扶措施，从就业、产业等方面致力于解决易迁群众就业需求，增加经济收入。按照“挪穷窝与换穷业并举”的指导思想，桐堡安置点对易迁群众按人均3000元标准配套产业发展资金，以政府招商引资方式引进正邦集团有限公司进行生猪养殖、饲料、特色种植等合作，目前，2019年分红资金已全部发放。另外，桐堡安置点设立了1个就业服务工作站，社区和工作站人员逐户上门核实劳动力就业现状，全面掌握劳动力求职意向，宣传好就业扶贫激励措施，充分发挥驻广东中山、东莞、浙江杭州、昆明人力资源服务站作用，积极与周边县区及县域内用工企业对接，实时提供就业岗位，确保易迁群众充分就业。另外，安置点开展了多次大型企业招聘会，给安置点贫困户“送岗上门”。目前安置点有劳动力1308人，经多次开展现场招聘会、入户动员送岗后，有1250人实现就业，就业率95.56%，无零就业家庭。

如今，安置点由桐堡社区党总支部全盘接管，虽是大姑娘上花轿第一次做这种活，可社区“两委”靠慢慢摸索得出经验，长期派驻3—5名工作人员驻守为民服务中心，不分节假日、周末或夜晚，在方方面面为易迁群众提供服务与支持，把他们当成自己的“亲人”一样，让他们找到归属感。

王朝美原是溪洛渡镇佛滩社区马路村花岩村民小组，老家马路村这条路要走4个多小时，抬头望不到天，路又窄又滑，脚下是“一刀切”的万丈深渊。她回忆2018年知道政府要在城里给他们建新房子，了解到安置点开工后，她经常跑来工地上看，想看看房子修到哪一层了，她的家会是哪一幢，看一次就激动一次。她告诫孩子们，一定要好好读书，记住党的恩情。

扶智扶志转观念

桐堡安置点的干部们以“挪穷窝，斩穷根”的工作理念，结合外部“输血”式扶贫与内部“造血”式脱贫，全力帮扶贫困群众树立起摆脱困境的斗志和勇气，指导他们着力提升脱贫致富的综合素质，尤其是带动那些蹲在政策阳光里晒太阳的贫困户，彻底拔除穷根、消除贫困。

县后扶中心、县妇联、桐堡安置点管委会充分发挥密切联系群众的桥梁纽带作用，通过集中培训、楼栋培训和常态化入户等方式，开展感恩教育、励志教育，文明礼仪、操家理务的培训，强化对国家、对社会、对家庭的责任感，转变贫困户“等靠要”思想，从根本上帮助贫困户脱贫。

来自黄华任坝的方国珍老人与大家展示自己在爱心超市里收获的“战利品”，有肥皂和各种面条。“我有 40 分，兑换两把面条才用了 14 分。”谁在爱心超市的积分多，就说明谁在政策知晓、操家理屋等各个方面表现优秀，谁可兑换的商品少，谁就是落后者。“爱心超市”的评分机制无形中在群众之间形成了一种你追我赶的动力。爱心超市的刘太翠说：“在政府的大力帮助下，我们更要靠勤劳的双手创造更多的财富来感谢政府的恩情。”身材矮小的刘太翠平时热心帮助他人，感恩意识很强，女流之辈却常年在工地上打零工，靠自己的努力创造美好生活。她的话语，给“等靠要”思想严重的搬迁群众扎实地上了一课。

后扶措施细落实

在安置点后续管理服务上，桐堡社区也将本着因地制宜、高效便利、属地管理的原则，设置相应的管理服务机构，不断完善配套公共服务设施，依托各地资源禀赋，因地制宜发展加工业和传统手工业，落实好产业发展奖补政策，安排产业扶贫发展资金扶持搬迁户发展产业，让贫困户宜工则工、宜商则商；充分发挥扶贫资金红利和搬迁户山林、农田资源优势，整合资金入股分红，引导、动员搬迁户把其原居住地山林土地实行统一有偿流转，其原有的集体资产收益权不变，切实增加其股金、租金收入；为搬迁群众提供就业、创业、培训、就医、教育、社会保障等服务，从根本上改善贫困户的居住条件，让贫困群众搬得放心、住得顺心、过得舒心，真正实现“搬得出、住得下、能致富”的目标。

随着搬迁群众渐渐习惯了新生活，这场硬仗的“战局”也进入了后半段，从“怎么搬”向“搬后怎么办”转变，从“搬得出”向“稳得住、能致富”转变。挑战依然艰巨，任务依然繁重，永善全县干部群众正顺势而为，写好“后半篇文章”，为全县实现高质量稳定脱贫出列奠定坚实的基础！

（作者系溪洛镇桐堡社区大学生村官）

易迁后的“阳光雨露”

谢德华　谭龙毅

为了实现“挪穷窝、换穷业”的目标，永善县坚持“搬迁与脱贫同步、安居与乐业并重”原则，结合项目建设同步谋划后续脱贫措施，逐户制订“一户一策”精准脱贫计划，强化“一保障三增收”后续帮扶措施，确保实现“搬得出、稳得住、能持续发展、群众较满意”的目标。

强化后扶政策保障

2019年12月2日，随着永善县最大易地扶贫搬迁安置点——红光安置点3542户14672人顺利搬迁入住，宣告县内易地扶贫搬迁工作圆满完成。“能搬到县城来，心里非常高兴，我们要感恩党，如果没有党和政府的关心关怀，我们就不会搬到这里来，我们的祖祖辈辈都没享到这种福。还是党的政策好啊！”来自马楠乡坪厂村的搬迁群众王德敏说道。

“目前，为抓好易地扶贫搬迁后续帮扶促发展工作，全县易地扶贫搬迁工作已转向后续帮扶发展、后期管理为主，将着力点放在抓产业发展、就业帮扶和安置区社会管理上来。”永善县易迁后续发展服务中心主任胡刚介绍说。

据了解，从2019年年初开始，永善县委、县政府主要领导就对易迁群众后续发展开始了密集的调研工作，并于2019年4月在全市率先制订出台了《永善县易地扶贫搬迁进城安置群众后续发展实施意见》，2020年年初完成编制《永善县易地扶贫搬迁进城安置群众劳动力转移就业方案》《永善县易地扶贫搬迁进城安置群众产业发展规划方案》《永善县易地扶贫搬迁进城安置群众股份配置实施办法》《永善县易地扶贫搬迁进城安置群众民政兜底保障工作方案》等21项配套方案，为易地扶贫搬迁群众后续发展工作奠定坚实政策依据和业务指导。

强化"三块地"盘活增收

"群众搬迁后，原有的"三块地"（耕地、林草地、宅基地）保持承包关系不变，继续享受土地承包权、经营权。对流转搬迁农户耕地的，按15元/亩/年的标准分别给予流转双方补贴；托管耕地的，按5元/亩/年的标准补贴给托管方；托管林地的，按2元/亩/年的标准补贴给托管方。对既不能纳入退耕还林还草，又不能流转、入股、托管、代耕代种的零星土地，按照农户申请、乡村统筹、县级给予种苗支持、收益归群众的原则盘活土地资源。"据县易迁后续发展服务中心胡刚主任介绍。

目前，县农业农村局已委托云南圣周伟业空间科技有限公司根据迁出地面积、海拔、坡度和地域等实际，对15户以上及整组搬迁区域土地进行测绘，形成图斑图号，结合县内种植、养殖特色产业，进行系统产业发展规划，规划后通过组建专业合作社、引进农业开发公司、组建平台公司等方式发展产业，增加搬迁群众土地收益，逐步形成产业组织化。规划方案按照因地制宜、各具特色、产业化经营的思路，对全县易迁"三块地"291913.07亩进行了精准规划，其中规划种植竹子（方竹）40920.78亩、花椒（贡椒）22606 亩、青花椒 4061.64 亩、柑橘 4453.54 亩、李子 5010 亩、猕猴桃 7126.24 亩、中药材 25936.87 亩、人工种草畜牧 18065.23 亩。

强化转移就业增收

2020 年 2 月 26 日，永善县 3694 名务工人员从全县 15 个乡（镇）乘坐专车赶赴县城和昭通靖安新区两个集中乘车点，统一前往浙江、广东等地返岗就业。在欢送仪式上，易迁昭阳靖安的团结乡新田村群众车仕勇满怀信心地说“感谢党委政府对我们农民工的关心，组织专车送我们出去挣钱，到了务工地点，我们一定好好挣钱养家，把日子越过越好”。

据了解，为扎实抓好劳动力转移就业及返岗复工工作，永善县严格落实党中央、国务院和省市“一手抓疫情防控、一手抓经济发展”的要求，始终把劳务输出作为“一把手”工程，坚持疫情防控与劳务输出并举，突出精准精细这一主线，系统谋划、高位推动、精准施策，充分发挥就业服务员、楼栋长、片区长作用，以楼栋为网格单元，与群众“面对面”核实劳动力就业现状，全面掌握劳动力求职意向，及时更新完善安置点就业台账，分类筛选后实行未就业台账逐人销号管理制度。自易迁群众搬迁入住以来，组织开展“千场招聘进千村”“东西部劳务协作夏秋公益专场招聘会”等现场招聘会 11 场，入户上门推介岗位 5000 余次，“点对点”集中输出劳动力到广东、浙江、青海等地务工 1500 余人；对有就业意愿但无就业技能群众，充分了解群众就业愿望，期望培训工种，分类统计后组织开展就业技能培训，参加挖掘机技能培训 156 人次、电热器组装骨干培训 6 人次、服装制作骨干培训 12 人次；对有一定劳动力残疾家庭、“一有两无”落实公益公服岗位覆盖，切实做到易迁群众充分就业。同时，严格落实 2020 年就业激励政策，充分发挥驻外人力资源服务站、劳务公司纽带作用，重点对外出广东省务工的贫困群众发放交通补贴、稳岗补贴和一次性奖励，激发易迁群众内生动力。截至目前，全县易迁劳动力就业率94.58%，其中：2016年易迁劳动力就业率89.54%、2017年易迁劳动力就业率94%、桐堡安置点易迁劳动力就业率96.45%、红光安置区易迁劳动力就业率95.39%，鲁甸卯家湾安置区易迁劳动力就业率97.77%，昭阳靖安安置区易迁劳动力就业率97%。

走进永善县工业园区的扶贫车间——云南康迪服饰有限公司，一台台缝纫机摆放整齐，30余名工人正娴熟地操控机器，赶制各类服装。来自细沙乡石坪村的苗族易迁群众韩金忠，正一边熟练踩着缝纫机踏板，一边推送布料，完全看不出他是一个刚到公司学习20天左右的“新手”。韩金忠老家不通公路，生活较为困难，是易迁红光新区的建档立卡贫困户。长期以来，为解决增收问题，他先后辗转河北、江苏、重庆等地打工，因父亲体弱多病，他只好辞职回家，准备就近务工。当得知云南康迪服饰有限公司把工厂建在家门口时，他毅然带着妻子一同来到厂里务工。据云南康迪服饰有限公司经理刘永霞介绍，借助东西部扶贫协作机遇，公司于2019年8月初注册成立进驻永善，目前招聘人数30人，这30人已接受针对性培训，待红光安置区配套扶贫车间建成后，预计将吸纳400余人就业。目前，红光安置区配套建设扶贫车间3个15133平方米（服装车间、电器组装车间、果蔬加工车间），均已完成主体建设，计划于10月底全部投入使用。

强化折股量化增收

据了解，永善县对搬迁至县城安置的建档立卡贫困户，整合涉农资金、扶贫专项资金4422万元，按人均3000元标准配套产业扶持资金，引进了江西正邦养殖集团在永善县建设生猪养殖及饲料加工为一体的综合养殖项目，项目总投资 6.9 亿元，规划建设年出栏 30 万头“正邦福猪”养殖基地，包括繁殖场、标准化育肥场、有机肥厂、饲料厂、特色种植等。配套给搬迁农户的产业扶持资金，由受益农户签订协议，委托永善县城乡建设有限公司为实施主体，通过购买正邦集团第一期投资建设的固定资产出租方式获得收益，再进行分配给受益对象。目前，2019 年租金 353.76 万元已经到位，已经分配到各受益对象。对搬迁至鲁甸、昭阳的建档立卡户，按照人均 3000 元的标准配套产业扶持资金，已将资金划转到迁入县区，由迁入县区制订方案执行。同时，对搬迁至永善县城安置建档立卡贫困户按人均 5000 元、每户不超过 6 人的标准进行资产配股扶持，桐堡安置点商业服务中心主体已完工，计划于 2020 年年底投入使用；红光安置区建成底商 7500 平方米，已全部进行了对外公开招租，目前租金收益 76.8 万元，2020 年年底可实现分红。

（作者谢德华时任永善县易迁后扶中心副主任，谭龙毅系永善县易迁后扶中心工作人员）

第五编　教育文化健康保障扶贫

控辍保学，我们一直在路上

莫　娟　陈允琪　周先会

溪洛渡水电站让汹涌澎湃的金沙江高峡出平湖，看着碧波荡漾的金沙江，永善县大兴镇骆丘村15岁的万上娇也如这金沙江一样静怡。从小生长在嘉兴市的万上娇，告别了大城市的繁华和喧嚣，回到了父母的家乡永善县。对于偶尔回来的家乡，并没有多少印象。如今，能够重新踏上求学路，坐在宽敞明亮的教室里，听着悦耳的读书声，万上娇平静的外表下更多是感恩和珍惜。

两年前，她因为学习成绩不好，厌学情绪严重，加之和自己同龄的农民工子女都在附近厂房打工挣钱，让万上娇坚定了要去打工的想法。父母忙于工作，对她的行为也没有强加制止。就这样万上娇读到初中二年级就选择辍学。她满怀雄心壮志，为自己能够自食其力激动不已，甚至觉得自己也许很快就能打下一片属于自己的天地。

辍学后，万上娇因为年龄和学龄原因，两年多时间，她在奶茶店、火锅、美容美发店等做服务员，收入都不高。两年的打工经历让万上娇身心俱疲，她开始怀念学校上学的日子，后悔自己当初的选择。2019年11月底，万上娇接到了永善县大兴镇控辍保学工作组工作人员的电话，耐心地说服她继续读书。2019年12月1日，这天对万上娇来说是改变命运的一天，她重新踏上了求学路，来到了永善县溪洛渡职业技术学校普职教育融合班报到，学习美发专业。

“家乡非常好，虽然没有大城市的繁华和灯火辉煌，可是这里空气清新，老师对我特别的关照，让我在这里有了家的感觉。”万上娇开心地说。刚来没几天就降温了，语文老师胡贤琼关切地告诉她要多穿点衣服，照顾好自己。晚上还特意买了热水袋给她送来，老师的这一举动让她感到特别的温暖。上舞蹈课，万上娇觉得自己没有舞蹈基础，非常的害羞，不敢迈出步子，在老师的鼓励下她也能跳一段民族舞，这让她信心倍增。

对于未来，万上娇有自己的打算，她说：“以前在美容美发店接触的都是一些零碎技术，现在深入地学习了觉得这是一项技能，现在把基础打牢，以后可以自己创业。”

像万上娇这样辍学的学生，只是永善县开展教育扶贫中控辍保学工作的一个缩影。让每个孩子都接受义务教育，事关千家万户，事关未来的发展。当前的控辍保学面临着严峻的挑战，尤其是边远、贫困、山区、坝区的留守、残疾、问题学生更是棘手，问题接踵而至，解决不好将后患无穷。

县教育体育局局长柯平说：“控辍保学是脱贫攻坚中教育扶贫的主要组成部分，近年来，我县先后开展了 3 次较大规模的摸底核查。我们共组织 4000 余名教师与 2000 余名部门、镇村组干部，组成宣传员、小分队、劝返组，通过入户、院坝会、标语、广播、宣传单等形式，对全县 142 个村（社区）2871 个村居民小组开展全覆盖的宣传教育、调查核实。广泛宣传义务教育法、依法处置“四步法”，为让“不送适龄儿童少年入学是违法行为”深入人心。针对已外出辍学生组建了 10 个工作专班分赴昆明、普洱，新疆、四川、江苏、浙江开展劝返工作。”

为使劝返辍学学生留得住、学得好，永善县采取插班就读、中职学校就读、普职教育融合就读“三个一批”的安置方式，主动联系曲靖工商职业技术学校、曲靖高级技工学校、四川内江市泰来职业学校、昭通市职教中心四家职业学校，协商就读优惠条件。对于就读中职学校的，报销 600 元交通补助，选择就读东莞市承正教育科技有限公司下属职业学校的，每月享受 800 元的稳岗补助。

针对辍学时间长、无随班就读意愿的学生，按照“集中免费”的原则，2019年，县政府决定举办普职教育融合班，并筹资168万元对溪洛渡职业技术学校基础设施进行改造，开设了基础文化课、汽车维修、美容美发、乡村电子商务、挖掘机操作、摄影摄像等10余门课程。开展学生职业生涯规划、职业拓展体验等职业拓展课，开办篮球、绘画、歌舞、象棋、乒乓球等特色兴趣课，让学生留得下来、主动学习。

为确保学生在求学路上一个都不少，永善县压实“两线四级”责任，落实一名辍学生4名人员包保，积极开展上门劝返、面访劝返、情感劝返、跟踪劝返。对多次宣传教育仍不送子女入学的监护人，按照宣传教育、责令整改、行政处罚、申请执行或提起诉讼的程序，依法起诉。经过大量卓有成效的措施，已有134名劝返学生回原校就读，7名就读职校，184名在永善县溪洛渡职业技术学校就读普职教育融合班。

控辍保学一直在路上。将劝返工作进行到底，这是永善县教育工作者的呼吁，更是他们不辞辛劳、不惜心力的责任担当与坚定践行。

（作者莫娟、陈允琪均系《昭通日报》记者，周先会系永善县教育体育局工作人员）

打通生命的绿色通道

杨正青

7 小时足以从永善到昆明，7 小时足以从永善到昭通跑一个来回，这样的 7 小时，对于城市里的普通人而言，是寻常不过的一次出行。而对于我县曾经的部分患者而言，7 小时，是前往医院就诊的单程时间。比如，码口镇犀牛村，仅驱车前往就需将近 7 个小时。因此，地势崎岖、交通闭塞、医疗资源匮乏，都曾是我县医疗体系建设的最大的痛点。

因此，东西部扶贫协作派驻我县挂职的中山市东升医院副院长戴建明全面分析了我县医疗急救体系建设这一短板，在挂职期间，携我县急救站相关人员历时 2 个多月深入我县 15 乡镇及县级医疗机构开展调研后，结合永善县实际提出了建设“永善院前急救体系”构思。他为此积极奋斗着，往返在中山、永善两地汇报争取，得到了东升镇党委、镇政府的高度重视和大力支持，同时协调广东熊猫体育文化产业有限公司倾情帮扶，在我县医疗卫生系统各单位的共同努力下，永善县 120 院前急救体系应运而生，这也是云南省率先建成县域内覆盖乡镇的“120”院前急救体系。

总投资 190 余万元（其中，中山市捐赠东西部扶贫协作资金 100 万元），以县“120”急救中心为核心，成立县“120”指挥调度中心，在 15 个乡镇及县级医疗机构分设 18 个急救站，实现移动、联通、电信三家移动通信并联切割，县域内急诊患者只需拨打“120”电话，急救指挥中心就能第一时间依据患者位置就近调度急救车实施院前急救及转运，有效缩短患者急救时间。同时与昭通市、昆明市、四川宜宾市急救体系联网，建立外转联动机制，危急重患者“生命通道”全面打通，于2020年4月21日投入运行。

急救体系建成后，离县城最远的村落的急诊患者通过就近调度120急救车，送往就近急救站抢救最多需要1小时，从前的单程7小时缩短至1小时，为危急重症患者急诊急救赢取了最佳抢救时间。从1个急救站变为18个，18个急救站纳入“120”急救中心统一管理、统一调度，29辆急救车统一标识，统一安装GPS定位、视频、音频车载终端，18个急救站统一建设、人员统一培训、统一着装、统一调度，形成了县域内急救网络体系。

4月26日下午，运行后的第5日，细沙乡公路段遭遇车祸，一名乘车者致头部及全身多处受伤。120指挥中心接线后，立即指派细沙急救站前往事故点进行急救，对患者进行外伤包扎及对症处理。从出车至医护人员到达现场，时间不过12分钟。最终，病患被紧急送往永善县人民医院进行检查救治。12分钟，仅阅读一篇文章的时间，但就凭这12分钟，患者的生命才得以从“死神”手中抢夺回来。

4月27日15点51分，永善县团结镇患者黎成良在家中“突发晕厥10分钟”，患者家属急呼“120”。永善县“120”指挥中心接线后，立即就近调派团结急救站的医护人员和救护车，于20分钟内赶到现场进行院前急救，随后将患者就近转接到团结镇卫生院进行相关检查，再及时转至永善县人民医院进行住院治疗，为患者院前急救处理至少争取了90分钟的急诊时间。

120急救体系建成投入运行以来，一条条急救生命的“绿色通道”被搭建起来，一个个危重患者在快速有效的急诊急救中被抢救过来。但“生命通道”的开启仅是开始，守护全县人民生命健康才是永恒。

（作者时任永善县卫生健康局副局长）

医保政策把底兜

杨正青　刘　鑫

没有全民健康，就没有全面小康。看病难、看病贵，一直是群众关心关注的民生热点。“一人病、全家贫，小病拖、大病熬”曾是许多农村贫困家庭的真实写照；但系列健康扶贫便民惠民政策的实施，让“贫困群众看病花钱少、看得起病，看得好病、不怕生病”不再是难事。

从 2017 年起，全县所有建档立卡贫困人口除特殊情况外，全部参加了基本医保、大病保险，符合条件的全部纳入医疗救助，让贫困群众看得起病、看得好病，得了大病、重病不影响基本生活已成为常态。尤其是“先诊疗、后付费”和“一站式”即时结报、家庭医生签约，基本医保、大病保险、医疗救助“三重保障”等政策的惠及，让患病家庭不再因病愁、生病拖，“看病贵、看病难”的问题得到了有效解决，切实为贫困群众撑起了“健康保护伞”。

走进溪洛渡镇白沙村码口四组刘仕培家，屋内家具摆放有序，环境卫生干净整洁，家庭医生正为女主人宣讲健康扶贫政策，询问家庭成员健康状况，有针对性地开展个性化的健康服务。2018 年 8 月，刘仕培因高血压晕倒导致脑梗塞，先后辗转宜宾和县中医院两地治疗，医疗总费用 11 万余元，通过医保报销、大病保险、医疗救助三重保障政策报销后，自己仅花了 8675 元。特别让他们一家感到意外的是，随后在县中医医院康复治疗的

2 个多月时间里，自己竟没有花一分钱。

如今，刘仕培身体有了明显好转，说起国家的扶贫政策时，刘仕培眼含热泪道出了心中的感激之情。“感谢党的政策，对我们农民好，我得了这场大病，如果不是国家这些政策，我也没有第二次生命了。”刘仕培充满感激地说道。

2019 年 3 月，务基镇凉台村建档立卡群众陈昌敏突发脑出血，先后在宜宾和县人民医院治疗了近大半年的时间，医疗总费用 20 余万元，但让她欣慰的是经过各种减免和救助，自己仅付了 8000 余元。

“我们在宜宾治疗费用 11 万元左右，报销得差不多了，后来我们问了县医院的康复科，可以先治疗后付费，我把我妈送到康复科来做康复，大半年花了 10 来万元，通过各种救助，我们最后结算的时候自付非常少。”陈昌敏的儿子赵利平说道。

“现在党的政策好，让我们群众医得好病，不然我生这个病需要这么多钱，我们根本看不起，只有在家里慢慢拖了，现在可能命都没得了。”陈昌敏心中的感激之情溢于言表。

2019 年全县要脱贫摘帽，接受贫困县退出评估专项检查，省、市、县三级医保部门相继实施了医保扶贫挂牌督战工作，每天对医保扶贫进展情况进行调度。记得有一次调度时，我对全县住院医疗总费用超过 20 万元的人员进行电话核查，核查“两不愁、三保障”中的“医疗有保障”是否落实到位，有没有“因病致贫、因病返贫”风险。

电话接通时，接电话的是周义诚的父亲，在了解情况的时候，他很激动，心怀感恩，言语中多次透露出对医保扶贫工作的肯定和感谢。“感谢共产党的政策，上次我家娃娃周义诚患白血病到重庆陆军军医大学第一附属医院治疗单次费用就花了 40 多万元，全家 5 口人都参加了医疗保险，医保报销比例很高，要不是医疗保险报销了 25 万多元，根本拿不出这么多钱，亲戚朋友都借了一个遍才凑够治疗费用。”

6 月 16 日调度的时候，我电话联系了方远礼。问到参加医疗保险的好处时，方远礼说："我这条命都是党和政府给的，政府今年为我家每人代缴了 180 元的医疗保险，个人缴费 70 元，这次摔伤总共医了 31 万多块，我自己才出 8000 多块钱，要不是有党和政府，我早就死了，我很感谢党和政府的关怀。"

类似这样的案例还有很多，于我而言，每次调度接触到重特大疾病患者，有幸听到他们的心声，我能切实感受医保扶贫工作拯救了无数个家庭，为他们重燃了对生活的希望。

实施健康扶贫，事关贫困人口健康权益，事关脱贫攻坚成败。《云南省健康扶贫三十条措施》提出实现"九个确保"目标中，除卡户规范转诊转院住院费用报销 90% 外，年度支付的符合转诊转院规范的医疗费用不超过当地农村居民人均可支配收入，极大地降低了群众看病负担，尤其是得了大病重病的家庭不因病影响基本生活。在永善还有许多像刘仕培、陈昌敏、方远礼一样的贫困群众，他们在国家健康扶贫政策的帮助下，实现了"看得上病、看得起病、看得好病"的目标。

（作者杨正青时任永善县卫生健康局副局长，刘鑫系医保局工作人员）

看病就在“家门口”

杨正青

2014 年 3 月，我调入县卫生局，有幸成为一名医疗卫生工作者，在岗这 6 年多来，我见证了永善医疗卫生事业翻天覆地的变化。2015 年以前，全县 15 个乡镇 142 个村（社区）中有 17 个村卫生室因年久失修不达标，86 个村无标准化的村卫生室，有 9 个乡镇卫生院业务用房不足，无法满足当地群众的就医需求。部分村尤其是高寒偏远村群众看病就医需跑到乡镇卫生院或县级、市级医疗机构，极不方便。近年来，县委、县政府积极争取，加大投入，借助脱贫攻坚这一东风，对医疗卫生基础设施建设的力度前所未有，狠抓县、乡、村三级医疗机构达标建设，累计投入资金 4000 余万元，新建、改建村卫生室 103 个，全县所有村（社区）除墨翰社区、兴隆社区、黄葛社区、团结社区外，全部建有标准化卫生室，15 个乡镇卫生院全部达标，投入 7000 余万元县人民医院顺顺利通过国家提质达标建设，老百姓常见病在村内就能就诊，小病不出乡了，大病不出县了。

常见病不出村

2014年5月我被安排参与县民族示范村建设项目实地调研，我们早上7点30分从县城出发，途经伍寨乡白云村，路途中乡村公路还处处泥淋积水、坑洼不平，车辆需不断地选择路面缓慢前行，大约到中午3点到达码口镇黑甲村，5月的黑甲还凉风瑟瑟，这一程似乎经历了冰火两重天，而乡村干部早已在村委会等候我们了。刚下车，我犯职业病一样立即问道："黑甲村有没有村卫生室，老百姓看病在哪里看？"当时的村支书张正忠立即指着学校方向告诉我："原来建有一个村卫生室，但因建设时间长，卫生室早已破损、漏水，无法开展医疗服务，老百姓一般到相邻的昭阳区苏甲乡布兴村去看病。因为交通不便到镇政府、到昭通要2个多小时，到县城就更远了。"此时，我没有再与村支书对话，脑海里浮现出一个个患者生病寻医的无助场景，我倍感解决基层群众看病难的问题是护卫健康最重要的职责。

作为一名参与健康扶贫工作的卫生工作者，我见证了脱贫攻坚号角吹响后，全县医疗卫生事业的发展变化，如今，全县所有行政村有了标准化的卫生室，业务用房全部达到三室分离，配齐了28种基本设备，乡村医生全部配齐，同时加强乡村医生培训，村医业务能力全面提升，有效发挥了基层诊疗网底作用。

码口镇犀牛村红脚二组群众凤承柔向我局结对帮扶干部说道："以前我们村没有卫生室，看病要跑到邻乡的昭阳区苏甲乡布兴村卫生室去看，加上我们村天气又恶劣又偏远、交通不便，没有医生愿意来这里工作，我们平时要看点伤风感冒都难。现在好了，我们村卫生室建好了，看病买药这些都方便了。"

入户到黑甲村百寨二组村民钱正会家中，看见其电视机柜子上摆着几瓶降压药，我问农户："你们家的高血压药是在哪里买的呀？"钱正会回应我说："以前都是儿子他们打工从昆明给我带回来，或者我请人在卫生院给我买，现在倒是不用了，我们这里卫生所开起了，直接在这点就可以开了，方便了。”村卫生室是基层最网底的医疗机构，能让老百姓普通病、常见病在家门口就能诊疗，真正解决了老百姓看病就医“最后一公里”的问题。

小病不出乡

在脱贫攻坚这场大决战中，永善15个乡镇全部建成标准化的卫生院，科室设置、设施设备、医务人员配备全部达到基本标准，桧溪、大兴分别建成社区试点医院和国家级、省级甲级乡镇卫生院，乡镇心血管救治站、慢病管理中心陆续建成投入使用，乡镇卫生院业务用房、设备短板全面补齐，乡级诊疗服务能力有效提升，辖区内群众普通病、多发病在乡内就能得到有效救治。

莲峰镇曾是永善县城驻地，下辖14个村（社区），有户籍人口11090户40508人，其中建档立卡贫困群众5236户22470人。“之前我们的业务用房只有900余平方米，科室设置不健全，特别拥挤，病床只有30张，一到冬天，就必须在过道上加床为群众输液。”莲峰镇中心卫生院院长张涛回顾起刚刚过去的艰苦条件，连连摇头。2019年，县委、县政府争取投入683万元，新建莲峰镇中心卫生院业务用房2270多平方米，规范设置了住院病房、手术室、产科、儿科、辅助等科室，于2020年2月投入使用，极大地改善了医疗条件，有效满足当地群众看病就医需求。

“现在好了，到处都宽敞明亮的、干干净净的，来看病心情都比以前舒畅了。更让人感受深刻的是，分科室后，不再拥挤了，我们也不用排队等了，床呀设备这些都是新的，就像外面的大医院一样，以前换液体要去喊护士，现在只需要一按开关，护士就清楚哪张病床需要服务，确实太方便了，而且现在医生的服务好、技术也好，我们一般的病都能治，不用转到外面去了。”已在莲峰镇中心卫生院陪伴孩子住院治疗 3 天的莲峰镇和平村二组群众龙远才开心地说。

大病不出县

县级诊疗服务能力全面提升，县人民医院提质达标建设顺利通过评审验收，县中医医院提质达标取得成效，新建胸痛中心、卒中中心、健康体检中心、康复医学科、重症医学科（ICU）、危急孕产妇抢救中心等科室，实现了泌尿系统、妇产科子宫切除术、腰椎尖孔镜、眼科、结肠病、直肠病、开颅手术等手术“零”的突破，县级医疗机构短板弱项及技术空白有效补齐。

危急情况频发，一场场生命接力赛在上演。2018 年 12 月 2 日，家住永善县溪洛渡镇新华社区 85 岁的孙安英因摔伤昏迷两个多小时。据患者家属介绍，孙安英因摔伤头枕部，伴有恶心呕吐等症状，被紧急送往永善县中医医院。诊断为左额部脑挫裂伤、左侧颞部硬膜下血肿、枕部头皮血肿，经动态监测，颅内出血仍在增多……情况十分危急，时间与生命赛跑。中山市对口支援医生戴建明当日下午 18 时为孙安英进行了开颅探查、左侧颞部硬膜下血肿清除及引流术，经过 3 个多小时全力抢救，手术很成功，让已经放弃希望的家属喜从天降。老人在医院的精心照料下，住院 17 天的孙安英已康复出院。

2018 年 11 月 24 日，溪洛渡镇农场社区溪洛四组阙金盆因室旁脑血管畸形第四次出血以致昏迷在县中医医院住院。11 月 26 日，病情加重，根据患者实际情况，医院为其实施了侧脑室持续外引流手术，成为永善县中医医院首例脑室穿刺持续引流手术。20 多天后，阙金盆已经能下地行走，折磨他近 10 年的病痛，在自己家门口就得到治疗，保住性命，让其有机会去到条件完备的医院进行下一步治疗，这让他和家人激动不已。

本着“增缺项、补弱项、提质量、强能力”的原则，通过送出去、请进来的医疗人才培养机制，借助对口帮扶、专科联盟等有利契机，我县人民医院、中医院切实加强软硬件建设，注重人才引进、技术带动、能力提升，在多个诊疗服务项目上开创了“零”的先河，既满足了全县人民的看病需求，又降低了群众外出就医的医疗负担，真正给群众带来了在家门口就能看好病的福音，实现了常见病、多发病不出村、小病不出乡、大病不出县的目标。

（作者时任永善县卫生健康局副局长）

农民身边的“文化粮仓”

——永善县农家书屋工作纪实

谢玉涛

农家书屋是党和国家实施的乡村文化惠民工程，通过在农村建立农民自主管理、自我服务的公益性文化场所，解决农民看书难、看报难的问题，不断丰富农民文化需求，提高农民科学文化素质。在脱贫攻坚工作中，永善142个农家书屋明确合理定位，完善服务功能，充分发挥文化服务作用，广泛开展各类文化惠民活动，不断满足人民群众日益增长的精神文化需求，持续为农民朋友送上精神食粮、为脱贫攻坚注入文化动力，着力把农家书屋建成永善农民身边的“文化粮仓”。

山村书香四溢

在永善县莲峰镇大荡村农家书屋内，供群众阅读的桌子板凳干净整洁摆放着，2000余册图书规范有序地摆放在书柜上，图书品类丰富，适农性强，政治类、文化类、少儿类、科技类等图书一应俱全。据该村党（总）支部书记介绍，农家书屋建成以来，农闲时节，不少群众都会到书屋里转转，随手看看相关惠农政策读本，查阅一些适用科技知识。

农家书屋工程是五大文化惠民工程之一，在各级党委、政府的推动下，永善共建成 142 个农家书屋。为推进农家书屋深化改革创新、提升服务效能，永善严格执行相关规定，把中央补助地方公共文化服务体系建设专项资金用在刀刃上，通过调研，结合农村实际需求，以农民群众为主角，深入探索“百姓点单”模式，不断丰富农家书屋内容供给。仅 2019 年，永善充分利用上级拨付专项资金 18.24 万元，为每个农家书屋补充图书 96 本，全县共补充图书 10944 本。

据统计，永善 142 个农家书屋现共有藏书 31 万余册。随着农家书屋图书量的增加，爱看书的农民逐渐多了起来，在书香的浸润下，广大农民通过学政策、学法规、学生活之道、学为人之道，作为农民身边共同的“精神文化财富”，阅读改变着农民生活，知识让农民的生活充满激情，也为脱贫致富奔小康注入了文化活力。

把书本带到田间地头

每年仲春时节，码口镇雪金村村民罗仕发站在青翠的花椒林里，看着修剪均匀的花椒树上饱满的新芽，脸上总是情不自禁地露出喜悦的笑容。善于读书学习是罗仕发的一大特点，在花椒树的管理中，罗仕发经常到村上的农家书屋借阅种植类的图书加油充电，还把花椒树修剪的指导书籍带到地里边学习边实践。通过阅读书本知识，罗仕发学会一套科学的修枝整形、浇水施肥、病虫防治的方法，还在实践中摸索出了用生石灰和硫黄加水熬制“石硫合剂”来给花椒树杀菌抑菌，罗仕发不但大方地将熬制的合剂赠送给附近村社的农户，还耐心地把自己学会的方法和各种技术毫无保留地教给群众。据罗仕发介绍，2017 年雪金村干花椒收入最多的群众有 1000 多斤，产值近 5 万元，最少的也有 200 多斤，就花椒一项收入每户都能上万元。

“老罗现在是我们镇的土专家，每年都会请他向群众讲解花椒提质增效技术，搞种植的群众获得了许多收益。”时任码口镇党委宣传委员由衷赞叹。

书中自有黄金屋。农家书屋的建立，给村上的农民群众提供了一个学习的条件和场所，也给农民群众带来了新思想和新突破，此项工程在丰富群众精神文化生活、提高群众科学种养殖技术水平、致富增收等方面发挥了显著的作用，受到了各地农民群众的一致好评。

播撒新时代文明新风

毛笔书法、创意手工、趣味英语、互动游戏……“新时代乡村阅读季”读书活动让永善县红光社区农家书屋内笑声不断，其乐融融。永善县红光易地扶贫搬迁安置区共有搬迁群众 14668 人，为不断丰富安置区群众精神文化生活，大力提升安置区群众思想道德建设水平，形成良好社会风尚，2020 年，永善在红光新区新建了社区农家书屋，并积极组织群众开展乡村阅读活动，大力营造安置区乡村阅读氛围，引导群众移风易俗，形成邻里和睦、守望相助、文明节俭的好风尚。

自脱贫攻坚工作开展以来，永善农家书屋围绕“产业兴旺、生态宜居、乡风文明、治理有效、生活富裕”总要求，充分整合文化资源、搭建载体、丰富内涵、创新方式，通过开展一系列阅读活动，彰显决胜全面建成小康社会、决战脱贫攻坚的伟大成就和时代风采，组织农民拍摄阅读故事、记录致富经历、展示乡村生活，推动新兴阅读与传统阅读交融结合，线上活动与线下活动相互促进、阵地建设与知识服务整合优化，不断提升书屋服务效能、引领乡村阅读风尚。

花开新时代，书香润万家。永善农家书屋将持续发挥文化内在软实力作用，为农民开启智慧门，为新时代增色添香，不断满足农民文化需求，振奋精神、生发激情，推动习近平新时代中国特色社会主义思想在农村深入人心，凝聚永善决战脱贫攻坚、决胜全面建成小康社会的精神力量和必胜信心。

（作者系永善县委宣传部工作人员）

文明花开金江畔

——永善县乡风文明建设纪实

谭黎明

近年来，随着农村道路、通信、电力、文化等基础设施的改善，农村群众生产生活发生翻天覆地的变化，农村精神文明建设活动犹如春雨润物无声。如今，走进各个村庄，到处呈现出美丽宜居文明新气象，文明之花在金沙江畔的永善大地竞相绽放。

“约”出移风易俗好风气

“以前办丧事，停放一个多星期，现在都是三天就安葬了，丧家节约了很大一笔开支。除了结婚、亲人去世，满月酒、生酒呀这些都不兴办了。特别是今年疫情防控以来，群众思想观念又有了很大转变，丧事简办的社会风气基本形成了。”今年7月，在全县文明村创建测评中，大兴镇鲁机村党支部书记浦兴龙这样介绍。

为了引导群众规范宴席操办，各乡镇、村社区畅通举报渠道，对操办婚丧事宜以外的酒席，进行规劝。2018年5月，务基镇“治理办”接到群众举报称“村民赵某大规模邀请亲朋好友给其母亲置办70岁寿辰”，立即组织镇村干部到赵某家进行劝阻。镇村干部晓之以理、动之以情，宣讲孝敬美德、宣传村规民约，赵某受教后主动劝散了前来祝寿的亲朋好友，撤去了准备宴席的灶台和餐具。

“村看村、户看户，群众看干部。”为了整治农村大操大办、乱办滥办酒席之风，永善县组织人大代表、政协委员开展调研，先后印发《关于严禁国家公职人员利用婚丧喜庆等事宜进行大操大办的规定》《整治城乡居民大操大办滥办乱办酒席的指导意见》等文件，紧盯党员干部这个“关键少数”，发挥纪委执纪监督作用，开展公职人员婚丧喜庆事宜专项整治行动，落实婚丧喜庆事宜报告制度，推动党员干部带头移风易俗树立文明新风。

“参加农村婚事丧事宴请，赠送礼金或礼品价值不超过100元。”在黄华镇凤凰村，全村召开村民小组群众会议，对村规民约进行修改完善，明确随礼上限。“生日满月不准办，红白喜事要规范。”在马楠乡马楠村老铁厂村民小组，群众传唱这样的社规民约，操办红白喜事村民都要向村委会报备。团结乡尚勤劳倡节俭、除陋习树新风内容写入《文明公约》……2018年来，全县组织开展村（居）规民约修订完善工作，144个村、社区将禁止大操大办、乱办滥办酒席写入村（居）规民约，成立红白理事会，加强自我管理、自我约束、自我监督。

榜样力量引领前行

2019年8月，莲峰镇莲峰社区残疾人李敏参加了永善县第三期文明讲堂，全场座无虚席。“不服输的我一次又一次战胜了生活为我设置的障碍，因为我的真诚和实在，热情周到，得到了许多人的认可，生存问题慢慢地解决了。”“多年来，经常有人有事无事都会来我家坐坐，我们成了很多残疾人的贴心人。我们的家也成了残疾人咨询政策、获得帮助的温馨家园。”李敏现身说法讲述了自己身残志坚、投身志愿服务、带领残疾人创业致富的故事。“上帝为你关上一扇门，一定会为你开启一扇幸福的窗，只是这扇窗必须用自己的坚强与勤奋去开启。”全场响起一片热烈的掌声。

“半岁的小儿子饿得嗷嗷直叫，大儿子蜷缩在停放棺木的角落里，流着眼泪瑟瑟发抖。看到这一场景，雷作快心中一痛，紧紧搂着两个孩子，泪如雨下，还没做过母亲的她，把两个侄儿带到家中，承担起了照顾他们的重任。”青胜乡农村妇女雷作快二十年来任劳任怨孝敬公婆、照顾瘫痪的丈夫、抚养两个失去双亲的侄子的故事登上了县级文明讲堂，宣讲员王静讲述了孝老爱亲道德模范雷作快的故事，全场听众无不为之动容。

永善县建立完善道德模范推荐评选机制，在村级设立善行义举榜，大力挖掘群众身边的典型。八旬义务护路工卢庆安、在宜宾勇救落水女孩的伍代军、杨春银，带领群众养牛致富的溪洛渡新春村村民黎坤、坚守高寒山区三十年养路人李祖友、十余年将侄子视如己出抚养成人的伍寨乡村民陈大稳……一大批群众身边的典型人物和事迹，通过“我推荐我评议身边好人”活动，上榜村级善行义举榜，全县评选道德模范 45 名、永善好人 22 人，评选文明家庭、最美家庭、书香家庭等 308 户。

榜样力量，熠熠生辉；美德善行，历久弥香。如今，被表彰为见义勇为道德模范的青胜乡青胜社区六马厂村民伍代军，已被群众推荐担任村民小组长。被表彰为敬业奉献道德模范的原莲峰镇六井村党支部书记马朝坤通过村干部事业单位招考考录到镇政府社会保障服务中心，被莲峰镇党委任命为文潭村党总支书记。

小积分兑出大文明

今年 5 月，笔者走进桧溪镇永胜村铁厂二组叉叉田易迁安置点，“听党话、感党恩、跟党走”几个大字格外显眼。各家各户门口都有社会主义核心价值观一块公益广告宣传栏。

在黄坤明家门口悬挂着一块家风门牌。家中，客厅、卧室、厨房收拾得井井有条、干干净净，客厅墙面挂着妻子制作的十字绣。黄坤明的妻子郭国荣介绍说，乡镇干部经常到安置点宣讲政策、开展感恩教育、指导操家理务。现在，自己参加了创业就业培训，丈夫在外务工、自己在家照顾家庭，同时制作十字绣增加收入。“独立自主、不等不靠、讲究卫生”是黄坤明家庭的家风，也正是弘扬和传承家风，黄坤明家庭于2018年脱贫。

村民活动场所墙面宣传栏上设置了“叉叉田之约‘九要九不准’”“叉叉田社会治理小组”“新时代文明实践超市积分公示栏”三项公示内容。上面公示着安置点16户村民4月积分和扣分详情，包括操家理务、人居环境责任区、家风建设等内容的评比情况，“卢元林，政策知晓扣1分、人居环境扣1分”“刘顺才，政策知晓扣14分、人居环境扣21分、家庭美德扣1分”。

叉叉田村民小组开展积分评比以来，黄坤明家庭已经获得了123积分，目前排名第一。黄坤明的妻子郭国荣指着自己的积分，格外高兴：“下个月，就可以在文明实践超市兑换物品了！”

新时代文明实践超市积分开展以来，郭国荣将自己责任区的花坛管理得井井有条，花朵竞相开放，还在安置点微菜园里，种上了小葱小菜，既方便了自己，又美化绿化了家园。

2019年，永善县启动新时代文明实践中心试点工作，桧溪镇成立新时代文明实践站，建成6个村级新时代文明实践所、6个新时代文明实践超市，全县全面推广爱心超市，以“表现换积分、积分换物品”的激励形式深受群众欢迎，在人居环境整治、乡风文明建设中，小积分发挥了大作用。

乡风文明不落一户

马楠乡马楠村老铁厂自然村原居住着76户苗族同胞。2006年，国家实施易地扶贫搬迁，大部分群众搬迁思茅，剩下28户仍散居在开满“七层花”的沼泽地周围，住的是茅草房、叉叉房，俗称“千脚落地”。水、电、路、通信“四不通”，寨内人畜混居，猪牛羊马到处窜，家禽满天飞，脏、乱、差现象尤为突出。

2016 年，永善县整合发改、财政、住建、林业、水利、文广旅游、新农村建设等部门涉农资金 576.4 万元，实施老铁厂美丽宜居乡村项目，乡村干部手把手指导群众操家理务、环境美化，居住环境差、基础设施极度落后的面貌得到彻底改变。马楠村组建了半细毛羊养殖专业合作社、养鱼专业合作社、天麻种植专业合作社，老铁厂苗寨发展起了乡村旅游，28 户群众加入合作社，抱团发展、致富奔小康的干劲十足。

每年 5—8 月，老铁厂鲜花盛开、风景秀丽，经常有远近游客慕名而来。端午节期间，能歌善舞的苗族同胞就会跳起迎宾舞、敬上三道酒，欢迎远道而来的游客驻足观光。

脱贫攻坚一户也不能少，乡风文明一户也不能落下。2018 年全县启动领了五星级文明户评选，经过几年的创建，老铁厂村民小组 28 户农户已全部挂上了五星级文明户铭牌。一块五星级文明户铭牌，像一面鲜红的党旗迎风招展，指引群众自立自强、勤劳致富、传承美德、培育家风，将带领农村群众逐步走上产业兴旺、乡风文明、治理有效、生活富裕、生态宜居的乡村振兴之路。

2015 年以来，永善县整合实施易地扶贫搬迁安置、美丽乡村等项目，推进干净整洁型、特色示范型村庄建设，农村到处可见宜居宜游山水田园人文风景。

如今，金沙江畔的永善县，文明村镇占比已达到 50%。

（作者时任永善县委宣传部副部长）

倾力打造乡村旅游亮丽名片

崔 彧

作为国家扶贫开发工作重点县，近年来，永善县立足丰富多彩的生态自然资源和人文资源优势，夯实脱贫攻坚后续产业支撑，优化产业结构，根据“人心向旅、规划引旅、项目强旅、服务优旅”的产业发展方针，编制《溪洛渡金沙江峡谷旅游带专项规划》和《高山民族风情旅游带专项规划》，初步形成马楠云上草原观景、伍寨彝乡风情体验、茂林房车营地露营、溪洛渡玉笋和明子生态农庄采摘、务基青龙古堡探秘、大兴将军故里寻古等乡村旅游品牌。

云上草原

作为高山草甸的马楠苗族彝族乡，以蜡染、刺绣等苗族服饰和芦笙歌舞为代表的民族民间文化丰富多彩，极具旅游发展潜力。马楠有省级非遗保护名录“马楠乡苗族芦笙舞之乡”，省级“纺织、蜡染、刺绣传承人王秀芬”、省级芦笙传承人杨光辉，马楠乡在2012年被文化部命名为“中国民间文化艺术之乡”。近年来，为传承这些珍贵的民俗文化和原生态的手工技艺，同时发挥经济效益，马楠乡已将苗族蜡染、刺绣、芦笙舞等非遗项目纳入旅游文化产业发展项目，打造独具特色的地域旅游产品。通过依托马楠万亩草场旅游品牌效应，不断丰富和完善综合性的蜡染刺绣和芦笙表演传承展示中心，展示省级非物质遗产项目独特的生产技艺及苗族群众的民俗民间文化，让游客与产品生产劳动互动，零距离接触这一优秀的传统文化技艺，实现保护传承与经济效益双丰收。

与此同时，积极完善功能配套，通过“向上争取项目覆盖、向外加大宣传推介、向内完善规划方案”的方式，做实旅游发展规划设计，争取景区道路交通省级改造资金近亿元打造景区交通环线，争取中央预算内资金1000万元建设游客服务中心、观景台、旅游厕所、停车场等基础设施，借助南博会、旅交会等各种平台广泛宣传推介马楠旅游资源，连续五年投入数百万元举办马楠苗族花山节，以节为媒、借节传播，把马楠苗族花山节举办成苗乡狂欢的盛会、民族文化的盛会、旅游发展的盛会，塑造“云上草原·浪漫马楠”永善旅游品牌，大力发展乡村旅游产业。在此基础上，组建了全县首家旅游专业合作社，依托辖区内18万亩的高山草甸自然风光，建设露营宿地星空小屋和观光步行栈道，引领带动群众把绿水青山变成金山银山，走出旅游致富路。2020年招商引进四川陈国淳风实业有限公司，拟投资6亿元分三期建设云上草原核心景区，依托高山自然生态与苗家人文生态共荣共生的原生态淳朴美好世界，结合云上天街、云上院落、云上营地、云上石林、云上花海、云上农庄、云上飞行、云上非遗八大子项，集自然观光、生态体验、民俗互动、休闲休憩等功能，打造马楠山万亩草场生态休闲慢生活旅游体验区文旅融合产业，发展乡村旅游走出了扶贫产业发展的新路子。

在非物质文化遗产苗族蜡染方面，马楠成立了苗族蜡染协会，采取请进来与走出去的方式不断丰富和完善产品，与贵州蜡染开展技艺交流，将苗族蜡染制品进行统一包装设计，并建成了集主要工艺传承、制作用具展示、产品展示、鉴赏体验于一体的蜡染传习所，并即将入驻云上草原马楠游客服务中心展厅，不断提升永善苗族蜡染的知名度和美誉度，在发展技艺的同时，培育旅游产品，增加群众收入，丰富旅游内涵。

将军故居

云南省 2012 年被列入具有重要保护价值的第一批 62 个中国传统村落名录中，大兴镇大兴村驿马一社名列其中。这里是曾泽生将军的故乡，曾泽生幼时成长的足迹在这里可以一一探寻，依山散布的夯土民居错落有致，夯土墙和梯田景致有序布局，2019 年 3 月曾泽生故居被公布为省级文物保护单位，具有较高的历史文化价值和保护利用价值。

我县围绕“将军故里 · 红色旅游”主题特色发展定位，突出红色文化旅游，以曾泽生将军故居省级文物保护单位为重点，把古村落保护、文物活态保护利用和旅游开发作为发展休闲旅游的突破口，依托丰富的古村落资源优势，将古村落保护利用工作纳入城乡建设的总体规划，制订出台了《驿马沟古村落保护利用工作实施方案》。近年来，统筹整合文物修缮资金 48 万元修缮曾泽生将军故居屋顶瓦面、檩子等构件，搜集整理有关将军生平事迹的实物、图片、录音、影像等资料，依托故居布局投入 63 万元设立陈列室进行展览陈列，将文物进行活态利用保护，使曾泽生将军的历史故事让更多人知晓，让曾泽生将军故居成为弘扬爱国主义教育的红色文化旅游基地，将古村落打造成为集革命传统教育、传统村落采风、生态美景观光、特色乡村旅游等为一体的红色文化旅游区，吸引摄影爱好者、背包客、游客等前往摄影采风、文化探寻、休闲旅游。夯实脱贫攻坚产业发展基础，增加群众收入。

生态农庄

每当枇杷成熟的季节走进溪洛渡镇玉笋村，千亩连片的枇杷园一眼望不到边，金黄色的枇杷缀满枝头，蜿蜒的柏油路旁，一路上都是卖枇杷的摊点，前来旅游观光和采摘枇杷农事体验的游人络绎不绝。“我家今年的枇杷实现了大丰收，按 8 元 / 市斤的最低市场价格出售，每亩收入达 10000 元左右。”忙着施肥管理的杨昌文脸上洋溢着劳作的喜悦。这是在产业培植上，依托农业综合发展基础，整合农业、林业等部门技术力量和项目资金，整村实施以枇杷为主，以梨、日本甜柿、猕猴桃等为辅助的水果产业，全村种植枇杷 3000 余亩，连片种植 2200 亩，其中有 800 亩进入盛产期。如今的玉笋村，像杨昌文这样的枇杷种植大户就有 40 余家，仅枇杷种植收入达 2511 万元，农民人均纯收入达 6217 元。这是我县“旅游 + 农业”融合发展乡村旅游产业，推进群众脱贫增收的一个缩影。相似的例子还有溪洛渡的明子村，务基的白胜村、青龙村，黄华的金寨村橘园等地，以生态观光农业为基础，以旅游发展为方向，共同推进乡村旅游的持续发展。

2016 年以来，涌现出了桧溪源胜、溪洛渡明子、务基白胜、黄华橘园等沿江特色水果产业区等多个“旅游 + ”示范项目，让贫困户从田间地头走进农业庄园、农家乐成为服务员，乡村旅游项目成为拉动群众脱贫致富的产业。溪洛渡镇明子村华垦农业庄园土地流转 300 亩，每亩租金 600 元，村里设立合作社，带动明子村 91 户贫困户劳动就业增收，并通过土地流转收入和务工就业、种植草莓、经营民宿、烧烤摊、小吃店等吸收一批贫困户就业创收，吸引越来越多的游客到乡村休闲旅游，推动经济从第一产业向第三产业转型升级，实现贫困群众的稳定脱贫。

永安湿地

位于永善南大门的茂林镇永安村派格兹（即苗语鲜花盛开的地方，指的是夏季永安湿地遍地开放的各色野花争奇斗艳自然景观）湿地，是茂林小河的源头，水质较好，弯弯曲曲直接流到昭阳区的渔洞水库。该湿地2018年公布为云南省第三批省级重要湿地名录。20世纪50年代依托湿地修建的永安水库为永安湿地平添了一颗高原珍珠。沿湖而居，大海子（彝族）和官家屋基（苗族）两个自然村濒水而建，29户彝族和81户苗族更是为永安湿地增添了浓郁的少数民族人文气息，这里更有400余只高原精灵黑颈鹤每年九月初九从西伯利亚飞来越冬，人与动物以湿地为依托，和谐相处，世代依存，共同妥协了和谐美好的高原乐章。基于茂林永安特殊的区位优势和自然景观，我县将茂林永安纳入特色小镇建设规划，着手申报国家特色小镇建设项目。2018年，作为市政府招商引资发展项目，玉溪鹏程运输有限公司依托永安独特自然景观，立足昭鲁坝子人流区位和便捷交通条件，定位为城郊湿地生态文化旅游区，培育“美丽派格兹·城市后花园”旅游品牌，拟投入4000万元打造派格兹房车露营旅游扶贫开发项目，建成集湿地休闲、康体养身、森林漫步、民族风情体验、乡村旅游等为一体的休闲生态文化旅游区，打造房车露营旅游区、苗族文化体验区、彝家民俗体验区、生态娱乐体验区等，建设景区大门，升级改造景区道路2.4公里和供水、供电设施，一期投入房车33辆，设置游客服务中心、购物便利店、旅游厕所等基础设施，使之成为我县重点旅游区、昭通中心城市居民休闲的“后花园”。近年来，随着茂林派格兹房车露营旅游知名度的广为人知，每年夏季来湿地休闲体验的城里人络绎不绝，直接带动了永安村生态自然的农产品、畜牧产品的销售收入，更为濒水而居的彝家苗家儿女带来了生活新的希望。

（作者时任永善县文化和旅游局副局长）

托起困难群众幸福底线

张　波

脱贫攻坚工作开始以来，民政部门坚持“以民为本、为民解困、为民服务、办实事”的民政保障工作理念，贯彻落实城乡低保、特困供养、孤儿保障、临时救助等各项社会救助保障政策，采取有效措施推进精准施保，将“无业可扶、无力脱贫”的建档立卡贫困人口纳入民政兜底保障范围，不断加强社会救助制度与扶贫开发制度的有效衔接，以“五个一线工作法”充分发挥了民政保障在脱贫攻坚战中的保民生、托底线作用。

标准制订基于一线。深入乡村、组开展调研，采取座谈交流、入户走访等方式就全县城乡低保制度贯彻落实情况进行调研，细致了解基本情况、致贫原因、收入来源、生活状况等信息，认真分析研判调研发现的困难问题，在广泛听取各乡镇、村（社区）和民政、扶贫等部门意见建议的基础上，制订《永善县社会救助兜底脱贫行动实施方案》等，健全完善了以最低生活保障为基础，特困人员供养、残疾人救助、孤儿救助等为补充的社会救助体系，进一步加强了兜底保障工作与扶贫开发工作的有效衔接。目前，全县有城乡低保对象37275户79152人，其中建建档立卡贫困对象中享受低保低保21634户49246人（城市低保5345户14130人，农村低保16289户35116人）。

工作力量下沉一线。配备县、乡、村三级民政助理员202人，会同扶贫干部、包村工作组、村（社区）干部等力量，按照“一规范、两到位、三个覆盖”的要求，开展“四个逐一走访核对”工作，即逐一走访核对农村低保中的老年人、残疾人、儿童等重点对象，对符合特困人员认定条件的要纳入特困人员救助供养；逐一走访核对家庭中有老年人、残疾人、儿童的未脱贫建档立卡贫困户，及时将符合条件的家庭纳入低保，对不符合条件但生活确有困难的，及时给予临时救助；逐一走访核对未脱贫建档立卡贫困户中的重病患者、重度残疾人等完全丧失劳动能力和部分丧失劳动能力人员，参照单人户将其纳入低保；逐一走访核对已退出农村低保的老年人、残疾人、儿童，及时将符合低保条件的“脱保”对象重新纳入低保。通过将新增工作力量下沉一线，保障了低保兜底工作的快速推进。

监督管理依靠一线。坚持公开、公示的原则，规范和完善了全县个 15 乡镇 142 个村（社区）的评议库，评议库的评议人员由乡镇和村（居）委会干部、党员代表、人大代表、政协委员、村（居）委会居民小组组长或熟悉情况的群众代表等 30 人以上组成，对低保申请对象的家庭状况、财产状况、就业情况等进行评议，从源头上加强监督管理，避免人情保、关系保、举手定低保的事情发生。同时坚持审核和审批公示，将审核和审批结果在申请人所在村（居）委会进行公示，公示到户到人，并同步公示投诉举报电话，自觉接受群众监督。

政策宣传深入一线。组织专业人员到各乡镇、村（社区）进行政策培训，开展以低保经办力量为主的培训 15 场次 189 人次，进一步为精准施保工作的顺利开展打下了坚实基础。印发农村低保宣传资料，结合脱贫攻坚“大走访”“大排查”“院坝会”“火塘会”等，全面宣传农村低保、兜底保障政策，让群众知晓低保内容、享受条件、申请流程、应尽义务等知识，推动社会救助政策家喻户晓、深入人心，为全县低保兜底保障工作有序开展营造了良好的氛围。

督查核查直插一线。成立 5 个督查组对各乡镇、村（社区）城乡低保专项治理、阳光低保、兜底保障等工作开展了 3 轮督查，以低保对象是否精准、备案制度是否得到落实、资料是否真实完整、审核主体是否落实到位、申请和审核程序是否合规、作风是否过硬为重点，通过查阅档案资料、召开会议、入户抽查等方法进行督查检查，发现问题，立即反馈乡（镇）、村（社区）进行整改，有效防止了“错保”“漏保”“关系保”“人情保”情况发生，进一步促进了阳光低保的实施。

（作者系永善县民政局工作人员）

第六编　挂钩帮扶和社会扶贫

凝心聚力齐攻坚　倾情帮扶结硕果

——中共永善县委办公室挂钩帮扶工作纪实

赵奇俊　陈太游

脱贫攻坚战全面打响以来，面对艰巨繁重的挂钩帮扶任务，县委办凝心聚力、迎难而上，聚焦重点、倾情帮扶，勇于担当、善作善成，全力助推挂联村、社区贫困群众脱贫致富。

2020 年 6 月底，县委办挂钩帮扶的茂林镇甘杉村和马楠乡兴隆社区全部贫困群众，均已达到脱贫标准，贫困发生率分别降至 1.4% 和 1.05%，顺利实现 301 户 1333 人和 325 户 1425 人脱贫。

强化扶贫责任担当

“根据镇、村工作安排，甘杉村近几天开展收入核实、补短板工作，请结对帮扶干部做好准备，明天早上 8 点，由我带队准时出发前往甘杉”，“我去，我的包保户在龙门一组”“我的也在”，“算我一个”，……这是县委办挂钩帮扶工作实行班子成员分片挂联制度和网格化管理制度后，经常在支部工作群里出现的一幕。

为压实包保责任，抓实帮扶成效，县委办在全县率先实行班子成员分片挂联制度，将甘杉村以自然村为单位分成5个片区，每名班子成员负责1个片区的脱贫攻坚工作，确保挂钩帮扶重点任务、重点项目落到实处、取得实效。新冠肺炎疫情发生后，借鉴疫情防控网格化管理经验，在实行班子成员分片挂联制度的基础上，再将每个片区以村民小组为单位，细分为若干网格，以帮扶干部为网格长或网格员，实行精准化网格帮扶。

帮扶包保制度的创新，压实了帮扶责任，极大程度提升了帮扶实效，而这也仅是县委办公室压实包保责任、强化责任担当的一部分。自挂钩帮扶工作开展以来，县委办严格贯彻落实中央和省、市、县脱贫攻坚决策部署，聚焦“两不愁、三保障”，坚持每年年初研究制订全年扶贫工作计划；坚持轮流安排一名科级领导干部带领结队帮扶干部到村开展工作；坚持每月召开挂钩帮扶工作会议，安排部署当月重点工作；坚持明确专人定期向挂联村社区对接工作开展情况。主要领导更是以身作则、带头示范，坚持每月亲自研究部署脱贫攻坚工作，单位督导员每月到村调研督促脱贫攻坚工作。全体帮扶干部尽锐出战，先后抽选驻村扶贫工作队三批次（累计12人），常驻村、社区开展工作，10个股室、39名干部职工结对帮扶了310户建档立卡贫困户。

精准施策精准扶贫

“初到甘杉村时，映入眼帘的是一座座破旧的土坯房和泥泞的村组道路，村庄内随处可见生产生活垃圾，大风一刮，废旧纸屑和塑料垃圾漫天飞舞。”甘杉村第一书记、驻村工作队队长江立回忆道。挂钩帮扶初期，甘杉村和兴隆社区均普遍存在不通路、不通网，甚至不通安全饮水的情况，许多村民小组靠崎岖艰险山路与外界联系，人背马驮、出行难等问题不同程度存在，产业结构单一，群众收入偏低，教育医疗条件落后，贫困群众生活十分艰难。对此，县委办积极配合协助村、社区对照户脱贫村出列标准，聚焦重点难点，大力开展以村组道路、饮水管网为主的基础设施建设。为解决甘杉村和兴隆社区部分村民小组人背马驮、出行较难问题，县委办牢牢抓住“四好农村路”建设契机，积极与交运部门协调对接，主动参与村组道路规划建设。通过几年的努力，两个村、社区共投入资金 990.3 万元，新修公路 24 公里，实现道路硬化 31 公里，实施户间道建设 4016 米。

让居者有其屋，饮水有保障是摆在甘杉村和兴隆社区面前的另外两大难题。甘杉村和兴隆社区均属高二半山区，彝族、苗族等少数民族人口众多，经济社会发展滞后，许多贫困群众居住在土坯房、茅草房中，自然条件恶劣，季节性缺水严重。对此，县委办充分发挥协调各方的作用，积极争取项目建设指标，帮助贫困群众筹措建房资金，发动群众搬迁入住、建新拆旧、复垦复绿，大搞人居环境整治和爱国卫生运动。经过几年的努力，挂联村、社区全面实现居有所安，农村安全饮水问题得到彻底解决，人居环境得到极大改善。

“自从搬迁入住李家沟易迁安置点后，居住环境越来越好，娃娃上学、老人就医越来越便利，文化活动室、篮球场、公厕、健身场所及器材等应有尽有，让我体验到了生活在这个时代的幸运和幸福。”李家沟易迁户马季各感慨道。

除了对照户脱贫村出列标准，全程参与、积极协助村社区大力开展基础设施建设外，县委办更是上下齐心、攻坚克难，坚持每年帮助解决挂钩帮扶村社区工作经费 5 万元，积极发动干部职工捐款捐物，在节假日看望困难群众、留守儿童、孤寡老人，在给困难群众带去物质帮扶的同时，还带去了精神关怀。

村民收入稳定增长

如何让脱贫群众稳定脱贫，让搬迁群众稳得住、逐步能致富，最是考验挂钩帮扶单位的帮扶能力。县委办公室在坚持多措并举促脱贫的同时，更加注重脱贫质量提升和后续发展巩固，坚持以“两个组织化”提升为重点，扎实做好挂钩帮扶的“后半篇文章”。

兴隆社区老支书巫作江谈道：“我们社区地处高海拔地区，农业生产条件差，仅靠种养殖难以脱贫致富，还得务工与产业发展并重，扩大收入来源。”县委办积极协助村、社区坚持一手抓劳动力转移输出，一手抓农业产业发展。

为不断提升劳动力转移就业和产业发展组织化程度，县委办全体干部职工及驻村扶贫工作队，充分发挥结对干部帮扶作用，向群众宣传东西部劳务协作、劳动力转移就业等优惠政策，充分运用人力资源服务站点，通过东西部劳务协作平台、“点对点、一对一”提供就业服务等方式，全力引导有劳动力的贫困家庭外出就业，通过转移就业，务工收入成为甘杉村和兴隆社区人均收入的主要方式。“我是今年 4 月通过‘点对点、一对一’到集中输送广东佛山务工的，现在在一家鞋厂上班，每个月工作 4600 元左右，除去生活费还剩 3000 余元，很感谢社区给我提供的务工信息。”兴隆社区丫口二组外出务工人员熊业华谈到。

同时，按照“村村有亮点、组组有看点、户户有支撑”要求，结合易迁后续扶持提升行动，全面践行“一归三改一提”思路，大力发展马铃薯、生猪、肉牛等特色养殖业。通过党支部 + 合作社 + 群众的抱团发展的模式，采取党支部参与管理、合作社出资金和技术、群众出让土地资源等的方式，产业发展从以前的传统种植和零星养殖变成了现在的依靠农民专业合作社带动发展的规模化种养殖。

凭借劳动力转移就业组织化和产业发展组织化的实施，两个村社区累计向县外转移输出劳动力 2152 人，提供解决生态护林员、养护员、保洁员、治安巡逻员等公益性岗位 94 个；累计实施马铃薯种薯扩繁 7075 亩，生猪出栏 3202 头，肉牛出栏 1845 头，完成配套灌溉项目 5 项，专业合作社收入均达省级标准。甘杉村人均纯收入从 2014 年年底的 1746 元攀升至 2019 年年底的 6574 元，兴隆社区人均纯收入从 2014 年年底的 2314 元攀升至 2019 年年底的 5362 元，村民的腰包渐渐鼓起来了，脸上的笑容也愈加频繁。

乡村面貌焕然一新

帮扶成效如何，贫困群众最有发言权。走进甘杉村贫困户老刘家，小菜园、小花园格外亮眼，家禽也实行分类管理。“我原来一直在外面打工，现在子女有出息了，自己年纪也大了，就回来养猪养鸡，加入专业合作社还能有分红，面对绿水青山，吃着绿色健康蔬菜，享着这样的福气我心满意足了，还得完全感谢共产党呀。”老刘边比画边说着。

通过用心、用力、用智、用情的全力帮扶，历经几年的努力，甘杉村和兴隆社区均已实现脱贫出列，帮扶工作取得了可喜成绩。

“村子换了新面貌，离不开县委办的倾力扶持。”甘杉村村支书蔡剑站在村口感触良多，若不是亲身经历，他很难想象脱贫攻坚会给甘杉村带来翻天覆地的变化。

如今，走在甘杉村和兴隆社区的每个角落，一条条村组公路和户间道，一幢幢小楼整齐有致，家家户户窗明几净、环村道路亮丽整洁，村卫生室、文化广场、公共厕所等基础设施应有尽有，曾经千方百计都想离开的“穷山恶水”，摇身一变成为安居乐业的“美丽家园”，成为城里人都羡慕的宜居住地。

（作者均系中共永善县委办公室工作人员）

凉水村的美丽嬗变

——永善县人大常委会机关帮扶细沙乡凉水村纪实

胡德发

“近些年来凉水村变化太大了，连我们自己都不敢相信。你看，那盘山而上的村组道路和户间道路全部硬化，我们上街赶场和出行办事不再是晴通雨阻、泥泞难行了，国家实施农村危房改造，户户都建起安居住房，吃水问题也解决了，政府还争取东西部协作项目帮助发展产业，我们的日子是一天比一天好！”谈到精准脱贫工作给村里带来的新变化，永善县细沙乡凉水村村民们赞不绝口。

从前的凉水村是一个典型的深度贫困村，自然条件恶劣，吃饭靠天，出门就上坡、下地就翻沟是凉水村的真实写照。全村 20 个村民小组 963 户 3785 人，国土面积 11.76 平方公里，主要农作物以玉米、花生、小麦、油菜、豆类、洋芋、红苕为主。2013 年全村人均收入不足 3500 元，贫困发生率 39.7%。2014 年县人大机关挂钩帮扶以来，从完善脱贫机制入手，助力危房改造、推进教育、健康、产业和易迁扶贫，全村基础设施不断完善，产业实力不断增强，人居环境不断美化，群众幸福指数不断提高。2020 年 6 月，全村建档立卡贫困户 429 户 1865 人全部脱贫，实现了从深度贫困到整村脱贫摘帽的最美嬗变。

沉下身子　把担子扛起来

为确保机关挂钩帮扶工作顺利推进，实现脱贫思路更具针对性和实效性，成立由县人大常委会主任任组长、副主任任副组长、各委室主任为成员的“挂钩帮扶行动计划”工作领导小组，制订了《县人大办关于帮扶细沙乡凉水村的实施方案》，按照永善县进一步压实脱贫攻坚工作挂包单位及帮扶责任人责任的要求，选派驻村干部，组织县人大全体干部职工进村入户落实挂钩帮扶责任，深入村组宣传脱贫攻坚相关政策等工作，核准挂钩户基础信息、掌握脱贫情况、落实增收措施和帮扶措施。落实“挂包帮”开展“转走访”，针对村经济基础薄弱、村庄设施落后、产业发育缓慢、农业技术人才欠缺等实际，协助村“三委”班子，选准发展方向，理清发展思路，找准了经济发展项目。2015 年以来，在县人大党组的关心支持下，县人大机关投入凉水村工作经费共计 20 余万元，帮助购置办公设备、厨房设施等，着力改善办公环境。2019 年协调资金 20 万元，通过财政扣减我单位资金，弥补细沙乡扶贫资金不足难题，2020 年投入凉水村建设无害化卫生厕所扶持资金 5 万元。

协调争取　把基础搞起来

多年以来，凉水村村组道路坡陡、弯急、路面窄，在纵横交错的深沟山谷中努力穿行。县人大积极与挂钩扶贫凉水的市农行、中材集团等单位多方协调争取，投资 15.35 万元，硬化村组道路 22 公里，保通道路 3.07 公里，硬化户间道路 7000 余米，给群众出行提供了方便，90% 以上群众雨天出门不踩泥，群众都说还是共产党好啊！

凉水村境内沟壑纵横，常年降水量不足，永善县人大机关围绕“两不愁、三保障”，投入经费6000余元为贾家坪二社购买了2000米的人饮管子，解决了45户群众的饮水难问题。多途径争取，督促指导了雄魁山一、二组贾家坪一组、马鞍山四组到户饮水管，指导新建取水池1个、减压池1个。协调电力部门对已建成电网进行升级改造，解决了群众用电难的问题，实现了宽带入村入学校和入部分农户，丰富了群众的精神食粮。“现在家里通了自来水，不仅饮用水有保障，冬天还可用热水器洗澡，这在以前想都不敢想。”马鞍山一组舒保美说。

用心用情　把房子修起来

凉水村群众住房多为20世纪五六十年代建造的土坯房，结构性差，年久失修，安全系数低。为扎实推进全村群众危房改造工作，按“住人不危房、危房不住人”要求，机关职工自带油米入住农户家中，出钱出力，不怕辛苦，千方百计实现全村危房限时“清零”目标。在结对帮扶干部的督促指导和帮助下，凉水村2019年以前完成农村危房改造237户，2019年完成“4类重点对象”农村危房改造45户，“非4类重点对象”农危改造16户，安居工程3户，300余户危房齐身变成了安居房。按照“搬得出、稳得住、能致富”的目标要求，帮助凉水村马鞍山、雄魁山、八战地、杨家村等82户实施了易地搬迁，其中81户327人搬至永善县红光新区安置点，1户搬至昭通靖安安置点，他们“挪出穷窝”，在城镇有了新房。为让他们能住下来，部分结对帮扶干部为包保搬迁户购置生活用具等。回忆起以前的生活，马鞍山二组退伍老兵建档贫困户刘昌会深有感触：“以前村里的路没有硬化，雨天走在路上一脚一个坑。就医、上学那叫个不方便，家家户户吃水也需翻到很远的沟下面挑，平时还好，遇到刮风下雨，挑一桶水比登天还难。”如今，他们在城镇住上了新房子，走上了水泥路，吃上了自来水，看上了大彩电，进城安置群众生活发生了翻天覆地的变化，真正实现了拔穷根、挪穷窝、换新颜。

促进增收 把笑脸扬起来

充分领用凉水村土壤好、光照强、气候湿润、污染少的水土光热气组合优势，坚持“扬长避短、因地制宜、量化赋能、差别扶持、能人引领”的发展思路，指导帮助凉水村完成 2018 年马铃薯种植 333 亩、2019 年马铃薯 333 亩，完成投资 41.958 万元；2018 年完成李子种植 931 亩，其中扶贫项目 246 亩。完成猕猴桃种植 705 亩，东西部协作 183 亩。如今的凉水村，产业结构得到较好调整，绿色种养植业已成为村民增收致富的支柱产业。村民的收入一年较一年增加，日子越过越好，2020 年全村建档立卡户全部脱贫。迎面解决凉水村大多数贫困群众存在学历低、观念保守、缺乏技术等问题，采取“听得懂、学得会、能管用”的培训方式，帮助凉水村开展培训技能培训 573 人，其中 2019 年培训 280 人，其中开展电工培训 99 人、焊工培训 77 人、家政服务 20 人、家电维修 84 人，通过多种实用技能培训，致贫原因为缺技术家庭实现技能培训全覆盖，真正让扶贫方式由“输血式”扶贫转化为“造血式”扶贫，全面促进了全村贫困群众如期实现脱贫摘帽。

（作者系永善县人大机关工作人员）

倾情帮扶战贫困　脱贫誓言变成真

——永善县政府办公室挂钩帮扶莲峰镇米田村工作纪实

何金艳

米田村距离莲峰集镇 3.75 公里，国土面积 25.28 平方公里，平均海拔 2001 米，全村辖 30 个村民小组，是全县 74 个深度贫困村之一，户籍人口 1317 户 5469 人，2014 年年底至 2020 年贫困发生率由 53.4% 降至 0.57%。永善县政府办自 2015 年开展挂钩帮扶工作以来，从酷暑至寒冬始终深入贯彻习近平总书记关于脱贫攻坚重要论述，切实把挂钩帮扶责任扛在肩上、牢记心上、抓在手上，确保了米田村如期高质量脱贫、群众致富奔小康。

当好“好帮手”。深秋时节，天气阴蒙寒冷，但莲峰镇米田村 86 户 396 人贫困户心里却是暖洋洋的。因为这一天，为提升贫困群众真搬真住质量，县政府办通过多方努力，联系到爱心企业四川陈国淳风实业有限公司，共同到米田村为贫困户奉献爱心。“感谢党委政府的关心、感谢党和社会各界的关心、感谢四川陈国淳风实业有限公司的爱心捐赠。国家的政策越来越好，对我们这些贫困群众很关心。我们一定更加努力，过上幸福美满的生活。”70 岁的花雕社贫困户刘存福收到捐赠物资动情地说。5 年以来，县政府办聚焦米田脱贫出列民生短板，通过干部职工捐赠、争取社会奉献爱心为米田村共计捐赠资金 21 万元，这些资金购买了沙发、电视、餐桌、凳子、床、被套、电磁炉、大米、油、棉服等生活必需品，进一步提升了建档立卡贫困群众真搬真住质量。还争取东西部扶贫协作社会帮扶资金 30 万元，重建米田村卫生室。筹措资金6.5万元，硬化了村委会院坝，并安装了乒乓桌、篮球架，丰富村干部业余生活，联系县林业局支持桂花树20棵，绿化村委会周边环境。为村委会购置电脑4台、办公桌椅和其他办公用品60套，开通宽带4G网络。“六一”儿童节，详细了解了同学们家庭基本情况和学校教育教学情况后，组织干部职工到米田村小学、东风小学、老米寨小学开展“爱心捐赠”活动，累计捐赠物资5.93万元，并联系上海国药集团和昆明工业学校为米田村三所小学捐赠图书7000余册、书柜40个、书包20个，为做好所联系群众子女的控辍保学工作，促使贫困学生完成学业出资出力。

当好“巧工匠”。姚胜铭，政府办一个正直、笑起来憨厚的大哥，2015年派去米田驻村，2018年8月他的孩子出生，其间被诊断出患有“蚕豆病”。在农危改如火如荼中孩子因接触蚕豆出现过敏、发热、昏迷等症状，他妻子带着颤音拨打了他的电话，他知道后请了半天假赶回家，回到家已是凌晨3点，进门后看见坐在沙发上抱着孩子的妻子满眼泪花，他一时哽咽，第二天花了2000块买了邻居的蚕豆并把它割了，把孩子送到医院病情稍微稳定，又马不停蹄地回到村上针对未启动、进度缓慢的农危改户进行实地督促，和村“三委”成员对建房困难户进行实地研判，共商建房措施。经过共同努力，米田村2015年投入133.5万元实施农村危房改造66户，2017年投入372.5万元实施农村危房改造149户，2018年投入443.4万元实施农村危房改造177户，2019年投入448.2万元实施农村危房改造四类对象180户，投入72万元实施农村危房改造非四类建房能力不足36户，通过倾情帮扶，有效推进了米田村农危改工作。

当好“急先锋”。“授人以鱼，不如授之以渔”，县政府办挂钩帮扶米田后，尤其重视贫困户的造血式发展，积极研究产业发展措施，补足贫困群众发展后劲。刘富贵是莲峰镇米田村人，之前在永善县城从事太阳能销售工作，党中央脱贫攻坚号角吹响后，刘富贵凭着多年在外打工的经验，认为种植羊肚菌是一个以地生财的好路子，便回乡发展产业，通过多次失败，最终在不断总结学习的基础上，于2016年小规模试种成功，并在2017年将种植规模扩大到了30亩左右。因刘富贵联合本村9户群众（6户建档立卡户），准备成立羊肚菌种植专业合作社，县政府办积极援助，他获得40万元无息贷款，有效带动了建档立卡户发展。目前，适宜区域内52户卡户通过万丰合作社入股羊肚菌基地，享受股权和分红。脱贫攻坚以来，在政府办的大力协调下，米田村新发展产业天麻种植30户157亩，羊肚菌100亩，白芨30亩，贡椒1540亩，花椒提质增效1745亩；2020年实施贡椒新植1620亩，实施花椒提质增效1500亩。同时，全村810户卡户通过万丰合作社入股蓝莓基地，享受股权和分红。

当好“环卫工”。“好，同志们，现在开会！请把手机调整成静音。”这是县政府办主要领导对脱贫攻坚政策和农村人居环境整治三年行动方案进行逐一讲解的开头语。就这样，一声令下，政府办第一批26名干部职工利用周末时间到米田村召开人居环境动员会、院坝会15场次，有效改变了群众思想观念，促进了人居环境工作的推进。县政府办自挂钩莲峰镇米田村以来，联合莲峰镇妇联先后在苗寨组织开展操家理务培训32场次，通过手把手教、时时提醒，现在苗寨的群众普遍注重环境卫生，各类生产生活物资摆放整齐有序。县政府办还采取“挂钩帮扶干部+包片片长+村民小组长+群众”“挂钩帮扶干部+家庭成员+参观示范户”方式，结合村规民约、治理小组、爱心超市、管护机制等开展人居环境村民小组公共环境及家庭卫生环境整治。帮扶干部根据走访调研情况，提前一天对接包片片长通知村民小组长及群众开会，每户出动1人参与人居环境整治。通过群众参与人居环境的方式提高群众的环境卫生意识。挂钩帮扶以来，米田村已开展人居环境整治31350场次，覆盖30个村民小组128512人次，打造五星示范户135户。

当好“搬运工”。每到秋季、冬季，米田村便被雾气笼罩，整个村落看起来有点消沉。公路沿线的树枝开始慢慢地银装素裹，挂上露水和冰霜。这天早上在路面能见度不足5米的情况下，驻村帮扶干部凌晨4：30便起床前往老米寨帮助易迁群众搬家，天气虽然寒冷，但驻村帮扶干部的心是暖和的，因为自己帮扶的群众将要搬出大山，告别人背马驮的恶劣环境。驻村帮扶干部王洪群跑到易迁群众门口敲门："老乡，起床了，我们来帮你搬家搬东西了……"为确保群众快速、方便、安全、顺利搬进新家，搬迁以村组为单元，帮扶干部组织人员和车队，采取"帮扶干部＋村'两委'干部＋群众＋运送主体"的方式全程帮助，确保群众收获的每一粒粮食，置办的每一件家具顺利送达。在搬家过程中，帮扶干部抬、扛、背，都忙着把标有名字、序号的物品送上车、搬进家。易迁以来，县政府办 153 人次参与搬家 61 户 236 人，其中跨县区安置：昭阳区靖安片区安置区建档立卡 49 户 190 人；鲁甸县卯家湾安置区建档立卡 10 户 41 人；县城安置：永善县城西北部红光新区建档立卡 2 户 5 人。随迁户 2 户 9 人。

当好"调解员"。寒冬腊月，天气寒冷，呼出的气，肉眼可见是白色的"雾"。海子社龙太华因和儿子不和气，所以一直住危房，不肯搬出，为此驻村队员不厌其烦上门做工作 20 余次，才疏导好思想，调解好矛盾，搬出并拆掉危房。依靠群众就地化解矛盾的"枫桥经验"，县政府办根据米田村实际不断赋予自身新的内涵，帮扶干部采取"干部入户宣传＋流动车辆大喇叭宣传＋印发宣传册"等方式，深入开展法治宣传教育，通过入户、院坝会传达身边阻碍脱贫攻坚违法处罚典型案例，不断形成舆论震慑，营造文明守法社会环境。对严重影响脱贫攻坚工作的，通过明确包保干部及村治安员，专人一对一做好思想工作，挂钩帮扶以来，挂钩帮扶干部调解矛盾纠纷 615 起，为脱贫攻坚营造了良好社会氛围。

当好"辅导员"。柴静曾说："一个国家是由一个个具体的人构成的，由这些人创造，并且决定。"是的，永善县脱贫摘帽的历史是由这个时代的我们创造并决定的。县政府办陈信崧主任自任米田村督导员来，认真履行督导员职责，开展县级督导发现问题 21 个，交办并督促整改 21 个。国庆期间，组织党员干部深入挂钩扶贫点米田村，开展主题教育践行初心使命。集中学习《习近平关于不忘初心、牢记使命论述摘编》相关节选，大家紧紧围绕县委提出的“五个敢不敢”深入查找自身存在问题70余个，并结合理论学习和工作实际提出整改措施70余条。同时挂钩帮扶干部通过宣讲新中国成立70年来的前后变化及学习的中央精神、国家对民生的投入与民生改变，讲述19个身边人带头致富、发展产业、孝老爱亲、自立自强的鲜活故事，传递脱贫攻坚正能量。自挂钩帮扶以来，宣讲覆盖米田村17个村民小组522户12219人次，村民小组宣讲覆盖率达100%。开展农村院坝会131场次覆盖10541人次，引导群众感党恩、听党话、跟党走，凝聚脱贫攻坚正能量。

“吾辈自强，当志存高远，不负时代。”现如今，全县脱贫攻坚工作已圆满结束且通过国家验收，县政府办将2015年挂钩帮扶米田村脱贫攻坚的铮铮誓言践行到底了，犹记得全办干部职工在永善工农广场誓师大会的庄重宣言：“我宣誓，我志愿投身脱贫攻坚主战场，不忘初心，牢记使命，服从安排，听从指挥，严守纪律，勇于担当，坚定信心，苦干实干，坚决打赢脱贫攻坚摘帽战，为同步全面建成小康社会而努力奋斗！”

（作者系永善县政府办工作人员）

贫穷阻挡不了春天的脚步

——永善县政协机关挂钩帮扶桧溪镇源胜村纪实

邹　宏

源胜，关于她的起源我走访了当地老人、翻阅了很多资料都没找到她名字的由来和出处。直到今天，回想在源胜村挂钩扶贫的点点滴滴、日日夜夜，我才对她有了一个新的理解，那就是源于贫穷，胜在脱贫。

那一年

《永善县志》记载，源胜村 1989 年有 481 户 2324 人，对比村委会的数据，到 2015 年有 766 户 3177 人，贫困人口达 237 户 1047 人。我发现在这 26 年时间里，源胜村人口仅增长了 853 人，且一度时期出现过人口负增长，究其原因，还是贫穷导致的。由于贫穷，源胜村青壮年劳动力大量外流，村内大多是老人、儿童留守，部分村寨出现了空心化。

2014 年，按照县委的安排部署，县政协机关挂钩扶贫联系点从大兴镇鲁机村调整到了桧溪镇源胜村，时任政协主席的汤华明同志在政协机关干部职工会议上作出了要求和承诺，“挂钩扶贫工作，是县委交给政协的一项政治任务，我们要克服一切困难，不折不扣地坚决完成！”在后来的结对帮扶工作中，政协领导班子和机关全体干部切实扛起挂钩帮扶的责任，一任接一任，无论领导班子如何变化，干部如何调整，但机关挂钩帮扶的任务没有变，责任没有变……

老树的新芽

记得 2017 年 5 月因工作安排，我调到了县政协文史委工作，年逾半百的我满以为自己是一个“老同志”，结果到政协报到的那天一下子就让我傻了眼，满眼都是“老同志”，一瞬间自己变成了“年轻的同志”。政协机关老同志较多，平均年龄达到 54 岁，在我的记忆中，脱贫攻坚期间陆续退休的就有汤华明、曾章敏、李素、陈立文、李长永、陈进群 6 名同志，到 2021 年退休的老同志就有张居培、马理荣、黄仕华、黄春林 4 人。

我自己深有体会，人到五十知天命，前半生的劳累慢慢体现在这“知天命”的年龄阶段。到政协工作的几年间，连续做了直肠肿瘤、横结肠息肉、胆摘除 3 次手术。政协机关老同志病多、身体不好，多病缠身“三高”是常态，张居培 2006 年因公致伤 8 级伤残，马理荣、罗林患痛风，吴卫亮患有冷风湿，三人发病时双脚挪不动步；陆东做了双肺结节手术，贺翔做了心脏搭桥手术；皮耀明脑梗，唐刚银脑梗、加冠心病，郝波冠心病，还有黄春林、李长永、陈立文等很多同志都患有疾病，但仍然坚持下乡驻村，走村入户。

2014 年县政协机关派黄春林同志驻源胜村。2015 年脱贫攻坚大决战打响，县政协及时增派力量，先后派出郭元培、黄春林、张居培、张秀平、邓远贵、陈开友、贺翔、王乐银、罗明辉等同志任源胜村第一书记或工作队队员，机关干部职工除参与源胜村大面脱贫攻坚工作外，重点结对帮扶 207 户贫困户。

2017年张居培、黄春林2名老同志驻源胜村。在摸底调查期间，俩人3次到田坝村民小组喻友林家调查登记，喻友林都不配合，不愿意申报家庭情况和经济收入。后又上门做工作，终于同意申报，申报后喻友林又反悔，对申报的经济收入不认可，通过工作组俩人反复讲解，算账对比，喻友林最后签字同意对比算账的经济收入数据。由于村上条件差，当时没有食堂，驻村队员只好自己买菜煮饭，买菜要到20多公里以外的桧溪集镇购买，很多时间因为忙于工作，没有买到菜，只好吃方便面。没有交通工具，黄春林就把自己的摩托骑到了村上驻地，一年时间里摩托翻了3次车，最凶的一次鼻子缝了3针，没等拆完线，他又继续入户开展工作。一天傍晚，在入户摸底调查工作结束回驻地的路上，田坝村民小组杨显华看到2位老同志连中午饭都没吃，就在他家地里摘了2个南瓜、6个苞谷送给他俩，当天的晚饭就是2个南瓜6个苞谷。

驻村期间，工作队队员与村委会一道，围绕“水、电、路及产业发展”等基础建设，深入对村情户情的了解，因贫施策，按照“一村一品、一户一策”的发展思路，制订了各村民小组的发展规划，分类制订贫困户脱贫规划和计划，做到村有发展目标、户有致富项目，落实了7个饮水保障项目，大菠萝，桦稿坪，大坪三组，梁家坝一、二组、刹水坝一、二组等村民小组的缺水问题得到了解决，全村形成了江边5个村民小组以蔬菜、脐橙产业为支柱，二半山6个村民小组以核桃、蜂糖李为引领，高二半山7个村民小组以猕猴桃、方竹为依靠的产业发展布局。机关干部深入扶贫点走村进户了解群众生产、生活，与贫困户攀亲戚、结对子，以“吃、穿、住、医、教、种、养、加、销”为重点，帮助贫困户脱贫致富，实施农村危房改造233户，住房安全得到保障；228户1142人建档立卡贫困人口基本医疗得到保障……

2019年是脱贫攻坚决战性的关键年，县政协机关增派到源胜村驻村扶贫工作队队员达到了5人，另增派政协干部职工25人轮流驻村帮扶，全面参与脱贫攻坚工作开展，累计帮扶开展各项工作2000余人次。机关挂钩帮扶源胜村以来，帮助源胜村协调争取县新农村建设资金 60 万元，同时，机关挤出 30 余万元工作经费和政协提案办理资金 40 万元，帮助村委会解决工作经费紧张、维修村委会、维修村组公路等困难，为全村脱贫工作攻坚克难发挥了挂钩帮扶的积极作用，这一切的一切，就是为了改变源胜村贫穷的面貌，让贫困户共享全面小康。

2019 年，源胜村贫困发生率降至 1.12%；

2019 年，源胜村道路硬化达到贫困村出列标准；

2019 年，源胜村实现行政村通 10 千伏以上的动力电，自然村均通 380 伏动力电；

2019 年，源胜村实现网络宽带覆盖村委会、学校和卫生室；

2019 年，源胜村 228 户建档立卡户人均纯收入达到 3800 元的国家标准。

…………

贫困渐行渐远　幸福越来越近

“田坝这个地方有人居住以来，我家就是最初在这儿居住的 7 户人家之一，祖祖辈辈都生活在这儿！不搬！不管你咋说我都不搬！”

66 岁的田坝村民小组村民杨章莲，儿子和儿媳都在外打工，她带着两个孙儿在桧溪镇上租房读书。由于居住地是滑坡地段，需要搬迁，村上干部和政协机关包保干部郭元培多次上门做思想工作，她都不愿意搬迁。2018 年 10—11 月期间，包保干部郭元培与单位陆东、张居培等同志又多次找杨章莲做搬迁的思想动员，通过反复讲解政府的搬迁政策、对比算账，杨章莲最终同意了搬迁。

2019 年 11 月 30 日 8 时，一辆辆挂着大红花的客车和货车从源胜村委会驻地搬迁集结点缓缓驶出，满载着源胜村 52 户 251 人贫困群众对幸福的期望，来到了县城红光安置点。杨章莲的新家是 68 幢 301 室，看着新家园一栋栋漂亮、整齐的楼房映入眼帘，她脸上流露出了幸福的喜悦。

2020 年 6 月，杨章莲回到源胜村老家收大蒜，再次遇到了还在驻村包保干部郭元培，与郭元培拉起了搬迁后的家常，她说："感谢习主席！感谢共产党！感谢镇村干部和工作组的同志！现在上克（红光小区）生活条件好多了，衣服也干净多了，原来（在桧溪）带孙子（读书）每天都要接送，又怕车撞着（孙子），现在读书就在家门口，方便多了。"

感恩奋进　方知幸福来路

58 岁的老汉张昌国是一名共产党员，也是田坝村民小组组长，是政协机关唐刚银的扶贫包保户。为了摆脱贫穷，张老汉在村干部和政协机关工作队队员的支持下，看准了养猪这一致富门路，从最初的几头猪，逐步发展到了 30 多头。尝到了辛勤致富甜头的他，又打起了煮酒的主意，即生产了酒，又解决了猪的饲料问题。2017 年他通过勤劳脱了贫，谦虚地说："是共产党的政策好！"在致富的同时，他积极配合工作组的同志，带路入户、参与做村民的思想工作。开展人居环境整治工作时，他建言献策为建立整治人居环境和开展爱国卫生运动的制度和机制提出了很多很好的意见和建议，并积极调动群众的主动性，在日常生活中抓好落实；每次开展清扫活动，他都亲自拿着党旗组织村民打扫环境卫生。2020 年 2 月，一场席卷中国大地的新冠病毒来临，张老汉捐款 1000 元支持抗疫，主动参与搭建执勤点棚子，组织村民与工作组的同志一道执勤……

抗疫期间，源胜村党员、永善县桧元种植专业合作社理事长李安元每天开着自己的吉普车接送抗疫工作人员，花 1 万多元购买了 2 头肥猪，请人宰杀后一头猪送到了县抗疫指挥部，另一头猪经请示镇抗疫指挥部后分别送到了镇卫生院、派出所、交警中队和6个村（社区）。

“我们常年在外，平时帮不上忙，现在回家过年，送点物资来支援抗疫，表示一下我们的心意！”2020年2月8日，3辆皮卡车载满物资开进了源胜村委院坝，在石家庄经商的源胜村田坝村民小组青年苏违章，购买了1万多元生活物资，送到了村委会支援抗疫。

“我家并不富裕，没有钱来捐款，但我有力气，我可以（为抗疫）尽我的一份力量。”梁家坝一组的青年志愿者母光德主动请缨抗疫参与值班，又自掏腰包200多元，购买了5箱方便面送到服务站。60多岁的村党支部原支书尤昌群安排儿子给服务站送来了2块腊肉和一大口袋蔬菜，老党员张润昌送1块腊肉，马路村民小组组长、党员李泽伦捐款200元，大坪二组唐明潮捐款2000元，刹水坝一组鲜昌才捐款500元，还有村民张友均、蒋仕平、王美贵……在这些主动参与到抗疫行动中的身影，有不少人都是我们熟悉的贫困群众。

“你幸福，我欣慰”，看到源胜村贫困群众脱贫后，不忘党恩、关心国家大事、热心公益事业的这些自发行为，在这一瞬间，政协每一个挂帮干部和源胜村基层干部都觉得曾经的一切困难、一切付出都是值得的……一个人、一户人的“富”，不是我们的目标！扶思想、扶技术、扶干劲，志智双扶从根本上铲除滋生贫困的土壤和一个村的富裕以及全村群众整体素质的提高，“全面脱贫、高质量脱贫”才是我们努力的目标！

（作者时任永善县政协文化文史和学习委副主任）

步履铿锵战脱贫　携手奋进奔小康

——永善县扶贫办挂钩帮扶莲峰镇和平村工作纪实

柯贤伟

永善县莲峰镇和平村，距县城 135 公里，距镇政府所在地 25 公里，全村 20 个社 1026 户 4288 人，有贫困人口 524 户 2319 人。长期以来，农业基础设施薄弱、种植结构单一、缺少水源等因素严重制约了当地的经济发展。作为挂钩单位，永善县人民政府扶贫开发办公室多措并举，从改善基础设施、培植产业发展、倡导文明新风等方面入手，不留“死角”地开展帮扶，凝心聚力促脱贫，全村于 2018 年脱贫出列，截至 2019 年年底，如期实现 516 户 2288 人脱贫，未脱贫 8 户 31 人，贫困发生率由 2014 年的 51.51% 降为 0.54%，减贫成效显著。

倾力帮扶打基础

2015 年以来，县人民政府扶贫开发办公室挂钩帮扶和平村，为帮助和平村尽快摘除贫困帽子，县人民政府扶贫开发办公室成立了以主任为组长，副主任为副组长的挂包帮领导组，先后选派 11 名工作人员担任驻村扶贫工作队队员。针对该村基础设施滞后、发展后劲不足等致贫因素，安排专人根据贫情指导制订和平村脱贫攻坚施工图及到户帮扶措施表，积极协调相关部门，帮助建设18公里村组公路硬化、蓄水池32个、人饮管网21400米、农村电网改造978户、户间道硬化12000米、80平方米标准化村卫生室1个、标准化党支部建设1个，投入资金3000余万元，全面改善了和平村基础设施条件。2017年10月县扶贫办主任霍康同志到和平入户访贫时发现杉树自然村驿道存在安全隐患，茶店一社威宁弯子群众饮水困难，回到单位后立即召开党组会研究决定：由单位在有限的工作经费中挤出27.24万元资金予以解决。

倾心帮扶解民困

为进一步密切干部职工和挂钩户的沟通联系，县人民政府扶贫开发办公室制作了挂钩帮扶手册、政策扶持“明白卡”，261户建档立卡贫困户人手一卡，帮扶干部人手一册。五年多的时间里，帮扶干部通过单位组织、自行前往等方式多次深入农户家中干农活、拉家常，积极捐款捐物。县人民政府扶贫开发办公室先后三次出资为挂钩村、挂钩户解决建房、建厕等实际困难。截至2019年年底，干部职工走访累计达1716人次，并积极为挂钩户协调解决小额贷款170户722.6万元、转诊转院203人、大中专学生申报“雨露计划”64人，补助资金19.2万元、农村危房改造384户、地质灾害搬迁避让26户、有组织转移就业6147人次。和平村和平一社高某某，一家四口人，两大人两孩子，两孩子一大学生一高中生。2019年8月，一线挂联人员在入户走访中了解到其女高三毕业考上云南交通技师学院，但由于只有高某某一人在外务工，所得收入无法供两个大学生就学，所以其女准备放弃就学外出务工，村“两委”、驻村工作队和帮扶干部都心急如焚，于是三方一商量，第一时间协调乡镇民政部门对其两名学生施保，保障其基本生活，同时协调学校开学后及时出具就读证明，由村委会帮助申报“雨露计划”助学补助。

倾情帮扶解民忧

易地扶贫搬迁是脱贫攻坚“五个一批”中的重大举措之一，是“挪穷窝、拔穷根”的治本之举，为实现“一方水土养不起一方人”区域和“边、远、难、坚”极端贫困人口脱贫致富，县人民政府扶贫开发办公室紧扣“五个一批”脱贫路径，围绕“搬得出、稳得住、能持续发展、群众较为满意”的目标，积极配合相关部门组织实施和平新街、元堡两个易迁安置点，共安置贫困人口 282 户 1128 人，2018 年 15 户 75 人搬迁至靖安易地扶贫搬迁安置区，并同步做好易迁人口劳动技能培训和组织外出务工等后半篇文章。

增收致富有参谋

结合和平村的实际，县人民政府扶贫开发办公室紧扣“扶贫先扶智、扶志”的扶贫思路，几年来，邀请专家先后对群众和全体建档立卡贫困户开展了花椒提质增效、蔬菜种植、家畜养殖等培训，总计参加 3400 余人次，收到了良好效果。和平村是全镇的优质花椒、烤烟重点村，县人民政府扶贫开发办公室干部职工通过这一得天独厚的优势，千方百计发动群众种植烤烟、花椒，截至目前，全村共有花椒 4769.45 亩、烤烟 720 亩，花椒种植户均达 4.44 亩，干花椒产量达 178.85 吨，产值 1430.83 万元，户均增收 1.33 万元，为村出列、户脱贫打下了坚实基础。

文明帮扶树新风

为进一步激发贫困群众奋发脱贫内生动力，五年多来，县人民政府扶贫开发办公室始终把倡导文明生产生活方式、人居环境整治作为重要工作来抓。积极推进移风易俗、客事从简，指导村、社成立工作领导小组及管委会，农村客事得到大幅压缩和精简，通过宣传引导，让村民自觉遵守和维护村规民约，实现自我管理、自我教育、自我约束。通过发动村干部、党员对村民进行宣传动员，号召并指导农户做好房前屋后、牲畜圈舍垃圾清理，实现“三区分离”。同时，一方面落实到位“门前三包”，监督商户对门前垃圾进行每日清理，有效提高学生环保意识，对接中小学利用主题班会、升国旗等机会教育引导学生爱护环境，彻底改变随手丢弃垃圾的坏习惯。干部做好表率带着群众干，用勤劳双手换得整洁环境，全村干部每月 15 日、30 日对辖区内街道、公路沿线、卫生死角等区域进行环境卫生整治。本着便民、实用的原则设置垃圾桶 36 个，引导村民将垃圾定点投放，逐步杜绝村民将垃圾随意丢弃的陋习，全村有 55 名公益性岗位保洁员，垃圾清运车 1 辆，做到垃圾日产日清。另一方面借助村扶贫爱心超市，每月由村委会组织对辖区农户开展操家理屋评比积分，农户凭积分到“扶贫爱心超市”兑换洗衣粉、鞋架等生活用品，进一步激发大家参与人居环境整治工作的积极性，有力地推进了全村乡风文明建设。

（作者系永善县扶贫办工作人员）

扛实帮扶责任　彰显央企担当

——中国建材集团定点扶贫永善县纪实

李　楠

中国建材集团是国务院国资委直管中央企业，按照中央脱贫攻坚“挂包帮、转走访”安排部署，于 2015 年定点挂钩帮扶云南省昭通市永善县细沙乡黄金村，2019 年帮扶覆盖永善全县并增加定点帮扶细沙乡大同村、凉水村和团结乡大毛村。

自定点挂钩帮扶以来，集团党委始终坚持初心如磐、使命在肩，坚持以习近平新时代中国特色社会主义思想为指导，坚决贯彻落实党中央、国务院脱贫攻坚大政方针，按照国务院国资委统一部署，在脱贫攻坚决战中践行社会责任、履行帮扶义务、发扬担当精神，5 年共选派 3 批 13 名优秀干部挂县驻村，累计投入帮扶资金 5500 余万元。

中国建材集团党委高度重视永善县定点帮扶工作，紧扣“两不愁、三保障”突出问题，累计深入永善县实地调研 10 余次，从民生扶贫、产业扶贫、教育扶贫、就业扶贫、干部能力提升培训等方面着手发力，帮扶成效显著，用心用情用力真帮实扶，助力脱贫攻坚。永善县于 2020 年顺利通过国家考核验收，实现全县脱贫摘帽。

聚焦民生帮扶　提升群众生活幸福感

基础设施建设是决胜脱贫攻坚战的基础，也是改善民生的迫切需要。

为改善制约脱贫攻坚的饮水、交通等民生问题，集团投入帮扶资金606万元援建总里程达18.4公里的“五路三桥”；修复保通村组公路17.7公里挡土墙三座、过水路面两座；援建黄金村人畜饮水蓄水池一座；在细沙乡五个村（社区）安装太阳能路灯，切实解决群众交通、饮水等问题，增强人民群众的幸福感。

投入帮扶资金870万元，援建党员活动室3座；援建黄金村党群服务中心，为黄金村群众提供方便、快捷的相关业务办理，达到为民办事一站式服务；对细沙乡大同村、团结乡大毛村村级党群众服务场所、文化阵地进行改造；帮助细沙乡、团结乡解决农村危房改造资金缺口，帮助161户565人搬进了安全稳固的住房；为永善县易地搬迁建档立卡贫困户购置家居生活必需用品，惠及永善县易地扶贫搬迁建档立卡贫困户6375户30000余人。一串串丰硕果实、一件件民生实事在永善县落地生根、开花结果，为当地群众脱贫致富奔小康夯实了基础。

聚焦产业帮扶　带动群众增加收入

因地制宜发展产业，是助推贫困群众脱贫、稳定致富的长效手段，利用现有的土地优势，种植经济林果，既能解决群众就业问题，又能增加群众收入，使扶贫从“输血”向“造血”转变。

在深入实地调研并综合研判的基础上，集团投入帮扶资金960万元，在永善县细沙乡、桧溪镇等乡镇规划连片种植猕猴桃3000亩。采取“党支

部 + 专业合作社 + 贫困户”的模式，由规划种植区的党支部作为村级集体经济组织，通过与具有实力的专业合作社签订协议，集团帮扶的资金按照每亩 3200 元的标准由村集体经济入股专业合作社，采取一定比例递增分层次的模式向贫困群众分红，群众、村级集体经济组织（村党支部）、合作社三方形成了长期的利益联结。项目建成进入盛果期后，按照当前市场预期，每亩年纯收入可达 10500 元，3000 亩投产可获得年总纯收入 3150 余万元。

集团投入帮扶资金 600 万元，援建永善县易地扶贫搬迁红光新区安置点扶贫车间 4000 平方米，项目建成后将引进劳动密集型企业，对永善本土特色产品竹笋、菜干等特色农产品进行深加工，重点吸纳安置点建档立卡贫困户就近就地就业，可解决 400 余人就业、带动 1200 余人脱贫；同时，建成的扶贫车间获得的租金将作为集体经济收益，用于社区公益事业和困难群众帮扶，逐步探索出一条解决贫困群众从搬出大山进城安家的后续发展途径，达到安置点群众搬得出、稳得住、逐步能发展的目标。

聚焦教育帮扶　阻断贫困代际传递

习近平总书记强调，扶贫先扶志，扶贫必扶智。如果扶贫不扶智，就会知识匮乏、智力不足、身无长物，甚至造成贫困的代际传递。

集团结合永善教育教学实情，力所能及帮助改善部分学校教学基础设施，改进教学方式，进一步提高教育教学水平，从源头阻断贫困代际传递。一是改善教学环境。细沙乡黄金村小学是一所村完小，在校师生 230 余人，没有教师宿舍，12 名外地教师长期租住在农户家，由于条件艰苦，导致部分优秀教师流失；学校没有学生餐厅，学生用餐只能晴天在操场雨天在教室。为切实帮助学校改变现状，留住教师和改善学生就餐环境，集团投入帮扶资金 98 万元，援建了一幢教师周转房总计 12 套，解决了教师长期在外租住民房的历史问题，为学校留住了人才，稳定了教师队伍，确保了大山里的孩子能够接受更好的教育。将旧楼改造为学生餐厅，配备学生餐桌和大型消毒柜，学生用餐有序，不再日晒雨淋。同时，集团投入帮扶资金 73.7 万元，新建了一幢综合办公楼并配齐设备设施，作为教师办公室、学校微机室、留守儿童关爱之家，学校的基础设施和教学环境大为改善。二是资助县二中开设远程直播班。集团投入帮扶资金 85.9 万元，帮助永善二中与成都七中联合开办远程直播班（3 年 6 个班），实现了永善二中教学与国内名校同步、优质教育资源共享，直播班开班以来成效显著，共计 207 位学生受益，学习成绩大幅提升，对促进永善县的教育教学水平快速发展起到了积极助推作用。三是建立助学奖励机制。集团设立了“志学奖”和“助学奖”，专门用于激励定点帮扶县区贫困优秀学生努力学习，从小树立积极向上、报效社会的理想信念。2018 年、2019 年为永善县溪洛渡高级中学、永善县一中各 10 名品学兼优的建档立卡贫困家庭学生按照每生 2000 元的标准，颁发中国建材“志学奖”奖学金 4 万元。同时在细沙乡设立 30 万元助学金机制，专门奖励乡内以优异成绩考入昭通市知名中学以及考取大学的贫困学生，既解决了贫困家庭的教育支出负担，又鼓励了贫困学生努力学习，树立自强不息报效社会的志向和奋力拼搏精神。

聚焦就业帮扶　提供岗位实施招聘

为切实改善永善县劳动力转业就业组织化程度不高等问题，根据企业自身发展和永善贫困群众就业需求实际，集团企业与永善县委、县政府联合举办了 4 场“中国建材集团对口帮扶永善县劳动力就业专场招聘会”，集团下属企业西南水泥集团、中材矿山、凯盛集团国显公司等来县共计招聘 170 余名大中专毕业学生、青壮年贫困劳动力成为公司正式员工。中材矿山在招聘条件上给予倾斜照顾，让低学历、零基础的贫困群众也有机会参加应聘，招聘的99名挖掘机操作工、装载机操作工、爆破工、凿岩工等技能岗位，免费提供培训，发放生活费，采取以师带徒有针对性培训学员，考核合格转为正式员工，月收入达到6000元以上，进一步提升了对口帮扶成效，增强了贫困群众的“造血”机能。

聚焦干部培训　提升干部素质能力

为切实提高永善县基层干部的能力素质，通过集团定点帮扶打造一支带不走的基层高素质干部队伍。集团为永善县基层干部搭建平台、提供培训机会，先后组织开展了3期干部培训。2019年9月，精准选派10名县副科级以上优秀基层干部参加集团在中国大连高级经理学院举办“中国建材集团定点帮扶地区干部培训班”，进一步开拓了参训干部的视野、提高了工作能力、提升了从政素养。为进一步提高村“三委”、合作社、致富能人”三支队伍工作本领，2019年10月，永善县选派了40名相关人员参加集团在云南省西南林业大学举办的“农村三支队伍能力提升西南林业大学培训班”，通过培训学习，进一步转变了他们的观念、提高了经济发展思路认识、提升了履职能力，对抓好脱贫攻坚工作和农村经济发展有了更进一步的认识和提高。2019年11月，争取集团帮扶培训资金8万元，由县委办举办干部能力提升培训班，重点对县各乡镇、县直各部门综合办公室工作人员开展能力培训，着力建设一支高素质、高效率、能力强的队伍，进一步提升各乡镇、县直各部门综合办公室工作人员的公务处理能力和业务办理水平，为更好地服务于脱贫攻坚打牢后勤保障基础。

扶贫开发，乡村振兴，需持续用力，久久为功。中国建材集团将坚持以习近平新时代中国特色社会主义思想为指导，坚决贯彻落实党中央、国务院决策部署，扛起脱贫攻坚定点帮扶政治责任，以实际行动践行初心使命，以真情投入彰显担当作为，严格按照习近平总书记提出的“摘帽不摘责任、摘帽不摘帮扶、摘帽不摘政策、摘帽不摘监管”要求，紧紧同永善县委、县政府一道，持续巩固提升脱贫成效，进一步提高脱贫质量和成色，为乡村振兴打下坚实基础贡献力量。

（作者时任中国建材集团驻细沙乡黄金村工作队队长、第一书记）

纪检人的足迹

——永善县纪委、县监委挂钩帮扶茂林社区工作纪实

邓远祥

“在永善的‘南大门’，有一个曾因‘山青水绿、林茂粮丰’而得名的地方，说的就是位于永善县南部的我们茂林镇。”当地一位老人热情地向大家介绍。

“茂林”，令人向往的名字。但五年前永善县纪委、县监委挂钩帮扶该镇茂林社区时，其深度贫困状况令人担忧。五年来，在15个村民小组脱贫攻坚的战场上，他们投入了大量人力物力，融入真心真情倾力帮扶。社区脱贫攻坚的成绩单上，深深刻印着纪检监察人的足迹。

为了那份担当与牵挂

五年前，他们奔走在茂林社区的青山绿水间，感受着清新的空气和纯朴的民风，但看着低矮的茅草房和地里柔弱的苞谷洋芋，如何让社区建档立卡贫困的455户1899人尽快增加收入、改善居住和生活条件成了帮扶干部的一大考题。

“扛实扛稳政治责任，坚决执行县委、县政府部署，克服一切困难，

严格落实好各项扶贫工作任务，不辜负组织的重托和群众的期盼。”时任永善县委常委、县纪委书记、县监委主任张占均在脱贫攻坚动员部署会上作出的指令掷地有声。

为扛实脱贫攻坚责任，县纪委、县监委加强组织领导，“一把手”亲自过问、分管领导直接抓、班子成员分片负责，选派优秀干部驻社区，明确工作责任，深入调研制订措施，全力破解脱贫难题。如何让社区贫困群众脱贫的问题，一直是县纪委、县监委班子成员心中放不下的牵挂。

“你家有几口人？”“主要有些什么收入来源？”在全面走访工作中，全体干部分别走进建档立卡贫困户家中，与群众面对面交心，了解家庭状况及具体困难。

“我们要有攻坚克难的斗志、敢闯敢干的勇气，大胆负责合力攻坚，直面矛盾和困难，切实解决具体问题，坚决夺取脱贫攻坚战的全面胜利。”2019年5月29日，永善县委常委、县纪委书记、县监委代主任李虓刚到任不久，在脱贫攻坚推进会上这样强调。

近年来，县纪委、县监委班子领导抓实时间节点和工作任务，分片带领包保人员进村入户，深入田间地头，进农家访民情，找短板商对策，只为贫困群众过上好日子。

为了脱贫路上一户也不少，县纪委、县监委66名干部职工主动与帮扶的455户群众“结对子、攀亲戚”，想尽一切办法解决住房、收入、饮水等具体困难，引领群众战胜贫困。

“通过近五年的帮扶，县、乡、村干部与群众共同努力，目前茂林社区已脱贫435户1827人，未脱贫20户72人，贫困发生率降到1.63%。”县纪委副书记、县监委副主任刘利丹在工作总结会上讲到，扶贫成果喜人。

手拉手找穷根开良方

“洋芋荞粑燕麦酒，民族歌舞迎朋友；林茂草丰牛羊壮，茂林火腿誉四方；资金技术跟不上，力争脱贫需帮忙。”这一民谣既体现出茂林社区特有的优势，也反映出群众受缺技术、缺资金、缺劳动力困扰的无奈。

“加大帮扶力度、推动政策落实，领会中央精神、提升脱贫质量，强化‘三风’行动、加强纪律作风，确保工作成效。”2019 年 9 月 27 日，永善县委常委、县纪委书记、县监委代主任李媇对扶贫工作提出了更高、更明确的要求。

在全县脱贫攻坚爬坡过坎的关键时期，为帮助茂林社区啃下最后的“硬骨头”顺利摘帽，调派韩伟、张富云、周国雄三名精兵强将驻社区工作，同时投入资金 41.2 万元，改造设施添置设备，改善办公条件，保障工作高效推进。

“只有熟悉群众的情况，对具体问题心中有数，知道用什么措施，才能有效进行帮扶。”县纪委副书记、县监委副主任廖锡玲带队开展工作时，要求大家将工作做细。

凡是入户走访的时间节点，结对包保干部不顾日晒雨淋、跋山涉水，在农家院落、田间地头访贫问暖……2019 年通过遍访识别，对卡户进行信息补录，新识别 1 户 1 人、自然增加 65 人、自然减少 55 人、整户清退 7 户 25 人，“调准”帮扶对象，“把准”帮扶措施。

“这是你们帮建的水泥房子，住房安全了。我还养了 2 头牛，加上其他资金每年能有 5000 多元的收入。”55 岁的张光全叼着烟袋坐在院坝边，觉得一个人的日子也是蛮有滋味的。

让社区群众有安全住房、有稳定收入，始终是县纪委、县监委的扶贫重点。为此，大家苦拼实干在脱贫攻坚一线，把各项政策措施落实到一线，把贫困群众的问题解决在一线。

抚慰群众心中的贫与痛

找准了“精准扶持谁”，那“怎么精准扶”又摆在了帮扶干部面前。据统计，茂林社区群众因缺资金、缺技术、缺劳力致贫的共占 72.8%。要化解贫困“症结”，就得以无私大爱托底，一户一策帮民所需。

“找问题、补短板、促攻坚，力求找到产业支撑，多渠道带动农民增收，这是脱贫攻坚的核心问题。”时任县纪委副书记、县监委副主任胡万钦在社区分析研判会议上指出。

为着力提高扶贫实效，帮助社区重点规划了中药材种植、生态黄牛养殖、劳务输出等三大产业。2018 年，192 户建档立卡户与洪润专业合作社协议养殖生态牛 192 头，198 户贫困户与昭通昌宏信达责任有限公司协议养殖生态猪 594 头。

“以前在家种洋芋、苞谷，喂 2 头猪，粮食产量不高，养家糊口难。你们帮我联系在浙江务工 3 年了，每月收入 4000 多元，日子好过多了。”今年 34 岁的邓龙海说。

既然地里刨不出“金娃娃”，就想办法走出去找“财源”。积极引导贫困农户外出或就近务工，增加收入早日脱贫。

对无法外出打工的贫困农户，协调开发公服岗和公益岗就业 20 户 20 人，让他们在家门口就有活做增加收入。同时对失去生存条件的 13 户 46 人，动员实行易地搬迁，直接挪出“穷窝窝”，搬进宽敞明亮的新居，早日达到脱贫目标。

“这条路以前又陡又窄，驮马难以通过，现在修成了公路，一天车来车去的，运输出行方便多了。这是你们帮建的幸福路啊。”芹菜坪村民小组组长洪竹先感慨地说。

为了改变落后的交通状况，加快脱贫步伐，协调资金 50.39 万元，修通了芹菜坪和马茨坪小组共 6.4 公里的公路。

“我的医药费基本都报销了的，大大减轻了我家的经济负担，如今的政策太好了。”今年 54 岁，2019 年因火灾导致手残曾住院 28 天的陈世学动情地说道。

一直把群众需要当作头等大事的纪检监察干部，及时顺应群众的殷切期盼。他们以心智大爱汇成的“超能力”，使得脱贫致富的步伐坚定有力，铿锵豪迈。

一路深情一路歌

板厂沟组陈大雄家门上贴有这样一副对联：“体察民意贴心关怀，扶贫路上纪检情深。”这体现出群众对他们结对帮扶工作的认可与深情。

“我患有长期慢性病，干不了重活，是你们帮我申请了 9000 元的临时救助，又给我本钱养了 1 头猪、20 只鸡，现在生活不成问题。”坚强的姜德英满怀着希望。

长期以来，全体帮扶干部始终把维护群众利益、注入增收动力放在首位，他们付出真心、播撒真情，不折不扣完成工作任务，为脱贫攻坚保驾护航……

当前，他们仍然牵挂帮助的，是正在实施的铜厂沟组饮水工程项目及小街六、七、八组、偏岩子、油榨房集中供水及污水处理厂项目；积极参与跟进铜厂沟组公路硬化及垃圾池项目的计划与实施……

“你们用优良的作风引领我们，用心用情助推着我们的各项发展，你们的帮扶足迹深深刻印在了群众心里。”社区书记王龙刚这样评价他们。

因为有爱，他们携手；因为责任，他们坚守。是的，他们扛着光荣的脱贫攻坚使命，肩负神圣的监督执纪责任，融入浓厚的情感，帮助解决具体困难，山水间踏印着他们的足迹，一路深情一路歌，留下许多美好的回忆。他们作风扎实成绩出色，得到有关领导的肯定和赞扬。该单位徐荣聪、王应举二位同志获得“永善县 2019 年度贫困地区事业单位脱贫攻坚专项奖励”。

“脱贫摘帽不是终点，而是新生活、新奋斗的起点。”全体干部牢记习总书记嘱托，以更加务实的作风、更加扎实的举措，继续为脱贫致富“保驾”，为乡村振兴“护航”，干群同心再奋战，人们眼前将呈现一个“亮丽整洁、林茂物丰”崭新的茂林社区。

（作者系永善县纪委监委工作人员）

扶贫路上的组工之魂

——中共永善县委组织部挂钩帮扶工作纪实

黄义勇

地处高寒山区，产业发展单一，基础设施薄弱，群众思想落后……永善县委组织部挂钩帮扶边远难啃的码口镇黑甲村、水竹乡塘坝村和细沙乡三堡村是全县脱贫攻坚战中最难啃的“硬骨头”之一。自脱贫攻坚战打响以来，永善县委组织部始终按照习近平总书记新时期扶贫开发战略思想及中央、省、市、县脱贫攻坚部署要求，对标对表挂钩帮扶责任，强化统筹协调，加强督促指导，充分发挥部门优势，带动贫困群众脱贫增收。

沉到一线用心帮扶

“我们这里海拔较高、常年低温、气候冷凉、昼夜温差大。村委会由于年久失修，墙体灰大部分已脱落，门窗部分破损变形，在村上办公的同志都非常辛苦，但是‘三支队伍’和挂钩包保人员都克服实际困难，充分发挥自身优势，一心帮助群众脱贫致富”。主要领导深入黑甲村和塘坝村对2个高寒山区的扶贫工作进展情况进行实地调研，查验工作成效，解决实际存在的问题。在详细了解2个村的情况后，回到单位立即召开部务会研究，向两个村解决村委会维修费共计 8 万元，现在两个村委会办公大楼焕然一新，办公区域干净、整洁、有序。

“火车跑得快，全靠车头带，班子强不强，全靠领头羊”。党支部作为脱贫攻坚主战场第一战斗堡垒，堡垒是强还是弱，关乎战场胜败。县委组织部根据挂钩村的实际情况，选派政治素质好，业务能力强的组工干部到挂钩帮扶村担任第一书记，同时还配强配好驻村工作队，驻村工作队在下组开展工作时，挖掘和发现优秀的致富能人和优秀青年人才积极推荐和引荐进入村“两委”班子，不断优化村“两委”班子结构，提高“两委”干部履职能力和综合素质。同时，将部机关“支部主题党日”活动搬至田间地头，增强支部活动的吸引力和感染力。

全体组工干部铆足干劲，拿出打大战、打硬仗的决心，以等不起的紧迫感、慢不得的危机感、坐不住的责任感，鏖战在脱贫攻坚一线。主要领导挂帅出征，分管领导一线指挥，挂包人员一线冲锋，驻村队员全线鏖战。坚持以党建为引领，紧扣脱贫摘帽的总目标，部机关每月至少研究 1 次结对帮扶工作，解决结对帮扶村脱贫出列中存在的困难问题。在冲刺打赢脱贫攻坚收官战之时，部领导带头下沉一线，每个股室（中心）只留守 1 人确保业务正常开展，其余干部全员下沉到一线集中精力发起总攻，确保收官之战顺利完成。

流汗脱皮用力帮扶

你们家一起生活的有几个人？家里养了几头猪、几头牛？今年有几个人出去务工？这家的情况好像有点问题，我们入户再了解下；这个数据和实际情况不一致，我们再去核实……驻村扶贫工作队和结对帮扶干部与乡、村干部一道，白天爬山涉险、挨家挨户摸底调查，晚上挑灯夜战核对信息、汇总数据、综合算账、录入系统，并对贫困人口进行认真梳理、分类，深入剖析贫困原因，找准贫困根源，对标对表“户脱贫、村出列”要求，因村、因户精准施策，围绕特色产业、基础设施、技能培训等方面详细制订脱贫计划，精准落实帮扶措施。挂包细沙三堡、码口黑甲、水竹塘坝贫困户的组工干部，有群众工作经验丰富的中老年同志，也有精通业务的年轻骨干，更有才参加工作的90后，面对艰苦的工作环境，全体组工干部没有退缩、没有抱怨、义无反顾，挂钩帮扶以来，部班子成员到村开展工作400余人次，挂包干部到村开展工作900余人次，解决问题300余个。

“政府给我们代缴了医疗保险，还给我们代缴了养老保险，生活没得保障的还有低保，出现重大困难时还可以申请临时救助，现在的政策真的是太好了。”几年来，全体包保干部坚持不懈地帮助群众想办法、出点子，把群众当亲人，一次次入户了解群众收入、住房、教育、医疗、饮水等情况，结合实际情况配合乡镇补短板，实现挂钩帮扶村参加城乡居民医保五类人群100%参保，家庭医生签约率达100%。

“下村开展扶贫工作的同志们都很辛苦，常常迎着朝霞出门，踏着夕阳回村，中午饿了有时候吃点洋芋充饥，有时候吃点方便面充饥，但没有一个人说一点苦，没有一个人叫一点累。虽然我们现在经费比较紧张，但是我们要全力保障脱贫攻坚工作经费，确保脱贫攻坚工作顺利推进。”每次班子会议研究脱贫攻坚工作，部领导都强调要多关心在扶贫一线的干部职工，让他们更加安心、更加有干劲。在办公经费十分紧张的情况下，每年在公用经费中给予每村2万元，用于开展脱贫攻坚工作，共计安排帮扶经费30万余元。积极动员社会各界爱心人士参与精准扶贫工作，协调联系资金90万余元帮助解决三堡村、黑甲村、塘坝村的基础设施建设。每年扶贫日，在部领导的带动下，全体干部职工纷纷慷慨解囊，踊跃捐款共计10万余元，干部职工还用“以购代捐”的方式帮助贫困群众实现增收共计7万余元，不断帮助贫困群众改善物质生活条件和增收致富，齐心协力为打赢脱贫攻坚战、促进永善与全国全省全市同步全面建成小康社会贡献力量。

集聚爱心用情帮扶

“老乡们，党中央国务院把扶贫开发作为全面建设小康社会的重点工作，大力推进精准扶贫精准脱贫基本方略，就是要精准解决每一村每一户的实际困难，确保如期脱贫。我们要饮水思源，不忘初心，感恩思进，勤劳致富，撸起袖子加油干，铭记党的恩情，以昂扬的斗志早日脱贫奔小康”。县委组织部注重扶贫与扶志和扶智相结合，以开展“自强、诚信、感恩”“不忘初心，牢记使命”主题教育实践活动、“三讲三评”等活动为载体，着力解决少数群众“等靠要”思想较重、主动脱贫意识不强、脱贫信心不足等问题，将外部“输血”式扶贫与内部“造血”式脱贫相结合，通过培育贫困人口自身“造血”功能巩固“输血”成果，不断增强广大群众感谢党恩之情、奋力脱贫之志，汇聚打赢脱贫攻坚力量。驻村工作队和结对包保干部在走村入户开展工作时，结合身边脱贫致富的故事，用通俗易懂的语言开展“自强诚信感恩”宣讲200余场次，鼓励贫困群众自力更生，转换观念、更新理念，感恩思进，不等不靠，早日脱贫奔小康。

“以前我们村基本上没有集体收入，现在通过政策帮扶，我们村实现了每年至少有2万元的村集体收入，现在村上有些钱为群众办事了，也可以开展一些基础设施建设，还可以做一些公益事业。”为了让困于深山中的贫困群众过上好日子，县委组织部积极组织三堡村和黑甲村分别以20万元入股云南菜人家食品有限公司、黑甲村以30万元入股秀禾种养殖农民专业合作社和彝都荞麦加工有限公司合资经营，进一步发展壮大村级集体经济，有效破解集体经济“空壳村”难题，为脱贫攻坚和乡村振兴注入强劲动力。同时，还协调联系县农业农村局、县林草局技术人员开展种植、养殖技术技能培训40余场次；采取“村企合作”模式，因地制宜为细沙乡三堡村规划种植猕猴桃270余亩，方竹564亩，花椒200余亩，促进贫困群众增收致富。

2019年12月，吴兴祥一家搬进了靖安新区，真正圆了住进城市的梦想，孩子读书从新家到学校只需10分钟左右，以前读书至少要走2小时的山路。扶贫要到根子上，挂钩帮扶干部通过大力宣传义务教育阶段相关法律法规，让学生和家长知晓国家教育资助政策，确保不让一名义务教育阶段贫困学生因贫失学、因贫辍学。同时，还积极协调动员社会爱心人士开展爱心助学活动，不少爱心人士千里迢迢、长途跋涉为细沙乡三堡小学、码口镇黑甲小学的学生送来校服、学习用品、课外书籍、体育用品……全体组工干部用实际行动联系并组织爱心人士共计向挂钩村捐资捐物达80万余元，并鼓励孩子们克服困难，奋发向上，感恩党、感恩社会，用知识回报社会，报效祖国。

青山座座皆巍峨，壮心上下勇求索。永善县委组织部始终把打赢脱贫攻坚战作为一项重大政治任务，着力抓重点、补短板、强弱项，科学分工，坚决把责任扛在肩上，拿出“不获全胜、决不收兵”的豪情壮志，咬定青山不放松，以愚公之志苦干实干，全力啃下“硬骨头”、打赢“攻坚战”。

（作者系中共永善县委组织部工作人员）

不待扬鞭自奋蹄　干溪处处显真情

——永善县委宣传部挂钩帮扶墨翰乡干溪村工作纪实

李昌贵

墨翰乡干溪村是距永善县城160公里的贫困山区，产业结构单一、基础设施薄弱、交通条件落后等因素长期制约着当地经济社会发展，全村574户2009人中有建档立卡贫困户230户934人。2015年，县委宣传部（含县文联、县社科联）挂钩帮扶工作从墨翰乡大寨村调整到干溪村，成立县委常委、宣传部部长为组长的挂钩帮扶领导小组，及时研判村情，以培育文明村风、夯实基础设施、大力发展产业等为核心，坚持精锐尽出勤帮扶、凝心聚力促脱贫，多措并举补齐"两不愁、三保障"短板，2019年实现整村出列。

精锐尽出打基础

挂钩帮扶以来，坚持精锐驻村、精锐尽出，先后派出新农村副队长1名、驻村工作队队长3名、驻村队员5名，20名干部职工结对帮扶171户682人。乡村要发展，基础是关键，积极协调基础设施项目建设，部门出资1.8万元修建硬化人行道240米；协调投入资金36.5万元，按照"八个一"标准打造了干溪村综合文化服务中心；协调县红十字会向上争取项目 1 个，投入产业发展、基础设施、环境改善等资金 40 万元。配合抓好项目规划实施，硬化自然村公路 7 条 21.514 公里，建设安全住房 282 户、修建饮水池 16 个 680 立方米，安装饮水管 37 公里。实施东西部扶贫协作“万企帮万村”脱贫攻坚补短板项目，建设简易垃圾焚烧池 26 座、户间道硬化 780 米。

倾心帮扶显真情

2015 年以来，先后制订了《干溪村脱贫攻坚规划》《关于进一步压实责任决战脱贫攻坚的通知》以及年度挂钩帮扶计划、实施方案、遍访安排等文件，下发了《中共永善县委宣传部脱贫攻坚工作手册》《中共永善县委宣传部脱贫攻坚工作日志》等工具书，精心谋划结对帮扶工作。坚持部门和领导引领，全体结对帮扶干部用心用情抓脱贫，仅 2019 年，到村开展扶贫工作达 253 人次 1870 多天次，在安装水电、操家理屋、搬迁新居、拆危拆旧等方面亲力亲为，人人都成了排管布线的行家里手、“背推撬抬”的大力士，群众眼中的这一“工程队”最大年龄已经 57 岁。干溪小学是村级完小，为给予农村学生更多关爱，部门筹措资金 1.83 万元购置 93 份“爱心包”开展关爱慰问，驻村干部协调联系爱心企业捐赠 1.6 万元的爱心物资，募集资金 1.1 万元，捐助 8 名建档立卡户在读高中生、慰问 8 名教师。5 年来，部门共筹措资金 30.58 万元用于干溪村，结对帮扶干部多次为修建活动场所、困难党员群众捐款捐物，如 2019 年 10 月，结对帮扶干部自发出资 1.2 万元为群众购买并安装简易衣柜、鞋柜，补齐“六有”短板。

多管齐下助增收

要啃下脱贫攻坚这块“硬骨头”，助推群众稳定增收是核心。5年来，坚持扶贫与扶智相结合，按照“短能脱贫、长能致富”的思路，实现“多条腿走路”。开展种养殖技术、焊工、建筑等实用技能培训，实现建档立卡户家庭至少1个劳动力得到技能提升，并大力组织转移就业，2019年新增转移就业228人，就业人员达1020人，所有贫困户均有1人以上家庭成员务工。实施脱贫产业一户一策和退耕还林还草等生态扶贫政策，退耕还林180户1002亩，发展花椒623亩，脱毒马铃薯526亩、规划养殖牛44头。针对干溪村产业薄弱这一情况，大力发展集体经济，2016年成立永善县墨翰乡恒心养殖专业合作社，吸纳230户建档立卡贫困户为社员，实现稳定增收。创办干溪村村级集体经济组织1个，修建鱼池2640平方米，养鱼1万余尾，年收入实现5.6万元。

文明帮扶塑新风

挂钩帮扶以来，县委宣传部充分发挥部门优势，深入开展文明创建、感恩教育、环境整治等活动，培育文明新风。制订《党建结对与脱贫攻坚双推进工作方案》，部领导坚持每月到村研究工作，机关党支部与挂钩村党支部坚持开展共创共建活动，筑牢基层堡垒。开展文明创建共创共享活动，出资5万元完善文明创建硬软件设施，组织开展“好婆婆”“好媳妇”“好邻居”等“九好”村民和“五星级文明户”等文明创评活动，干溪村2016年成功创建市级文明村。深入开展“自强诚信感恩”主题实践活动，举行农村“院坝会”“扶贫课堂”等群众宣讲会议165场次，扶贫政策深入群众心中。建章立制抓人居环境，将人居环境、移风易俗等纳入村规民约，成立管委会 6 个，建立爱心超市 1 个，实行人居环境月评比，自我管理、自我教育、自我约束的氛围初步形成。

（作者系中共永善县委宣传部工作人员）

敢担善拼　坚韧求成

——永善县委政法委挂钩帮扶黄华镇黑铁村工作纪实

刘国祥

近年来，在黄华镇党委坚强领导下，黄华镇黑铁村顺利完成脱贫攻坚任务，923 户 3426 人实现脱贫致富，群众过上了幸福生活，全村面貌发生了翻天覆地的变化，到处呈现出一片欣欣向荣景象，乡村振兴的气息越来越浓！在脱贫攻坚这场战役中，政法委干部职工充分发扬了“敢担善拼，坚韧求成，再硬的骨头也要嚼碎”的脱贫攻坚精神，敢于担当，善于作为，勇于破题，与镇、村两级和其他帮扶力量以及全村群众一道想办法、出主意、破难题，帮助全村群众如期实现小康梦，精准扶贫已结出胜利果实。

敢于担当，甘当脱贫攻坚“急先锋”

2019 年 7 月 1 日，县委政法委职工陈尧同志克服种种困难，来到黄华镇黑铁村开启了驻村扶贫的日子，主动挑起了脱贫攻坚重担。作为一名党员，不论是 2019 年全村农村危房改造的攻坚拔寨时期，还是解决荒山村民小组群众饮水困难的艰难时刻，他总是冲锋在前，用实际行动践行着一个共产党员的初心。黑铁村荒山村民小组所处地理位置较高，自然条件较差，水源十分匮乏，人畜饮水困难。陈尧了解情况后，一边主动带领工作队多次翻山越岭深入猫鼻梁、马楠乡为群众寻找水源点，一边想办法帮助群众建设人饮管网和水窖。经过三个月努力，当地村民靠天吃水的情况彻底得到解决。作为驻村“第一书记”，陈尧同志坚持抓党建促脱贫，每季度定期组织召开“三讲三评”会议，向党员同志阐释共产党员的初心使命，促使黑铁村的党员同志对初心使命有了新的认识和理解，更加积极地参与到全村脱贫攻坚各项重点工作中来。作为驻村扶贫工作队队长，陈尧同志长期扎根在黑铁村开展扶贫工作，始终如一、坚守初心，认真履行扶贫工作队队长职责，示范带头完成了一个又一个任务，帮助群众办理了一件又一件实事，解决了群众一个又一个难题，扶贫工作得到了群众好评。2020 年 4 月，陈尧同志积极组织黑铁村“三支队伍”到瓦房村民小组调查研究人居环境整治，深入每家每户讲道理、做动员、做示范，经过近十天努力，将瓦房村民小组打造成了“人居环境示范社”，成为引领全镇人居环境上台阶的现场教学点。

善于作为，甘当人民群众“心上人”

“为官应立公仆志，从政最贵爱民心。”政法委干部职工正是秉持这种精神，保持同人民群众的血肉关系，始终把群众当作自己的亲人，始终把群众的事当作自己的事，持之以恒抓好脱贫攻坚点点滴滴。脱贫攻坚以来，政法委结对帮扶干部郭佳同志为了贫困户能早日搬进安全房，数十次做其思想工作，主动帮助该户预算装修所需时间、材料、资金等，积极帮助该户联系工人、材料甚至运输车辆，每天一个电话督促工程进度，督促完成房屋装修，帮助该户早日搬进了新房；为了减轻贫困户负担，郭佳同志还在县城购置了电线、插座、插板等物品亲自送到贫困户家中，帮助其联系装修工人，并反复跟装修工人讨价还价，装修工人被其执着感动，最后同意以最低价为该户粉糊房屋墙体。2019 年 10 月，郭佳同志入户走访途中，因下雨路滑不慎摔倒住院。在住院期间，郭佳同志依然坚持每天一个电话了解结对包保对象的房屋是否装修完了、电线是否安装好了、水是否接入家中了、家具是否购置了、是否搬迁入住了等每件“小事情”，真正把群众当成了自己的亲人，给予无微不至的关怀和帮助，用实际行动践行着一名政法干部的爱民之情。

勇于破题，甘当脱贫致富“碎骨机”

习总书记曾讲：“全面建成小康社会，一个不能少；共同富裕路上，一个不能掉队。”过去的黑铁村，是一个深度贫困村，基础条件差、经济发展滞后、群众发展意识不强等多种因素叠加，贫困面大，贫困程度深。如何改变群众思想观念、如何改善基础条件、如何带领群众摆脱贫困，早日解决“两不愁、三保障”问题，走上发展致富之路，是一项重大工程，也是一项艰辛工作。2019 年，正值脱贫攻坚处在攻坚拔寨、决战决胜的关键时刻，县委政法委副书记卢志军同志接受组织安排，闻令即动，来到黄华镇担任党委副书记，并同时担任黑铁村包村工作组组长，主抓该村脱贫攻坚工作。作为一名 50 多岁的女同志，卢志军同志克服一切困难，把黑铁村当成了自己的家，长期吃住在村，不怕苦，不怕累，日复一日带领村“三支”队伍和所有结对帮扶干部以及全村群众啃掉了脱贫攻坚一块又一块“硬骨头”，成为名副其实的“碎骨机”。坚决啃掉农危改这块“硬骨头”。卢志军同志始终坚持“安全住房是脱贫攻坚的最基本保障”这一理念，刚刚来到黑铁村，就第一时间安排部署，带领三支队伍人员和结对帮扶干部深入全村 15 个村民小组 923 户，以房找人，以人找房，逐户了解情况，逐户分析研判，逐户制订措施，实行任务到人，强化跟踪问效，有力推进农危改。历时五个月，全村剩余的183户农危改任务全部完成，并有效解决“六有”问题，帮助群众顺利搬迁入住，最后啃下了脱贫攻坚“两不愁、三保障”最核心的住房保障这块硬骨头，确保了全村每户群众住上了安全房。坚决啃掉人饮安全这块“硬骨头”。由于黑铁村水源较少，水量不足，饮水工程距离较长，人畜饮水一直困扰着当地群众生产生活。特别是黑铁村荒山社和沙湾社人饮问题，成了脱贫攻坚中最大的难题。包村以来，卢志军同志带领三支队伍认真研判，针对荒山社必须挖水池打水窖才能快速就近解决问题，在充分听取群众意见建议的基础上，制订具体措施办法，帮助黑铁村荒山社新建人饮水窖40个。针对沙湾社采取村与村之间完善用水协议，与鲁溪村协商签订用水合同，及时规划水源线路，限期内完成饮水工程。历经三个月，安装管道6500米，管道工程配套设施水池4个，沙湾社63户1963人的人畜饮水得到了全面解决，有效解决了黑铁村群众人饮安全问题，大幅改善群众生产生活质量。坚决啃掉群众观念滞后这块“硬骨头”。俗话说，扶贫要与扶志和扶智相结合，先进的观念是群众实现快速发展的内生动力。解决部分群众“等靠要”思想，是摆在卢志军面前的一个棘手难题。包村以来，卢志军同志充分发挥党员的先锋模范带头作用，数百次亲自带领党员干部通过座谈会、院坝会和入户走访等方式，大力开展政策宣传、感恩教育、思想疏导等活动和方式，帮助群众理思路、想办法、出主意，取得了较好效果。现在，全村群众发展意识增强，发展动力十足，产业更加兴盛，劳动力就业率大幅提升，医疗保险全覆盖，无一辍学生，群众生活质量明显改善，到处呈现出一片欣欣向荣的景象，真正摆脱了贫困，正逐步向小康迈进。

（作者系中共永善县委政法委工作人员）

冲锋在前显担当

——县委政研室挂钩帮扶青胜乡青胜社区工作纪实

周兴文　曾弟均

在脱贫攻坚大战中，县委政研室始终把“干部沉下去，工作实起来，群众动起来”作为工作的原动力，冲锋在前、勇于担当、倾力而为，用实际行动诠释了挂包部门真帮实扶的生动体现。

勇打攻坚战　敢啃“硬骨头”

倾力推进农危改。时间越往后，难度就越大，这是大家对推进农危改实施的共识。2018—2019 年，青胜社区共锁定“四类”“非四类”农危改对象 94 户，占青胜乡总任务数的 60%。由于群众建房意愿不强烈、农户收入低自筹资金难、交通不畅建材物资运输难、山高坡陡房屋建设选址难、劳力匮乏施工组织开展难，如期完成农危改建设工作成为脱贫攻坚的难中之难、坚中之坚。面对异常艰巨的任务，政研室会同乡、村两级认真研判后，主动请缨，承担起工作难度较大的 25 户农户的农危改帮建任务，5 名干部职工长期驻扎一线，倒排工期、倒逼进度，全面落实“九包九到位”措施，全力以赴推动农危改工作；从有限的办公经费中筹资 4.8 万元，帮助部分极度贫困户解决门窗安装、家居购置等实际问题；5名结对干部采取“众筹”方式筹资5万元作为临时“周转金”，借给无力自筹、无法贷款的农户先期启动建房，确保了如期实现农危改清零、真搬实住目标。

攻坚拔寨破壁垒。青胜社区花坪1组刘绪宽、刘绪康、刘绪关是农危改攻坚中有名的“刘氏三雄”，“住房建不好、贫困不能脱、干部跑不掉”的坐享其成思想尤为突出，工作组数十次上门做工作，其态度生硬，横眉冷对，新建不同意建、修缮不同意修。一边是群众居住破旧土坯房的现实未得到解决、一边是消灭“两不愁、三保障”的政治任务必须落实，面对退无可退的攻坚“壁垒”，政研室通过会同乡村干部反复研判、广泛走访农户，逐一厘清了3户人家的住房产权、家庭人员构成等情况，综合运用农危改、拆旧拆违、赡养等政策法规及人情关系，动之以情、晓之以理，融化坚冰，打开局面，通过维修加固方式帮助其解决了住房安全问题，为如期实现全社区危房清零目标扫清了障碍。

亮出正义剑　清除绊脚石

拆危拆旧一线落实。拆危拆旧是整合土地资源，消除安全隐患，改善村容村貌，推进乡村振兴的一项重点工作，但要动员群众积极配合、主动支持却非易事。关山三组村民李志宽是极不配支持合拆旧拆危工作的其中一员，一边享受着政府的农危改政策，一边拒不支持一户一宅、建新拆旧，工作组在组织农危改拆旧复垦复绿工作中，其无端阻挠，甚至谩骂工作人员，扬言报复社区干部，在群众中造成不良影响。对李志宽户的蛮横行为，政研室领导正义凛然严厉批评，从政策、法制层面忠言逆耳劝告，现场指挥、强势推进该户危旧房拆除，达到了教育一户、宣传一片的效果，为该片区拆旧拆危的顺利推进打开了良好局面。

人居环境一线推动。青胜社区吴长坪安置点，群众建材物资沿路乱堆乱放，人居环境脏乱差现象突出。2019 年 12 月 14 日，政研室与乡村一道开展吴长坪安置点人居环境集中整治，在清理村民陈国华家堆放于公路长达 2 年的砂石料时，其不但不支持配合工作，反而以修建村组公路占地未获赔偿为由指责乡村干部，阻挠工作开展，政研室领导理直气壮批评教育，现场指挥，强行清除了其堆放的建筑垃圾，为提升吴长坪安置点的人居环境拔除了“钉子”。当天，10 余名干部职工从早到晚，马不停蹄、挥汗如雨，清运吴长坪安置点建筑垃圾近 20 立方米，干部亲力亲为、现场示范，清垃圾、护环境的行动，感化带动了“懒汉”张芝军、智障小伙杨常禄参与其中，引领了当地广大群众自觉讲究卫生、清洁家园。

不正之风果敢亮剑。人无精神不立，国无精神不强。在脱贫攻坚工作中，部分群众精神贫困，“等靠要”思想严重，把扶贫帮扶当作“天上掉馅饼”，且毫无感恩之心，花坪 3 组建档立卡群众黄昌军就是其中的典型。黄昌军享受了政府的各项扶贫政策，在青胜街上修建了近百平方米安全住房，按照“两不愁、三保障”标准，已于 2018 年脱贫。2020 年年初，社区组织工作组到花坪自然村开展拆违拆旧，黄昌军言语过激，故意煽动群众为难工作人员，在群众中造成了不良影响，对黄昌军的不当言行，政研室领导及时进行了制止，并从国家惠农政策关心群众教育、医疗、住房等方面向群众进行了深入阐释，教育引导群众心怀感恩，听党话、感党恩、跟党走，果断刹住了不正之风。

爱心帮弱势　真情暖人心

青明六组建档立卡户田胜玖一家，是典型的重学户，一家 6 口人，仅有大儿子田鹏（肢体残疾）在外务工，1 个读大学，2 个读初中，收入入不敷出。这个本就贫困的家庭，屋漏偏逢连夜雨，2018—2019 年，田胜玖夫妇先后身患癌症，病魔使他们一家雪上加霜。得知情况后，政研室及时协调青胜乡给予救助关怀，发动本单位干部职工慷慨解囊，捐资助困，带动当地村民纷纷伸出援助之手，开展爱心捐赠，帮助田胜玖一家渡过了难关。

青胜社区缸子坪村民小组建档立卡贫困户彭连均，家徒四壁，多年蜗居在破旧的土坯房里，一年多时间，乡村干部上百次登门做工作动员新建住房，但其始终以没有自筹资金、政府补助少为由推脱。“好吃懒做、稀泥巴扶不上墙、耍无赖”，这是当地干部群众对他的一致评价。2019 年，政研室主动揽过帮建彭连均家的任务，领导带队多次到其家中做工作，帮助协调宅基地和建房贷款，并筹资 3000 元为其支付调换宅基地的地面附着物补偿。为确保其住房真建、真搬、真住，政研室安排了 1 名结对干部为其担任“第一户主”，“保姆式”服务料理建房事宜。大家锲而不舍的耐心、诚心和真心，融化了彭连均抵死不建房的冰心，跑烂脚皮、磨破嘴皮、不达目的不罢休的帮扶精神，让彭连均深深感动。“感谢你们，为我的事情操透了心。”这是彭连均搬迁新居那天发自内心的感慨。

柏木山村民小组陈兴强，其父身患重病，多地辗转医治欠下高额债务，陈兴强外出务工又因劳资纠纷与老板动粗被判一年缓期徒刑。欠账大、无收入来源、无安全住房，对照“两不愁、三保障”户脱贫标准，陈兴强是非卡户中边缘户的突出典型。2019 年，乡、村两级通过开展“以房定人、以人找房”的大规模农户住房调查后，将陈兴强纳入新增“非四类”建房对象。然而，按照农危改政策，陈兴强只能获得 2 万元的补助。工作组多次走访中，陈兴强始终拒绝接受修缮加固，要么新建、要么不修。新建，缺口资金从哪来？不修，安全住房如何保障？困难面前，政研室领导及时会商青胜乡党委、乡政府，采取“民政救助一点、贷款支持一点、干部周转一点”的办法，千方百计为陈兴强新建安居房。方案征得了乡村的同意并付诸行动，政府解决民政临时救助 1 万元、社区帮助协调贷款 5 万元、政研室结对干部周转 2 万元，短时间内，陈兴强 70 平方米的崭新砖房建成入住。"感谢各级干部的关心，让我住上了新房，刑满我就可以安安心心外出打工挣钱还款了。待到年底，也可以堂堂正正接回远在西双版纳未过门的妻儿高高兴兴过个年。"陈兴强言语中流露出对未来美好新生活的新期盼。

（作者周兴文时任永善县委政策研究室主任，曾弟均时任永善县委政策研究室副主任）

抓实脱贫攻坚　助力文明创建

——永善县人民检察院挂钩帮扶纪实

柏万华

脱贫攻坚是全面建成小康社会、实现第一个百年奋斗目标最艰巨的任务。我院按照县委、县政府的决策部署，将脱贫攻坚与文明创建结合起来，在脱贫攻坚中检验文明创建成果，让文明创建助推脱贫攻坚。我院对照村出列、户脱贫标准，克服单位人手不足，联系点山高坡陡，基础设施建设落后等困难，全力压实帮扶责任，精准施策，有力地推动了吞都村脱贫攻坚进度，顺利完成挂钩帮扶的吞都村脱贫验收普查等各项任务，如期实现村出列及户脱贫目标。我院奋力改善吞都村贫困群众生产生活条件，积极在为永善县脱贫事业贡献检察力量，奋力描绘检察机关助力脱贫攻坚的动人风景。

夯实脱贫基础促进吞都“强”　我院把脱贫攻坚作为一个时期的政治任务，作为践行“两个维护”的有力抓手，院党组召开专题会议研究工作，在全院大会组织学习政策理论，让全院干警对脱贫攻坚有更深刻的认识。成立帮扶领导小组，切实做到工作有统筹、有部署、有落实。成立驻村工作队，选派优秀干警为工作队队员，先后派遣 8 人次到吞都村开展驻村帮扶工作，为帮扶联系点协调解决经费 73 万元。压实干警的包保责任，充分发挥干警模范先锋作用和战斗堡垒作用，全院 39 名干警结对帮扶联系点 400 余户建档立卡户，在结对帮扶中展现我院文明、务实好形象。

改善人居环境促进吞都“美”　我院依托驻村工作队，发挥点对点的帮扶作用，走访吞都村793户农户。首次遍访，映入眼帘的是道路两旁杂草丛生，白色垃圾随风起“舞”，村民聚居的地方排污不畅，污水横流，空气中弥漫着臭味。

我院根据首次遍访掌握的情况，提出把改善人居环境，整理村容村貌，作为抓好脱贫攻坚的突破口。组织村委干部、小组长、包保干部和群众，形成一个突击队，采取包片负责，分段实施，常态化养护的措施，对人居环境进行大整治。驻村队员一马当先，提着扫把干在前，示范在前，形成良好的头雁效应。目前，吞都村的人居环境提升工作已经常态化、制度化，对群众实行积分管理，并给予一定的鼓励措施；实行公益岗位每月定期打扫，干部群众对重点进行管理。在干群的共同努力下，吞都变得干净整洁，公路和村庄面貌焕然一新。在吞都干净的道路上，描绘出一道检群心连心，共建美丽乡村的动人画卷。

调解矛盾纠纷促进吞都“安”　2018年4月9日，我院成功调解田坝村刘某与吞都一组沈某土地纠纷；2019年1月27日，我院调解坪原一组饮水问题纠纷；通过化解纠纷，缓解矛盾，促进邻里和谐。“法者，定纷止争也”，我院以帮扶共建为主要形式，认真学习“枫桥经验”，了解基层治理动态，紧盯基层治理难题，积极将脱贫攻坚与矛盾纠纷化解相融合，切实发挥检察职能优势，深入矛盾纠纷现场，深入了解群众，深入双方当事人进行现场调解和劝说，讲解相关法律法规，化解矛盾纠纷60余件，促进邻里和谐。加强法治宣传，畅通问题反映渠道，积极回应群众关切，协助指导文明村创建，大力提高吞都村乡村治理水平，提升群众安全感、满意度。

竭力扶智促进吞都孩子“学”　由于各方面的原因，很多适龄儿童不能入学，过早踏入社会，过着与自己年龄不相适应的生活。扶贫先扶智，斩断贫困代际传递，让群众在物质和精神上同步富起来。我院立下愚公志，绝不让一个适龄儿童因贫失学，这是教育扶贫的硬要求，也是底线。

我院针对各个孩子失学原因，要求包保干警讲政策、讲社会发展趋势，耐心劝返每一名失学学生，苍天不负有心人，在干警的悉心努力下，吞都村无一名失学辍学学生。助学，是一种美德，也是一种境界，在遍访中，我院一干警得知一品学兼优的学生，由于家庭贫困，面临失学风险，该干警当即通过村委联系该学生家长，详细了解情况，决定每月给孩子200元生活补助，一直到大学毕业。2019年，我院向吞都村9名新考取大学的学生提供爱心助学款每人1000元。爱心助学，检察有我。永善县人民检察院用心托起贫困家庭学生圆梦希望。

用心帮扶促进吞都“稳”　疫情突袭的2020年，我院战斗在疫情防控的一线，安排人员摸排值守，护卫群众安全。脱贫攻坚，百年承诺，在疫情期间，我院深知自己肩上的重任，从未放松对脱贫攻坚的要求，遍访工作常态化，不断巩固检群沟通纽带。干警顶着烈日，冒着酷暑，走在乡间小路上。他们的汗珠，顺着脸颊不停地往下流，渴了，喝一口自己随身携带的凉开水，累了，在路边的石头上坐下来，休息片刻，继续赶路。每次去到建档立卡户家里，干警们都会嘘寒问暖，了解卡户家里的生活状况、生产和耕种情况、孩子的上学情况等等，让群众时刻感受到组织的关心，踏实奋斗，安稳过日子。

“我们在修房子，他们过来就帮我们和水泥浆、铲沙子、搬石头……我看检察院的这些人，没有架子，还真行。”村民刘某喜笑颜开地说道。

五年来，我院初心不改，矢志不渝，把脱贫攻坚重任记在心里，扛在肩上，落实在行动上。脱贫攻坚检验了我院的担当和作风，获得上级部门和群众的好评，2018年成功创建省级文明单位，现在，我院正在向更高目标迈进，也对我院脱贫攻坚提出更高的要求。雨里、雾里、阳光里，我院始终在这里；山一程、水一程，不负帮扶这一程，检群共同战贫困，携手共同奔小康，奋力书写可歌可泣的壮丽篇章。

（作者系永善县检察院驻溪洛渡镇吞都村驻村工作队队员）

守初心心系群众疾苦　担使命笃行帮扶职责

——永善县审计局挂帮记忆

刘　涛

江北村地处青胜乡北部，国土面积18.7平方公里，辖12个村民小组，有常住农户363户1395人，其中建档立卡贫困户184户851人。2016年，永善县审计局挂钩帮扶青胜乡江北村以来，紧扣精准扶贫、精准脱贫的核心要义，坚持把事关江北发展的基础工作认真做、深入做，把事关群众冷暖的小事反复抓抓反复，以实干赢信任，用真情暖民心，成为江北群众致富的贴心人。

完善机制强帮扶

坚持把脱贫攻坚帮扶作为首要政治任务来抓，建立健全组织领导、督促协调机制，实行党组集体领导与班子成员分工（分片）负责制度，干部职工人人"攀亲结缘"，经常性到村入户解决实际问题。坚持思想引领，建立基层党建提升、省级文明单位联创共建机制，以支部规范化建设、环境整治、文化共建、精神文明建设等为重点，先后筹集资金42.56万元改善江北村委会办公条件和整治办公环境，为凝聚党员、服务群众提供有力保障。

扶危济困强帮扶

采取单位筹资与干部捐款相结合，广泛开展爱心助学、扶危济困等公益活动。对困难群众逐一进行梳理，实行分类帮扶，在积极帮助协调解决建房、搬迁入住等困难的同时，组建学雷锋志愿服务队深入开展关爱留守儿童和困难帮扶活动。2016 年以来，累计投入资金 15.94 万元（其中，单位筹集资金 13.94 万元、干部爱心捐款 20300 元），关爱尿毒重症病人、特困群众 40 人次，关爱适龄儿童、贫困大学生 700 余人（次），解决特殊困难群众建房筹资难 5 户。

搬家，是脱贫攻坚路上最美的一道风景，在江北村卢家坪发生的搬家“事件”一波三折。2019 年 7 月，为帮助贫困户陈昌国顺利建房，无数次登门宣传政策，几十次电话讲政策、解疑惑，终于说服在 2019 年 7 月答应回家建房，为此永善县审计局组织干部职工在 38 度高温的炙烤下，仅用半天时间就将陈昌国老房子周围的几千斤木材搬离，为他早日拆旧建新争取时间。历经一年多的努力，房子终于建起来了，陈昌国又丢下年迈的老人独自在家，踏上了外出务工挣钱的路。工作还得继续，为了能让老人早日搬进安全舒适的新家，永善县审计局再一次组织干部职工、驻村工作队队员、包村干部以及村干部一道带着电线、插板、灯泡、钳子、电胶布等物品，再一次来到了陈昌国的家中，拌水泥浆、接拉电线、清除建房垃圾。当把老人的家具、物品搬进新居的时候，老人不停地说：“感谢你们了，真的太麻烦你们了，你们啥子都给我做了咋要得，太感谢各级政府了！”老人朴实的语言在扶贫干部的心里激起了一股热流。搬水泥、补墙洞、砌梯步、排电线、接插板，这样的场景在留守老人家里很多。随着全县脱贫攻坚进入冲刺阶段，永善县审计局与驻村队员、乡村干部一起到全村排查，逐户研判，聚焦问题，研究措施，人财物全力保障贫困群众能早日真搬实住，将脱贫攻坚一线作为践初心、担使命的主阵地。

2019年9月29日永善县审计局微信工作群中出现这样一段话："国庆七天哪里乐？置身江北助贫脱，县里有号召，审计就落实。"就这样，在"不忘初心、牢记使命"主题教育大调研实践中，永善审计干部开启了国庆扶贫挂钩帮扶和脱贫审计监督模式，逐组逐户进行对标对表核查，忙前忙后全力保障安居、全面提升人居环境、切实拆旧排危、深化感恩教育，一点一滴把帮扶工作做深做细做实。

产业发展强帮扶

以安居房建设和产业发展为重点，引导观念转变，强化服务指导，与乡村干部共同推进工作落实。以参与劳动为重点，全面深入开展人居环境整治，广泛推进乡风文明建设，坚持每年春节挨家挨户张贴感党恩、树新风的春联。邀请县林业局的工作人员和专家严把苗木采购和种植技术培训关，确保做实花椒产业扶贫基础。先后筹集资金13.5万元，实施村组道路保通、处理部分涵洞和过水路面；投入资金5.35万元，解决卢家坪、马家坪用水安全。

协调争取强帮扶

除通过反复做群众工作支持配合基础设施建设外，协调争取资金60万元，2016年打通江北咀至马家坪、卢家坪到江北咀组与组之间联接线3公里，2018年完成双河口至马家坪主线改道建设500米；2019年争取资金4.68万元采购并发放永青一号花椒苗31380株，种植523亩，受益9个村民小组130户农户；协调争取文化活动场所补短建设资金5万元。近年来，永善县审计局先后筹措和协调资金144.59万元，切实帮助江北村解决了通路通水、教育卫生、产业发展和环境整治方面存在的困难和问题。

“要致富先修路。”这也是江北村组干部和群众的共识与心愿，早在2016年县审计局与干部群众一道奔波协调打通卢家坪、马家坪、江北咀等村民小组的联结通道，但大家怎么也高兴不起来，路虽通了，车怎么也通不了。就这样审计局干部职工为怎样解决双河口连接卢家坪安家屋基25度陡坡村组线而犯愁，这段路是老百姓筹资修建，技术不达标而陡要难行，为处理好这段悬崖上的阻隔，审计局三番五次实地查找解决办法，得到了县交通局大力的技术支持，并争得县人民政府关心，实施了双河口至卢家坪安家屋基断改线500米，过往车辆不再提心吊胆。

2019年2月1日，开展的一次迎春送福话脱贫座谈会上，卢家坪组村民小组长陈泽坤反映该组生产用水沟渠因修公路压覆多年未通水了，影响着该组近100亩的农田灌溉，为落实征求意见，县审计局先后三次与当地群众到现场了解情况、寻找解决方案，最后请来了县、乡水利干部帮助解决了方案问题，7月实现通水。这里通了，马家坪组饮水源迁移、饮水管道维修又摆在审计干部面前，审计局驻村工作队队员进深山走丛林，选水源点，看管道走线，11月全面完成马家坪人饮安全巩固提升，原因修公路损毁的到户管道得以全面修复。

为扎实抓好挂钩帮扶工作，永善审计人与困难群众“攀亲结缘”，时刻把群众冷暖放心上。刘旺，民胜小学四年级学生，一岁时母亲离家出走，父亲独自承担起照顾他和三个姐姐以及年迈爷爷的重任。为抓实特殊困难户的关心关爱工作，他们将当地跟刘旺类似的困难群众进行逐一梳理，实施分类帮扶，在积极帮助协调解决建房、搬迁等困难的同时，还经常入户开展关爱留守儿童和困难帮扶活动，为他们送去了衣服、雨伞、文具、书籍等爱心物品。面对叔叔阿姨的关爱，年幼感恩的刘旺，用稚嫩的笔迹表达了心中的感激之情。

（作者系永善县审计局工作人员）

不负初心使命　躬耕终见成效

——中国工商银行永善支行挂钩帮扶纪实

陈文超

2015年3月，中国工商银行永善支行在永善县委、县政府统筹安排下，挂钩帮扶伍寨乡新胜村，自此和新胜村结成了“亲家”，在这大山一隅书写了一段可歌可泣、荡气回肠的脱贫攻坚帮扶史。

“我是真没想到，在基层行还有如此繁重的脱贫攻坚任务。”从云南省分行到永善支行担任行长的霍迎东同志刚到岗位的第一天，就来到挂钩帮扶点伍寨乡新胜村，看着镶嵌在大山深处的新胜村，他如此感慨道。

脱贫攻坚挂钩帮扶责任在肩，使命重大。中国工商银行永善支行始终践行国有大行分支机构的责任和担当，认真贯彻落实永善县委、县政府脱贫攻坚工作统筹安排，整合多渠道资源，多方谋划、上下沟通协调，筹集帮扶力量。始终将脱贫攻坚当作一项重要政治任务，提高政治站位，不忘初心使命，以高度的责任心和负责任的态度深度融入基层贫困村当中去，躬耕亲耘，在脱贫攻坚工作中取得显著成效。

肩扛责任担初心　全员行动有力量

“刚到新胜的时候，条件真的很困难，很多老百姓住的还是土墙房子，赶集要走山路，夏天泥泞，冬天结冰，走一步滑一步，生活条件实在艰苦得很。”已经退休的陈昌华是工商银行永善支行派驻的最早的一批工作队队员，那时候，脱贫攻坚战才打响，贫困山村亟待建设，到处都是贫穷落后的面貌。

如何履行脱贫攻坚使命，扛起帮扶责任？脱贫攻坚和经营发展是中国工商银行永善支行并列的两大重任，行内成立了由行长负总责，一位副行长专门负责抓脱贫攻坚的领导小组。全行上下主动作为，全员参与，全体干部职工都是建档立卡贫困户结对帮扶人，每位干部结对帮扶 7—12 户建档立卡户，全行 27 名干部职工共结对帮扶建档立卡户 185 户 850 人。在中国工商银行永善支行，但凡有人员变动，交接的第一项工作就是脱贫攻坚工作！

“小虎同志啊，我家娃娃的雨露计划怎么还没有下来啊？你帮我问问吧。”

这样类似的电话行里每个结对包保的人都会接到。有的咨询扶贫政策，有的询问低保，还有的了解小额扶贫信贷……在群众心里，结对包保的干部成了他们可以信任的亲人。

五年来，中国工商银行永善支行先后组织干部职工 400 多人次到新胜村遍访走访 40 余次，累计走访天数 1200 多天，足迹遍布新胜村 22 个村民小组 300 多户建档立卡户，走访低保户、特困供养户、残疾人家庭等 400 余户。结对帮扶干部还同新胜村“三委”和包村工作组一道开展研判工作，分析致贫原因，研究脱贫政策，深度参与到脱贫攻坚一线工作中，为脱贫攻坚提供了中国工商银行永善支行的力量。

资金帮扶补短板　为民服务显真情

结对帮扶，资金先行。地处高寒山区的新胜村受困于历史发展、地理环境等，集体经济十分薄弱，几近于无，村委会基础建设欠缺，甚至连合格的公共厕所都没有，群众、村干部用的都是露天旱厕。群众办事情需要复印证件甚至要特意跑到茂林集镇上。

面对一系列困难和短板，中国工商银行永善支行积极承担社会扶贫帮扶责任，统筹协调社会力量，对接上级行，多次争取扶贫资金，持续加大扶贫资金投入力度。五年来，累计投入22万元资金，为新胜村基础设施建设，贫困群众补短板、基层党建工作、脱贫攻坚工作保障等提供强有力帮扶。

另外，中国工商银行永善支行还积极动员干部职工参与扶贫捐款。全体干部职工主动作为，2019 年累计捐献扶贫资金 9000 元，2020 年捐献扶贫资金 8800 元，为永善县脱贫攻坚事业献出了自己的力量。

就业帮扶助脱贫　基层党建建新村

怎样在脱贫攻坚中有所作为？中国工商银行永善支行用实际行动做出诠释。

就业一人，脱贫一家。被选派为驻村队员到新胜村开展驻村帮扶工作的陈文超对此深有体会。老家就是伍寨乡新胜村的他就受益于工商银行永善支行面向贫困地区招聘倾斜，正式成为永善支行的一员。让他的家庭摆脱了吃低保的窘境。

“就业是解决贫困最有效的方式之一，我们要充分发挥就业帮扶的优势，努力实现建档立卡贫困户户均有一人就业的目标。”成为驻村工作队队员的陈文超十分重视就业帮扶政策。在下村入户中总是要宣传就业扶贫政策，并利用年轻人熟悉网络的优势，积极向贫困劳动力推荐合适的岗位。他还主动承担伍寨乡生源地助学贷款联系人，鼓励更多大学生通过读书走出大山，用知识改变命运、改变大山的面貌。

此外，中国工商银行永善支行还积极联系新洋丰等公司，优先使用永善支行推荐的贫困劳动力，通过帮助就业实现帮助贫困群众脱贫；在永善单位外包业务中，优先考虑符合条件的贫困劳动力，帮助贫困家庭实现就近务工。

习总书记在党的十九大报告中指出："党政军民学、东西南北中，党是领导一切的。"基层党组织是开展好基层工作，维护好群众利益的排头兵，带头人。中国工商银行永善支行始终坚持"两手抓、两手都要硬"的原则，坚持抓好基层党建工作，实现党建脱贫双推进。

除了协调解决基层党建工作经费 1 万余元用于挂钩帮扶点新胜村党总支基层党建建设外，中国工商银行永善支行还选派了阅历深厚，经验丰富的优秀共产党员担任驻村第一书记，在抓好脱贫攻坚工作的同时统筹负责抓好基层党建工作，取得了显著成效。

中国工商银行永善支行还积极探索推进永善支行党支部和新胜村党总支党支部共建工作。2020 年，中国工商银行永善支行党支部和新胜村党总支签订了《基层党支部共建备忘录》，两个支部就党建共建达成共识，为基层党组建设拉开新的篇章。

金融帮扶担使命　扶贫贷款助脱贫

金融扶贫是金融银行业的责任担当和历史使命。开展好金融扶贫工作，为贫困群众提供资金帮扶，鼓励群众发展生产脱贫致富，为地方政府基础建设及脱贫攻坚项目建设提供信贷支撑，对推进脱贫攻坚全面胜利有重要意义。

永善支行克服信贷权限上收、信贷工作人员短缺等困难，由支行领导班子带队深入永善县溪洛渡镇、黄华镇等乡镇，实地考察调研贫困群众生产生活情况，积极对接市行，寻求技术支持。在多方努力下，中国工商银行永善支行金融扶贫小额信贷工作实现全新突破，于 2019 年 6 月发放小额扶贫贷款 5 笔 20 万元。

2015 年以来，中国工商银行永善支行累计发放专项贷款、小微企业扶持贷款等 14.44 亿元，为永善县基础设施建设提供了有力保障，为永善县小微企业发展提供了有力支持，为永善县经济发展贡献了工行力量！

中国工商银行永善支行积极参与到金融扶贫政策宣传中，深入溪洛渡镇、黄华镇、莲峰镇、伍寨乡等乡镇，将金融扶贫政策知识投放到脱贫攻坚一线。2015年以来，先后参与开展金融扶贫政策宣传及活动10余场，发放宣传材料2000余份，让金融扶贫政策入脑入心，让有需要的贫困群众寻到新的发展途径。

辛勤耕耘有收获　卓绝付出见成效

“平房有了，水有了、路通了，就连卫生厕所也修起来了，吃得饱、穿得好，咱们老百姓的日子可好过了。”提到脱贫攻坚，老百姓都竖起了大拇指。

在上下合力、全员努力下，中国工商银行永善支行挂钩帮扶的新胜村313户卡户1342人累计脱贫304户1400人，未脱贫的9户42人已在2020年6月底达到脱贫出列标准。新胜村户脱贫、村出列各项指标均如期达标。

新胜村的整体面貌发生了翻天覆地的变化。

2020年4月，在受新冠肺炎影响的情况下，中国工商银行永善支行挂钩帮扶的伍寨乡新胜村顺利通过第三方评估检查，实现零举证高质量脱贫出列；7月20日至8月10日，新胜村顺利通过脱贫攻坚普查。

（作者系中国工商银行永善支行驻伍寨乡新胜村驻村工作队队员）

一封感谢信开启的回忆录

——永善县农村信用社扶贫工作纪实

董吉辉

"我是来自莲峰镇万和村的2017级学生张秀煌，现就读于合肥工业大学，首先，感谢你们对我的资助，让我感受到了人间处处有真情……"这是一封来自安徽省合肥工业大学在校大学生对永善农信社的感谢信，让我思绪万千，开启了短暂尘封的记忆。

捐资助学展情怀

自2013年我担任永善农信社团委副书记从事团的工作至今，我一直负责捐资助学工作，既是永善农信社捐资助学工作的践行者也是见证者。谈及此，一副副熟悉而又陌生的面孔浮入脑海，他们中有极其贫困的孤儿小李、有家徒四壁的单亲孩子小王、有父母患精神病的坚强孩子小廖、有身残志坚坐着轮椅进入重点大学的小张……

2016年以前永善农信社采取与县内高中对接方式，由校方推荐特困学生，联社成立助学基金（基金来源：职工每人每年捐款120元+行政经费资助）给予选定的特困生每人每年4000元资助，从高中开始资助，直到大学毕业。自开展该项资助活动以来共资助学生 5 名，资助金额 8.9 万元。自 2016 年，联社采取职工捐款与单位出资两种方式相结合，联合团县委携手开展“信合助学圆梦行动”，由团县委推荐应届贫困大学生，联社抽派人员进行家访核实，每年选择 10 名被本科院校录取的特困生给予每人一次性 5000 元助学金。自 2017 年联社资助重心向挂钩扶贫点石坪村和黄金村倾斜，永善农信社深知扶贫先扶智，通过知识改变命运也是助力贫困户脱贫摘帽的重要途径。2016—2019 年，“信合助学圆梦行动”共资助 69 名贫困学生，资助金额 20.7 万元。

或许农信社的这笔助学金对受助的每个孩子只是杯水车薪，但当时都给他们注入了一剂强心针，给予了一次励志，奉上了一缕阳光，让这些有志气的孩子们感受到了社会的温暖，彰显了农信情怀，现在也有当初联社资助的孩子走上了农信社的工作岗位，继续薪火相传“农信奉献精神”。

结对帮扶喜迁居

2015 年永善农信社开始挂钩帮扶石坪村，按照帮扶要求，我负责结对帮扶石坪村石灰窑 10 户群众，还记得第一次到石坪村，下着大雨，车子无法进入，我和同事们徒步走到村委会，身上全是泥土，大家都感叹石坪村的路真是太难走了，如果能把路修通就好了……

挂钩帮扶石坪村期间，联社最关心的莫过于解决群众出行难的问题，俗话说“要想富，多修路”，开展扶贫工作以来，联社首先赞助 60 万元修建石坪村的公路，在政府的规划和努力下，石坪村终于摘掉了“全县唯一不通公路的村”的帽子。随后，为切实帮石坪村谋致富路子，联社先后投入产业扶贫资金 73.6 万元，对石坪村发展养殖和种植产业进行不断的探索。由于受区域环境和自然条件的影响，石坪村在生存环境恶劣、“一方水土养不活一方人”的窘境下，2017年被纳入易地扶贫整村搬迁规划，从“全市唯一不通公路”变成“全市唯一整村整寨搬迁”。2019年5月16日，石坪村开启了搬迁桐堡新区的进程，11月25日，开启了搬迁红光新区的进程，搬迁期间联社结对帮扶职工倾巢出动，帮助补短板、为村民进行道路指引、发放物品、搬家具、打扫卫生，同时在帮助搬迁过程中强化政策宣讲。

整村搬迁结束后，我多次走访结对帮扶户丁德彬家，家里的女主人潘大姐把家里打扫得干干净净，每次言语之间都流露出知足和感恩。潘大姐是贵州嫁过来的外地媳妇，丈夫是土生土长的石坪村人，父母离世早，祸不单行，五岁时家中唯一的房屋意外着火烧毁，从小跟着亲戚长大。夫妻俩常年在外打工漂泊，建新房一直是他们梦寐以求但却难以实现的心愿，潘大姐家作为石坪村第一批易迁桐堡安置户，分配到一套三室一厅的住房，如今住进新居的她在县城菜场找了一份工作，每年能收入一万多元，兼照顾着正在读桐堡高中和初中的两个女儿，丈夫外出务工。每次走访潘大姐家，她总是笑嘻嘻地说道：“现在政府政策好了，给了我家一个安稳落脚的窝，让我们作别大山，摆脱了常年在外打工，到县城还住上了这么好的新房，不仅房屋宽敞、交通便利、生活方便，而且出门就是学校。不仅可以照顾到小孩，一家人除生活开支外，还能有结余。”潘大姐只是石坪村搬迁群众中的一户代表，像她家这样的搬迁户还有无数，乡亲们从前连想都不敢想的“安居梦”终于实现了。

金融扶贫显担当

“2015年在水竹信用社5万元小额贷款支持下，开始了我的天麻种植之路，现在我有林地3000亩，种植有黄柏10万棵，天麻4000米（约8亩），小日子逐步好过起来了。”塘坝村锌厂社长李先友道出了他的创业经历。随着国家对青山绿水的保护和振兴乡村战略，李先友计划在种植过天麻的荒地上种植方竹，以扩大发展规模。2020 年 1 月，我社通过实地调查，又向李先友发放 15 万元农户贷款，助力其扩大规模……

像李先友这样依托农信信贷资金脱贫致富的群众数不胜数。自脱贫攻坚战役打响以来，永善农信社将金融扶贫职责勇担肩上，依托建立农户经济档案、信用村镇建设，扎实做好农户贷款评级授信工作，以扶贫小额信贷、农危改、创业贷款等信贷品种为抓手，为群众托起致富希望，架起致富桥梁。先后创建信用乡镇并挂牌 6 个，建立农户经济档案 115095 户，农户电子建档率达 100%。累计发放精准扶贫贷款 24917 户，金额 159436 万元，其中：累计发放产业精准扶贫贷款 51 户 17285 万元，个人精准扶贫贷款 24866 户 142151 万元，种养业特色贷款 32526 户 173312 万元，扶贫小额贷款 8896 户 36109 万元，农村危房改造贷款 7661 户 25494 万元，创业担保贷款 5214 户 60490 万元。截至 2020 年 8 月末，各项贷款余额 297243 万元，较 2014 年末 158463 万元净增 138780 万元，以实际的真金白银助力地方经济发展，助推全县打赢脱贫攻坚战。永善农信社是全县唯一网点乡镇全覆盖的金融机构，为切实方便群众，联社致力于普惠金融建设，2020 年 4 月 25 日，为满足易迁群众金融服务需求，联社新建的红光新区自助银行正式开业，有效满足了易迁安置点金融服务需求。截至 8 月末，共布放自助设备 106 台，安装 POS 机 695 台，建设普惠金融服务站 60 个，便民惠农支付服务点 37 个，实现了金融机构在贫困地区建制乡镇和金融服务在贫困行政村“两个全覆盖”，打通了农村金融服务“最后一公里”。

一封感谢信勾起了我零碎的回忆，身为主抓单位扶贫工作部门员工，我既是农信扶贫工作的传递者，也是农信扶贫队伍中的实践者。永善农信社用责任和担当履行了金融机构的社会责任，“不驰于空想、不骛于虚声”，扎实做好各项脱贫攻坚工作。

（作者时任永善县农信社综合部经理）

合力攻坚带来荆坪村蜕变

胡洪平

2015年建行溪洛渡支行挂钩荆坪村以来，由于荆坪村贫困户数多、居住分散，支行21名员工几乎人均挂包帮一个村民小组。按照永善县委、县政府的统一安排部署，在墨翰乡党委、乡政府的统筹指挥下，支行的挂、包、帮队员们与荆坪村“两委”一道，用脚步丈量土地，走遍了荆坪村的每一个乡间小道，田间地角，无暇花红柳绿，只有神圣使命，没有晓风残月，唯有攻坚重任，谱写了一幅幅感人的画面。

支行的谭雯同志是一个刚参加工作不久稚气未脱的小姑娘，她挂包了荆坪村12户贫困户。进村入户开展遍访工作时，还被村民误认成初中学生。出生在独生子女家庭的她，严重缺乏下乡经验和农村生活经历，但因为家庭教育带给她坚韧乐观的性格，陡峭的山路和犬吠声没让小姑娘胆怯，依然逐家逐户走了个遍，在把自己挂包帮的各户情况摸得清清楚楚，为精准扶贫提供了基础数据。同时还不忘传播一些正能量给自己的挂包帮群众：“要时刻保持着积极乐观的生活态度，积极面对自己的生活，困难是暂时的，在政府的帮扶下，要主动创造机会让自己的日子好起来，富起来。”

共产党员唐淑娟同志是支行营业部主任，支行营业部是支行运营的主战场，唐淑娟同志既是指挥员，又是战斗员，本职工作的艰辛已不必说。作为家中的老大，还赡养着60多岁的母亲，母亲身患“类风湿”多年，骨头、骨节都已变形，被评定为“残疾一级”，需要人照顾。支行知情后想协调组织部门将唐淑娟挂包帮户分配给其他队员，唐淑娟坚决反对说：“我知道我们行每个队员任务都重，已无可调配人员。我作为共产党员，这点困难我必须克服，我不能临阵退却，不能拖组织后腿。”时间到了2018年，已有身孕的唐淑娟同志再次拒绝支行的扶贫挂包户调配安排，并说道：“按脱贫时间表、路线图，我们村2019年脱贫出列，已经到关键时期，请组织放心，我能坚持。”“我能坚持。”简短的一句话，让在场的人动容，敬佩。

建行溪洛渡支行的文聪副行长，也是工会主席，他特别关心荆坪村的教育发展；每年的“六一”儿童节，他都会组织全行工会员工捐赠教学用品、用具，亲自带队送往墨翰乡荆坪村的两个小学，鼓励同学们认真学习，用知识来战胜困难，改善家乡贫穷、落后面貌；他利用自己的人脉关系，引进“深圳恒善义工”捐资教育，捐款资助19名贫困学生，捐赠教学物资达26000元；当他得知建行捐赠筹办的“百年职校”在招生时，他第一时间联系适宜学生特困家庭户，帮助办理好入学就读的一切手续；当他得知我们村一在校生因厌学而逃学到父母打工地杭州时，他亲赴杭州做学生父母及学生思想工作，把学生安全带回学校就读。在文聪副行长的心里：教育“一个也不能少”。教育兴家，虽然当前觉得时间长，但对一个贫困家庭来说，如果有一个孩子实现就业，将对整个家庭脱贫致富起到深远的影响。

蒋仕雄同志是我行最早驻村的队员，是我行结对帮扶挂钩建档立卡贫困户最多的队员之一（挂包了17户），同时他还是我行专职驾驶员。他既要负责我行挂钩扶贫队员的安全接送，又要完成自己的扶贫安排任务，非常辛苦。记得有一次，我带队进入他主要挂钩的渔龙坡社，在村头遇到一群小朋友在玩耍，见我们来了，一个五六岁的小孩跑过来问我：“叔叔，你们又来了，蒋叔叔没来吗？”我就好奇地问：“想蒋叔叔了？”小朋友回答：“蒋叔叔不来，我嘴都不甜了。”我更好奇地问：“为什么？”。答：“蒋叔叔每次来，都会给我们带糖吃，还会给其他哥哥，姐姐带本子。”我顿生感慨：一个大男人心细如丝，感慨这样的工作方式不愁让干群关系紧紧联系在一起。在场的办公室主任陈虹激动地说："蒋师还有这一手。看来我们回去要向他多请教一些群众经验。"

多年的精准扶贫工作，涌现了许多感人的事迹，也让支行的干部与群众的心紧紧连在了一起，支行的干部通过大走访，听民声、察民情，真切地了解到：因受资源、交通、信息、文化等因素影响，农村生产、生活的不易。2020 年 4 月，在国家组织的脱贫出列验收中，荆坪村顺利脱贫出列。这里面离不开国家大政方针和改善民生政策的大力扶持。也有我们队员付出的艰辛。岁月如歌，在消除绝对贫困、振兴中华的岁月里，我们唱响主旋律，在取得脱贫攻坚胜利后，我们每个参与者都露出了会心的微笑。

（作者时任建行溪洛渡支行驻永善县墨翰乡荆坪村工作队队长、第一书记）

扶贫干部是铁打的，也是打铁的

——永善县扶贫干部脱贫攻坚工作纪实

韩思思

2020年5月7日，一条“重磅！永善等31个贫困县（市、区）拟退出贫困县行列”的消息，刷爆了永善人民的朋友圈。耳边，传来一阵阵欢呼声，却也依稀听见了小声啜泣的声音，我知道，那一声声的欢呼和那一滴滴的热泪系着一位位扶贫干部的所有牵挂。

全县141支驻村工作队，累计1941名工作队队员，4000名村组干部，8000余名干部职工，他们像一个个跳动的音符，身沉一线、踏实干事、甘于奉献，用心工作、真心帮扶，活跃在脱贫攻坚一线，给贫困村带来了崭新气象和勃勃生机，赢得了基层和广大群众的认同和好评。5年的坚韧不拔，5年的夙兴夜寐，把扶贫干部锻造成一位位钢铁战士，他们也在这段扶贫路途中练就了十八般武艺，真正成为“铁打的打铁人”。

加钢淬火，百炼为战——锻尖兵

“凤凰涅槃、浴火重生”，这个流传千古的美丽故事，告诉我们一个道理：只有在经受了巨大的痛苦和磨炼后，才能以更美好的躯体得到重生。

习近平总书记给我们下了一盘大棋，并指明了中国“凤凰涅槃、浴火重生”方向：那就是脱贫攻坚战！

在这场涅槃重生的战役中，干部是决定因素，是主力军，尤其是基层干部和深入基层帮扶的干部，不仅是主力军，也是责任主体。镇村干部、第一书记、帮扶工作队队员三支力量，是脱贫攻坚战的排头兵、先锋队。自脱贫攻坚战打响后，为了更好地将政策落实到位，按照中央的统一部署，永善县各级党政机关和事业单位纷纷选派得力干部充实贫困村（社区）担任第一书记，驻村工作人员配合乡镇村干部开展脱贫攻坚工作。

脱贫攻坚是一项世界性的难题，难就难在各地的贫困原因不一，扶贫开发不可能形成一套“放之四海而皆准”的方案。为此，永善县针对重点突出党政领导干部、行业部门干部、扶贫系统干部、帮扶干部、贫困村干部5类人员。坚持需求导向、实践导向，紧扣脱贫攻坚工作实际和干部岗位职责，科学设置培训内容，着力补齐知识弱项和能力短板。针对乡镇干部、第一书记、村干部等扶贫重点岗位特点，分类开展脱贫攻坚业务知识、产业发展等政策培训，大力推行一线领导干部和“操盘手”授课。

“工欲善其事，必先利其器。”成立以党政主要领导为“双组长”的扶贫开发领导小组，健全县、乡、村三级指挥体系，组建教育扶贫、健康扶贫等8个专班，出台“8张责任清单”“1个责任追究办法”，落实“5个同等责任”，形成了县委统一领导、政府全面落实、部门倾力投入、社会各方广泛参与的脱贫攻坚工作格局，促使广大干部真正把责任扛在肩上、工作抓在手上。

一系列制度的有效落实，锻造了一支服从命令、作风优良、纪律严明、尽责担当的脱贫攻坚队伍。重培训、勤关爱，塑造温暖有力的扶贫形象。打造出一支留得住、能战斗、带不走的人才队伍，为打赢打好脱贫攻坚收官战凝聚强大合力。

披荆斩棘，不畏辛劳——扶真贫

信念，闪耀在脱贫攻坚的星空。担当，笃定在脱贫攻坚的征途。“马老师，我家娃儿是读高中还是职中好？”“柏支书，快来屋里坐！”“张书记，谢谢你！”……

清凉初夏，绿茵满地，万物生长。走在永善的田野乡村，随处可以听见热情的村民在跟扶贫干部打招呼，那份熟识与亲切如同家人。

“他们比亲人还亲！”贫困群众陆续脱贫，信赖感激溢于言表。一顶草帽，一个挎包，一双胶鞋，一本本皱皱巴巴的笔记本见证了扶贫干部风里来雨里去的流金岁月，一双双泥渍斑驳的雨靴踏遍了崎岖山路与万家门槛，他们始终坚持扎根基层一线，恪尽职守、无私奉献。

“5＋2”“白＋黑”“晴＋雨”，是他们的作息表；翻越千山万水、走进千家万户、说尽千言万语、想尽千方百计、吃尽千辛万苦，是他们的工作方式；踏破脚皮、饿着肚皮、磨破嘴皮、硬着头皮、厚着脸皮，是他们的工作常态。扶贫干部经历了许多常人难以想象的艰辛，有的同志经常加班加点忘了时间，有的带着生病的身体仍然坚持工作，有的家里老人孩子没人照顾，有的延迟了结婚时间，有的暂时放弃二胎计划，有的还受伤流血甚至付出了生命……但大雪压青松、青松挺且直，扶贫干部们不叫苦叫累、不回报、不打退堂鼓，主动克服自身困难和问题，舍小家顾大家，舍局部顾全局，沉下心、俯下身、融入情，绞尽脑汁为群众脱贫致富想办法、出主意，把最美的时光挥洒在脱贫攻坚一线，用实际行动践行着共产党人的初心和使命，赢得了广大人民群众的认可与赞赏。

“小康路上，一个都不能掉队！”信念，闪耀在脱贫攻坚的星空，“你是我最深的牵挂！”担当，笃定在脱贫攻坚的征途。

聚指成拳，勠力同心——奔小康

初秋的永善，依然满目葱茏，焕发着勃勃生机。一栋栋青砖红瓦的楼房在青山绿水间若隐若现，一个个特色产业项目落地生根、开花结果，贫困群众喜获分红；一条条水泥路直铺到家门口，自来水流进千家万户，学校教学设备日益完善，卫生室医疗设施越来越多……蓝天白云、阡陌整齐、如在仙境，好一幅脱贫奔小康的美丽画卷。

走访永善大地，所到之处，最动人的是脱贫后群众灿烂的笑容。

群众的笑颜，源自对生活的信心。这份信心的底气从何而来？是精准扶贫政策的支撑与扶贫干部的真情帮扶所给予的。"小康不小康，关键看老乡"。一句谚语道出了扶贫工作的成效落脚点是看群众的获得感与幸福指数。扶贫干部心系群众，把最好的朋友结交在基层，敢于担当，把艰难的问题解决在基层，昂扬向上，把满腔的热血倾注在基层，始终坚持把人民群众的利益放在第一位，站在人民群众的立场去考虑问题，将人民群众的诉求、满意度、意见建议作为自己工作努力的方向，真正做到想群众之所想、急群众之所急、忧群众之所忧。有的用脚步丈量民情、拿真心贴近群众，再高的上坡不嫌陡、再长的路程不怕远，带着对人民群众的感情常走村串户、深入田间地头，和基层群众交朋友、认亲戚，融洽了干群关系，凝聚了党心民心。干群同心，让一个个贫困村旧貌换新颜。

"如果没有党的好政策和扶贫干部的帮扶，我就笑不起来，也不会有今天的幸福生活。"这是我们在走访中听到最多的一句话。这真情流露的话语，正是对扶贫工作最好的肯定。

五年如一日，永善县全体党员、干部，扑下身子真扶贫，饱含深情扶真贫，鞠躬尽瘁践行初心誓言：扶贫路上，始终有我；风雨兼程，人民至上！

（作者系永善县委组织部工作人员）

爱在乌蒙山间

——记在脱贫攻坚工作中牺牲的基层干部

王建丽

大爱无声，大山感应。如果有人问，什么是“中国故事”？我要请他看看脱贫攻坚的战场，那里到处都是感人肺腑的中国故事；如果有人问，谁是“最可爱的人”？我要请她听听乌蒙深处的声音，那里到处都是基层干部的赞歌……在决战决胜脱贫攻坚道路上活跃着无数干部，他们无私奉献、鞠躬尽瘁，一个背包、一本笔记本再带着一颗对群众炽热的心便义无反顾冲向第一线，有些人依然在奋斗着，而有些的身影却永远留在了大山里。

一个“陌生人”

2018年元旦新年的钟声刚刚敲响，天灰蒙蒙的，又阴又冷，本该是万家团聚的日子，码口镇新民村副支书田景权家门口被围满了人，有的低头不语，有的眼里噙满了泪水。谁也不敢相信突如其来的心肌梗死就这样夺走了他的生命。

“父亲生前在我心中是个熟悉的‘陌生人’，小时候甚至很少能看见他的脸，因为他留给我的总是一个背影，熟悉而又高大……”田维旭哽咽地说道。

为何他对儿子如此陌生？他的背影又消失在何处？

2002 年的新民村，用的是煤油灯，生产生活极为不便。时任村主任的田景权眼看着这一切心急如焚，就动员村上干部群众，步行十几个小时到四川省金阳县协商用电事宜，满怀希望去却吃了无数次闭门羹，经过多次来回奔波，对方终于同意“借电”，于是他带领村民抬电杆，背电线，经过 6 个月蚂蚁搬家似的艰苦奋战，终于解决了全村 100 多户的用电问题。

电的问题解决了，他为群众服务的热情却没有减退，踏着朝霞出门，披着月光回家。一天他能坐着休息的时间很少，我们看到的他总是在奔波。为了群众能住上新房，他撸起袖子带头干；为了让孩子们能上学，他更是磨破嘴皮做工作……

远处的万家灯火是他的笑眼，潺潺泉水是他的热血，缺少对孩子童年陪伴，默默承受着妻子的埋怨，却始终参与着新民村每位群众的点点滴滴，他是群众“最熟悉的人”。

一张病历单

昔日的上漏下湿，衣食无着，今日的青砖碧瓦，清闲自在，十几年来，中寨村从一个偏远落后的小村转变为牛儿满栏，羊儿满山的秀美村庄，靠的是一个个基层干部的殚精竭虑。张坤同志就是其中普通而不平凡的一位。

“火塘会”、院坝会时常能看得到他的匆忙身影，村民房前屋后，村里不时响起的大喇叭总能听到他质朴的声音。可这熟悉的音容笑貌在 2017 年 11 月 29 日这一天戛然而止……

在这之前，他已经病了许久，问起周围的同事亲友，却不知他身患何病，2017 年 6 月，病情加重的他在昭通住院治疗仍然天天挂念着脱贫攻坚摸底调查工作，时时打电话回村里来询问进度。同事关切地问他生了什么病，他却缄口不言，说：“没得事，过几天就回来跟大家一起干工作。”没几天他回到了工作岗位上，像往常一样立马投入工作，谁也没见过他藏起来的病历单，没人知道他到底得了什么病。

采得百花成蜜后，为谁辛苦为谁甜？当生命遇到疾病这道坎儿，他在与时间赛跑，与死神抗争，心中满是对群众的不舍与牵挂，遗憾的是他没有战胜疾病，但在脱贫攻坚的战场上他赢得了民心。

一颗宽容心

或曰："以德报怨，何如？"子曰："何以报德？以直报怨，以德报德。"当被误解、被责怪有几个人能放下心中的不快依旧履职尽责？茂林镇永安村监委会主任的刘光亮用身体力行诠释着宽大为怀的深刻内涵。

在包片负责的村民小组中，群众遇到矛盾总是会第一时间想到他，每次接到群众报告他总是第一个来到现场，受到不理解群众的辱骂，也是默默承受，从来没有跟群众红过脸、吵过架。有群众实在看不下去问他为何不辩解，他却说道："群众一时想不通是可以理解的，我再好好向他解释，争吵永远解决不了问题。"在村委工作期间，他常把"吃亏是福"挂在嘴边，工作上他从不推诿扯皮，有艰巨的工作任务他总是冲在前。

捧着一颗心来，不带半棵草去。2018 年 10 月 29 日，在村委会调解矛盾纠纷中刘光亮突发心肌梗死，送医途中不治身亡。

一位好二哥

尧二哥，真名尧信文，因为人憨厚诚朴，像一匹老牛一样能吃苦耐劳，人送美称"尧二哥"，十里八村无人不知，无人不晓，从此再也没有人喊他的本名。2018 年 1 月，尧二哥临危受命，经组织严格考核任命为新拉村驻村第一书记（工作队队长）。他怀着忐忑不安的心情来到新拉村，开始了他的脱贫攻坚生涯。

骑车下乡，刹车失灵，飞出一丈多远；入户走访，野狗窜出，咬了一腿的伤，尧二哥的身上有许多这样的“勋章”，起身抖抖，打针疫苗，又继续投入“战斗”。

月有阴晴圆缺，人有旦夕祸福。本以为尧二哥会这样一直在新拉村带着群众奔向更幸福的日子，10 月 12 日上午 9 时，溪洛渡镇新拉村召开脱贫攻坚动态管理和人口普查工作会后，尧二哥像往常一样与村“两委”和驻村工作队继续在村上召开村级办公会。11:30 左右，尧二哥突发脑出血随即送至永善县第一人民医和宜宾第一人民医院救治，经过两天的全力抢救，最终也没能在“死神”手中将他抢回来，生命永远定格在了 10 月 14 日。

一名排头兵

作为一名村党总支书记，细沙乡阳堡村刘万忠同志常说：“作为党员我就要严格要求自己，以身作则，为党员和群众做出表率；作为党支部书记，就要加强班子建设和党员队伍建设，带领群众共同致富。”他是这样说的，也是这样做的。他在漫山的核桃园里挥洒过汗水，在金黄的枇杷园里留下过脚印，致富路上带着群众打头阵、当先锋、做表率。

群众富不富，关键看干部。2014 年，他带领村“两委”班子，带头承包土地种植小米辣，开办集体经济。种植后他一边在田间地头不断摸索，一边积极查阅资料和书籍，经过一年的努力，集体经济成效显著，获得纯收入 15000 余元。在他的号召下，经过村组干部会议讨论，将集体经济收入中的 8000 余元用于阳堡村卫生所厨房、卫生间的修建，切实解决了村医的生活困难问题，他说："留住了医生，群众才看得了病，这钱花得值。"

群众看病有着落了，可他的病来得那么突然，在2016年2月16日，刘万忠倒下后再也没机会起来看看山上这一抹绿色。

（作者系永善县委组织部工作人员）

真情化雨润心田

——永善县社科联干部职工扶贫工作二三事

邓　静

在脱贫攻坚这场战役中，无数扶贫工作者把群众放在心中，倾力为群众办实事办好事，他们是党和人民的连心桥，是脱贫攻坚的中坚力量。

永善县社科联积极担当，践行初心使命，做到“人员再少也要参战，问题再多也要解决，瓶颈再大也要攻克”，用真情换得群众真心，用真情滋润群众心田。

真情换真心——这是我“兄弟”

“这是我兄弟”，这是干溪村黑岩脚社的张廷华听到的最亲的话。他正在服装店试衣服，听到这话，他感动得热泪盈眶。这是永善县社科联杨天平正在与服务员对话。2019 年 12 月 15 日，是 43 岁张廷华改头换面的日子，这一天，张廷华随“哥哥姐姐、弟弟妹妹”们进城了，在“亲人”的陪同下，来到昭通城，张廷华理了发，全身上下从里到外换得崭新，他容光焕发，看到镜子里完全变了样的自己，心里像喝了蜜糖一样甜。原来，张廷华还有更高兴的事儿，这一天，是他到靖安新区选房的日子。上有 80 多岁父母，且未成家的他，做这个决定，并真正实现搬迁可真是不容易。

张廷华43岁了还未结婚，和家里80多岁的父母相依为命，他们家居住的墨翰乡干溪村黑岩脚社，家里的土墙房破烂不堪，家里特别困难，靠低保度日，张廷华主动申请了易迁安置，并签订了搬迁协议。可分房的时候到了，他突然反悔说："我不搬"，摇号分房在即，乡村干部去了几次做思想工作，张廷华只有三个字"我不搬"。这时，社科联的同志们集中开个小会后，就准备赶往张廷华家认亲戚了，他们了解到：张廷华担心搬迁后养殖的羊儿没有着落，父母又老了，靠什么生活？都这把年龄了，讨不到媳妇到哪里都没有意义。

大家帮助他分析和计划搬迁后的生活，与当前的现状进行对比，张廷华被说动了，决定要改变现在的生活状态，到实地去看看。可又担心老人无人照顾，猪、羊关在厩里无人喂，同志们说："我们帮你照顾老人，找人帮你喂猪，派人陪你去看房"，看到同志们为自己的事这么操心，张廷华感动不已，为自己之前的不理解过意不去，一会儿要烧腊肉一会儿又要给大家煮鸡蛋，弄得大家都笑了。

张廷华来到靖安异地搬迁新区，十分高兴，对未来充满了希望，于是，工作组的同志们带着张廷华去买衣服，顺理成章地当起了张廷华的"哥哥姐姐、弟弟妹妹"。也就有了，"这是我兄弟"的感人一幕。

张廷华没有了后顾之忧，高高兴兴分到了房，不愿分房的少数人看到张廷华家都去分房了，才全部都去分房搬迁，干溪村整个易迁工作终于顺利完成任务，同志们捐款捐物，把"亲戚"们送到易迁安置点，一个个也才放下心来。

真情化雨润心田——"我要谢谢你"

在麻窝凼社胡德秋、胡德智两弟妹心里，社科联的同志们，是他们的心中的家人。姐姐考试进步了，要打电话给"舅舅"杨天平，弟弟遇到烦心事了，要打电话给吴成芬“孃孃”。父亲去世时，姐姐 8 岁，弟弟 6 岁，那时候，妈妈早已离家出走，不知所踪，家里没有什么收入，房子面临垮塌，两姐弟一直靠着政府低保相依为命，在姐姐上高中、弟弟上初中面临辍学，社科联的同志们听说了两个孩子的事，心急如焚，为两个孩子捐款捐物，并帮助两个孩子缴纳新农村合作医疗保险，立马帮助协调学校补助，争取学校雨露计划 1500 元的补助。两个孩子的家因常年无人照管，早就破烂不堪，他们又协调乡村组织为两个孩子修建 50 多平方米的住房，还修建了卫生厕所，大家热心捐款为孩子购买家具，两孩子有家了，还有了很多长期牵挂着他们的“亲人”，2020 年，姐姐胡德秋考上了大学。她做的第一件事，就是发短信告知社科联的杨舅舅，王孃孃，吴孃孃，短信的内容是：舅舅，孃孃，谢谢你们亲自上门认我们做亲戚，有你们才有我们的今天，我要谢谢你们！你们是我们永远的亲人！

务实担当——真情为民我无悔

实际上，在干溪村尖包包社、干溪沟社、黑岩脚社、下岩口和上岩口的 28 户卡户和非卡户 68 户群众心中，社科联的同志们早已是他们的亲人了。

2017 年，社科联主动负责矛盾多、困难大的包包社、干溪沟社、黑岩脚社、下岩口和上岩口的脱贫攻坚工作。在推进工作中，社科联的同志们先后 30 多次深入村社农户调查研究、座谈建言。针对问题，结合脱贫攻坚政策进行综合研究，对几个社实行一户一策，开展清单式脱贫。

扶贫工作，有汗还有泪，大家舍小家，一心为群众解忧，杨天平 85 岁的老母亲住院不能陪伴，王建芝驻村两年重病的丈夫复查、孩子中考不能陪伴，吴成芬驻村两年 6 岁的女儿和生病的丈夫请保姆照料。可他们的随身笔记本上，写满了要为群众解决的事：尖包包社的王中银等十几家需要帮忙捐购衣柜、鞋柜，癌症患者辛大姐需要资助，关于养牛合作社入股问题……桩桩件件，都牵挂在大家的心头。

2014 年以来，社科联一班人为脱贫攻坚个人捐款共计 11930 元，有效地解决贫困户当务之急。2020 年，为困难户张光伍争取到小额信贷资金 3 万元搞土鸡养殖，实现年收入 12000 元；为麻窝凼 10 户群众协调争取扶贫资金 6 万元，参与合作社养牛，年底实现如期分红；为佘家勤家争取到两癌补助 1 万元……

（作者系永善县社科联工作人员）

小康路上的山海情谊

谢洪仙　韩思思

广东中山，地处沿海地区，地理条件优越，经济高度发达；云南永善，位于乌蒙腹地，自然条件恶劣，贫困程度较深。相隔千山万水，原本并无任何交集，却因一次千载难逢的历史机遇而结下不解之缘，从此紧紧地联系在一起。2016 年，党中央国务院作出东西部扶贫协作战略部署，确定广东省中山市对口帮扶云南省永善县。自此，因着共同的历史使命，相距 3000 公里的两座城市山海牵手，携手书写脱贫攻坚新篇章，用汗水和智慧倾情谱写了一曲绚丽壮歌。

人才交流　智志双扶

扶贫先扶智，扶志在人才。永善县交通条件闭塞、基础设施薄弱，是国家级深度贫困县，人才匮乏一直是制约区域发展的痛点、难点，不仅存在本土人才培养难、留不住的问题，也面临对外部人才吸引力不足的困境，人才助力经济社会发展的水平和能力严重不足。自东西部扶贫协作以来，广东中山为永善提供人才支援，使这一制约瓶颈得到了有效解决，无数援永人才用心用情真实帮扶，点亮了无数群众脱贫致富奔小康的梦。

张金成是南方医科大学教授、硕士研究生导师，中山市小榄人民医院普外科主任医师，2017 年 10 月被选派来到永善县人民医院挂职副院长，进行为期一年的对口支医工作。到任后，张金成顾不上好好休息调整，就投入紧张的工作中。很快，他便发现，最大的困难是当地医疗底子太薄弱。尽管支援的永善县人民医院在当地是龙头医院，可是医疗水平跟地处东部的中山市相比仍有很大差距。为了让先进技术“扎根”，张金成积极推广中山市先进管理经验，在普外科创立无烟医务科室，带头落实查房、会诊制度，积极利用已有条件，开创展经腹会阴联合直肠癌根治术、腹腔镜下腹股沟疝修补术 TApp 及 TEp 术式、腹腔镜下胃穿孔修补术等 10 余种手术，并精心制作《外科补液与肠外营养支持》《急危重症的快速识别及处理》等课件，向当地医护人员面对面讲理论、手把手传技能，遇到不懂的年轻医生，还一对一“开小灶”，拉直他们心中的“问号”。

作为副院长，张金成除了帮助当地医院提升医疗水平外，他还肩负着深入溪洛渡、伍寨、桧溪、务基、黄华等乡镇为群众义诊巡诊、送医送药、普及健康知识的任务。地处乌蒙山区的永善县，山高坡陡，地广人稀，一些乡村之间动辄就是几十公里，甚至上百公里的距离，大部分都是山路，每次下乡开展义诊活动都是一次考验。

24 岁的古中勇是永善县溪洛渡镇干河村人，不到 3 岁时的一场意外中，他不慎跌落滚烫的猪食里，导致双上肢、胸部严重烫伤，落下残疾。为了治病，古中勇一家常常是入不敷出，成为村里的建档立卡贫困户。由于医疗条件有限，加上又没钱走出大山去大医院进行治疗，这一拖就整整 20 多年。2018 年 8 月，一个好消息让“特殊患者”古中勇与中山市小榄人民医院结缘。在家期间，无意中听亲戚说广东大医院来了一个专家，古中勇和父亲便急忙赶到医院专程求助。在了解古中勇的情况后，张金成当即向小榄人民医院领导作了汇报。院领导高度重视并当即研究决定，先通过微信千里连线会诊，再为古中勇父子提供往返机票以及除报销外的相关治疗费用，并安排父子在院期间的食宿。8 月 22 日凌晨，张金成带着古中勇和他的父亲乘坐飞机来到中山，前往小榄人民医院接受治疗。在 8 月 22 日至 10 月 15 日的 55 天时间里，小榄人民医院为古中勇进行了 3 次手术，前前后后长达 40 多个小时。3 次成功的手术，为小伙重新点燃生活的希望。10 月 16 日，古中勇正式出院，将在广东省第六扶贫协作工作组中山市小榄组团驻永善工作小组的陪伴下，返回家乡永善县。临行前，小榄人民医院领导和医生专程来看望他，并嘱咐道：回家后要坚持做好术后康复训练，去迎接新的生活。

据县委常委、副县长汤如烈介绍："自东西部扶贫协作以来，依托中山在党政、教育、医疗、经济、农科等领域优势，采取"长 + 短""1 + 9"等模式，持续深化互派干部人才挂职、教育培训和学术交流等人才交流合作。2017 年以来，中山小榄组团先后选派 4 名党政干部、180 余名医疗教育等各类优秀人才到永善支援交流，帮助永善新开展开颅等 29 项新手术，创建中山小榄组团 · 永善县微信远程诊疗平台、"名医"工作室和博士工作站，牵头新开展开颅等新手术 29 项，开展培训讲座、义诊等活动 200 余场次，惠及人数超过万人以上；永善县选派医疗教育人才 320 余名到中山小榄组团镇区交流、跟岗学习，协调举办党政干部培训班 6 期，培训党政干部及专业技术人才 1500 余人次，组织永善籍学生 1279 名到中山、深圳、珠海免费就读职业学校，两地人才交流合作促进了两地观念互通、思路互动、技术互学、作风互鉴"。

产业合作　助农增收

初秋时节，走进增资扩股重组的云南菜人家食品有限公司，只见一派繁忙的景象：百余名工人正有条不紊地进行漂洗、修整、分级、装袋、抽空、封口等流水线作业，一袋袋绿色生态食品陆续出厂，通过各种平台和渠道，销往全国各地。

产业合作是对口帮扶工作的重中之重。中山市小榄组团充分发挥技术、资金、人才、管理、信息、市场等方面的优势，围绕永善县方竹、花卉苗木、脐橙等特色产业，积极探索“国有资本 + 民营企业 + N”“民营企业 + 易迁扶贫车间 + ”“党支部 + 公司 + 基地 + N”的产业扶贫新路子，着力打造云南省首个东西协作混合所有制扶贫产业项目，由中山中汇集团控股与昭通开投公司、永善民营云南莱人家公司共同投资 1 亿元，携手打造产供销研竹产业协作项目；投入东西部扶贫协作资金 300 万元，建设扶贫车间 1 个，带动 10 万亩方竹种植，通过带动种植、采摘、购销等方式，惠及全县 11 个乡镇 62 个村级集体经济组织和专业合作社。引入中山真安印花定型有限公司，在永善县红光易迁安置点共建永善首个劳动密集型扶贫车间——云南康迪服饰有限公司扶贫车间，可提供就业岗位 300 个，有效解决易迁安置群众就地就近就业。投入资金 5600 余万元，建成“万亩云端果园”蓝莓基地 1.2 万亩，建立“一地生四金”带贫机制（即土地流转有租金、务工收入有薪金、入股分红有股金、集体有收益金），基地盛果期年可提供施肥、除草、采摘等 20 万—30 万个就近就地就业工日，覆盖溪洛渡、水竹、莲峰 3 个乡镇 16 个贫困村 3928 户建档立卡贫困户。采取“展销会 + 龙头企业 +”模式组织云南莱人家、桧元专业合作社等企业参加广州博览会、中山“328”对口扶贫协作招商引资洽谈会等交易会，开展“广东消费扶贫月活动网上行”产品对接，打造特色鲜明、带动力强的网络消费扶贫平台。通过“线上 + 线下”、网上平台直播带货销售等方式开展消费扶贫，采取“电商平台 + 合作社 + ”“网络直播 + 合作社 + ”等模式，将永善农特产品销往东部市场。

劳务协作　资源互补

青胜乡青胜社区的李瑞刚以前是昆明一家饭店的厨师，疫情期间，无法复工，李瑞刚急得如热锅上的蚂蚁。2020 年 2 月 26 日，李瑞刚在村干部的带领下来到了环城路集中输送点，在工作人员的引导下站在一个“十”字上排好队，坐上了免费专车，在交通警察的开道下，向目的地广东省中山市进发。目前，李瑞刚在广东日丰电缆股份有限公司上班，每月除了社保和生活费，到手工资 6000 余元。

疫情期间，像李瑞刚这样受疫情影响无法复工的群众还有很多，因此永善抢抓广东、浙江等地企业复工复产免费包机包列包车等机遇，开展“出家门、上车门、进厂门”的“点对点、一站式”输送，落实医护人员开展健康监测，安排护送人员全程跟车服务，免费发放防护用品和生活物品，全力保障农民工安全有序返岗。仅 2020 年，全县就完成劳动力有组织转移就业 8.81 万人，其中服务保障输出 7 万人，“点对点”输送 1.81 万人。特别是 2 月 26 日至 3 月 10 日，各级各部门协同配合，连续作战，13 天之内组织 5 场大型的“点对点”输送 1.21 万人。

在上海市鑫山构件厂上班的溪洛渡镇双屯村外出务工人员刘永明在接受记者采访时说道：“政府组织专车免费把我们送到务工地点，途中还为我们准备了矿泉水、面包等生活用品和口罩等防护用品，算下来为我们一家节省了 2000 多块钱，真真实实感受到政府的关爱，看到县、乡、村干部忙前忙后，我心里特别感动。”

自中山小榄组与永善结对帮扶以来，给永善人民特别是建档立卡贫困家庭的劳动力带来了福音。永善县探索建立“六精准”劳务协作机制，按照“永善所需、小榄组团镇区所能”的工作思路，抓实东西部劳务协作工作，组建驻中山东莞、杭州、昆明三个人力资源服务站，以市场需求和本地产业发展需要为导向，整合扶贫、就业、东西部协作等专项资金，协作开展技能培训，提升建档立卡贫困劳动力素质能力。

奉献爱心　情暖金江

一人难挑千斤担，万人能移万重山。面对打赢脱贫攻坚战这场硬仗，中山市小榄组团带着一颗真心，不远千山万水，与永善牵手扶贫协作共谋小康。

22 岁的杨天琼和周明贵两个小青年，他们两个一个双下肢残疾，一个右眼失明，之前每天除了吃饭睡觉，干点轻巧的农活外，更多的时间只能坐在家门口仰望四周的大山，无法帮助家里减轻压力的愧疚一直让两位小青年感到绝望。天无绝人之路，中山市小榄组团在永善招工的消息为他们带来了生活的希望。永善县人社局的工作人员积极对接永善县驻中山人力资源服务站，早早就做好了各种准备工作。现在小两口每个月近 7000 元的收入，不等不靠，凭着自己的双手过上了幸福甜蜜的新生活。

中山市小榄组团聚焦残疾人帮扶，通过产业扶持、技能培训、贫困资助等方式，加大残疾人帮扶力度，惠及了 9037 名贫困残疾人。2019 年通过中山东凤 · 永善之家输送了 16 名残疾人到中山稳定就业。

白涛是广东省中山市黄圃镇中学英语一级教师，研究生学历，从事英语教学工作已有 27 年，积累了丰富的教育教学经验。2019 年 8 月，作为中山市长期挂职支教人员，白涛辞别亲人，毅然踏上了支教之路，奔赴云南永善。

在他的积极组织和沟通协调下，中山市黄圃镇中学向永善县第三中学捐赠图书 3000 余册。组织并邀请中山市黄圃镇中学名师团前往永善县第三中学送教。2020 年 6 月，由中山市黄圃镇中学名师、名班主任组成的团队远赴昭通市永善县举办讲座或上示范课，开展“名师送教”活动，助力帮扶永善县教师积极投身课堂教育改革，更新理念，让教育思想先富起来。

他将先进的教学理念带到了永善，也用他的爱心、真心、耐心、信心去滋润永善的每一棵幼苗。

自东西部扶贫协作以来，永善收到中山市小榄组团各类社会捐赠帮扶资金达 4828.6 万元。立足中山小榄组团三甲医院资源优势，深入开展医疗卫生协作，中山市小榄组团 3 家医院与永善县级医院结对，实现中山小榄组团医院与永善县级医院结对全覆盖。广东省 14 所名校与永善县 9 所县级学校实现结对帮扶全覆盖。

跨越山川来牵手，勠力同心奔小康。在脱贫攻坚战进入攻城拔寨阶段，东西部扶贫协作必将助推永善数以万计贫困群众与全国人民一道共圆小康梦。

（作者均系中共永善县委组织部工作人员）

劳务协作结硕果

——永善县东西部扶贫劳务协作纪实

苏忠武　刘仕琴

2016 年，广东省中山市小榄镇对口扶贫永善县，按照“永善所需、小榄组团镇区所能”的原则，中山市小榄镇与永善县签订了扶贫协作规划，为深入推进劳动力转移就业工作，两地协同制订了劳务协作三年行动实施方案，永善县东西部扶贫劳务协作由此拉开了序幕。

构建组织保障

2016 年 9 月，永善县成立东西部劳务协作领导组，由县长任组长，县委、县政府分管领导任副组长，22 个县直部门主要负责人和 15 乡镇党委书记、乡镇长为成员，设办公室在人社局。2018 年 5 月，整合县人社局和县人力资源办工作力量，实行“班子成员分片、股室联系乡镇、工作人员包村”的工作机制，抓好东西部扶贫劳务协作工作业务指导；在 15 乡镇分别组建人力资源服务中心，明确 1—2 名劳务协作专干专门负责东西部扶贫劳务协作工作；2019 年 5 月，在村、组全覆盖选聘劳务协作工作人员 3026 人，负责对辖区建档立卡贫困劳动力实行网格化管理，实时将劳动力信息变更情况录人力资源信息系统，全面、准确掌握辖区每户建档立卡贫困劳动力情况。

开展定向培训

为实现培训和输出的无缝衔接，小榄组团镇区与永善县以市场需求为导向，结合本地产业发展需要，在通过公开招投标确定培训机构后，协作开展职业技能培训与农村实用技术培训，努力提高培训的针对性和有效性。对有意愿转移就业的劳动力，开展“订单、定向、定岗”等技能培训；对有创业意愿并具备一定创业条件的劳动力，组织开展创业培训；对在家无法外出的劳动力，结合农特产业发展、专业合作社用工需求，开展农村实用技术培训。自 2017 年 10 月在青胜乡启动首期 35 人培训以来，两地陆续组织开展了以电工、焊工、砌筑工、钢筋工、育婴员、中式烹调师厨师等工种为主的职业技能培训。2017 年至 2020 年期间，小榄组团镇区与永善县协作完成劳动力培训 22301 人次，其中，2017 年培训贫困劳动力 3000 人，2018 年培训贫困劳动力 8150 人，2019 年培训贫困劳动力 4577 人，2020 年培训劳动力 6574 人。

推进转移就业

以贫困劳动力、易迁劳动力、零就业家庭为重点，按照“应转尽转、能转则转”的原则，实行集中输送与分散输送相结合、外出务工就业与就近就地就业相结合的劳务输出机制，坚持因人施策，通过组织劳动力转移就业一批、共建扶贫车间吸纳就近就业一批、开发公益公服岗位安置就业一批等方式，加大协作转移就业力度。自两地对口帮扶协作以来，共举办专场招聘会105场次，转移贫困劳动力就业8355人次，其中，广东省6049人次（中山市714人次，东莞市1127人次），其他省区817人次，就近就业1489人次。

2020年疫情期间，两地党委、政府认真贯彻习近平总书记关于统筹推进疫情防控和经济社会发展的系列重要指示精神，按照“保存量、扩增量，抓重组、优结构，建机制、促稳定”的要求，抢抓机遇，采取“包列包车”等措施，大力开展家门、车门、厂门“三门相连”“点对点、一站式”输送，落实医护人员和护送人员，全程跟车服务，配备体温检测器、常用药品、口罩、消毒液等防护物资和遮阳帽、矿泉水、面包等生活物品，沿途开展健康监测、疫情防范和组织服务工作，全力保障农民工安全有序返岗，促进企业复工复产。两地协作免费包列包车42辆，输送3055人到广东省就业（中山467人、东莞799人）。建档立卡贫困劳动力李瑞刚，原在昆明一家餐馆当厨师，因受疫情影响餐馆不能正常营业，正当他一筹莫展的时候，县、乡、村干部动员他到中山务工，他抱着试一试的态度坐上了前往中山的“点对点”输送专车，在永善驻东莞 · 中山人力资源服务站的帮助下，在中山市日丰电缆稳定就业，月工资6000多元。

组建服务站点

自2018年3月，按照单位推荐、个人自荐、组织考察的原则，先后在全县各级各部门干部职工中选调能力强、素质高、善作为、敢担当的10名同志，按照“人员、经费、制度”三到位的要求，在广东省中山市小榄镇组建了永善县驻东莞 · 中山人力资源服务站，主要开展岗位推荐、走访回访、交心谈心、节日慰问、稳岗服务、矛盾化解、劳务维权等跟踪服务工作。同时，协调东凤镇青年企业家协会筹资300余万元，在东凤镇建成“东凤·永善之家”，在永善县设立“中山小榄组团永善劳务对接工作站”等就业服务机构，开设注塑基础、装配生产基础、五金冲压、家政、茶艺师、焊接与热切割作业等专业技能培训，和“珠三角”500余家优质企业达成劳务合作框架协议，主要解决残疾人等特殊群体异地就业岗位信息不匹配、稳岗率低等问题。

建站初期，服务站的同志们克服语言交流障碍和高温天气的炙烤等困难，在没有交通工具的情况下，往返于中山、东莞、深圳、佛山等地人社部门之间建立协作关系，穿梭于企业之间考察筛选优质就业岗位、找寻永善籍务工人员，汗水湿透了衣服，脚上磨起了水泡，饿了就吃面包和泡面……简单的事情重复做，重复的事情用心做。辛勤的付出终于见到了成效，通过两年多的努力，服务站与广东东莞、中山、深圳及小榄组团镇区人社部门建立起了和谐的协作关系，共考察企业398家，推送优质岗位信息46560个，集中组织贫困劳动力转移输出3623人，零星安置就业807人，帮助协调岗位1060人次，开展岗前培训和在职提升培训1653人次，回访务工人员52200余人次，核实广东务工人员信息14427人次，建立贫困务工人员信息档案5438人，协助务工人员办理入职、离职、各种证件900余人次。

残疾人就业问题始终是就业工作的难点和重点，也是服务站工作的痛点和堵点。“我杵双拐走路，手也没多大力，不知道有没有适合我的岗位？”“我有一只眼睛看不见，也没办残疾证，可以来打工吗？”“我左脚残疾，不能久站，能找到工作吗？”“我左手残疾，右手还能用力，可以去广东务工吗？”一个个咨询电话打到了县人社局，打到了中山服务站。服务站及时对接云南省总工会驻深圳“娘家人”服务站，依托“东凤·永善之家”牵线搭桥，对鹤山市雅图仕印刷有限公司、江门豪爵摩托车配件有限公司、东莞长安美泰玩具有限公司等爱心企业进行考察，当看到一个车间里几百人全是残障人士，在这里没有歧视、没有嘲笑，每一个人都在凭自己的劳动自力更生，家乡的残疾人就业有了希望！经过组织和动员，2019年2月24

日，第一批 14 名残疾人怀着忐忑的心情、怀揣梦想来到中山，在经过“东凤永善之家”为期一周的岗前培训、生活培训、励志培训后，服务站根据他们各自的身体情况，与东凤永善之家的老师为他们量身选择岗位，将 14 人分别安置到小榄和东凤镇的企业务工，工资每人每月 3000—4500 元。自建站以来，共转移安置残疾人就业 62 人，为 5 名残疾人购买代步车和安装假肢。回访中，看到他们日益开朗的笑容和蒸蒸日上的生活，服务站工作人员悬着的心终于放下了。溪洛渡镇白沙村冯开润一家三口人，丈夫手残疾，女儿智力障碍，他们希望一家三口在一起工作可以互相照顾，可是丈夫能做的，女儿做不了，接收女儿的企业，又不接收丈夫。最后经过多方联系和协调，服务站将他们安置在江门豪爵摩托车配件有限公司。一家三口扣除社保，一个月收入一万余元，现在已经工作了一年半，收入近 15 万元，靠外出务工实现了自己的脱贫致富梦。刘人普是莲峰镇人，双退残疾还患有严重的强制性脊髓炎，既不能承受重体力活、不能站又不能久坐。以前在浙江靠改装的三轮车拉客维持生计，听说广东能安置残疾人进厂，就联系服务站想进厂工作过安稳一点的生活，服务站经过筛选，最后将他安置在鹤山雅图仕印刷有限公司下属利奥分公司从事描图、画样和包装等相对轻松的岗位，月工资近 3000 元。

共建扶贫车间

为帮助因照顾家庭无法外出的劳动力就业，增加家庭收入，实现脱贫致富，永善县与小榄组团镇区本着发挥优势互补、互利共赢的原则，经两地党委、政府和相关部门多次考察协商，决定在易地扶贫搬迁安置点及周边共建就业扶贫车间，实现“搬得出、稳得住、能致富”目标。2019 年 6 月，在工业园区细沙片 A 区，建成从事农特产品加工的就业扶贫车间云南莱人家食品有限公司，吸纳贫困劳动力就业 278 人次；2019 年 9 月，在桧溪镇源胜村，建成就业扶贫车间永善县桧元种植专业合作社，吸纳劳动力 22 人就业；2019 年 10 月，在桐堡易迁安置点、红光易迁安置点周边（县工业园区），建成从事服装生产加工的就业扶贫车间云南康迪服饰有限公司，并举办“订单、定向、定岗”培训 3 期 420 人，专场招聘会 1 场，吸纳贫困劳动力 53 人次就业；2020 年 9 月，在红光易迁安置点建设从事耳机生产的就业扶贫车间永善县赢凯电子科技有限公司，吸纳 20 人就业。

出台激励政策

为发挥激励政策引领作用，引导更多劳动力到对口帮扶地务工，永善县与小榄组团镇区密切协作，制订出台了一系列转移就业激励政策。2018 年 5 月，出台帮助找工作、给予交通补贴和稳岗补贴、途中包吃包住包车费、保工资保权益保服务的“一帮二补三包三保”扶持政策，对转移到省外稳定务工半年以上的建档立卡贫困劳动力，给予一年一次 500 元的定额交通补助，县外省内稳定务工半年以上的建档立卡贫困劳动力，给予一年一次 300 元的定额交通补助；转移到东莞、中山稳定务工半年以上的建档立卡贫困劳动力，县财政给予一次性 1000 元的稳岗补贴；对劳务经济人，以实际转移且稳定务工半年以上的贫困劳动力数量为准，按照省外 300 元 / 人、县外省内转移 200 元 / 人的标准给予就业服务补贴。2019 年 4 月，两地根据劳务协作工作需要，对激励政策进行了调整，出台了外出务工十条奖补措施。其中永善五条：一是交通补贴。转移到省外稳定务工 3 个月以上的贫困劳动力，给予一年一次 500 元的定额交通补助，转移县外省内稳定务工 3 个月以上，给予一年一次 300 元的定额交通补助。二是稳岗补贴。转移到广东省稳定务工 3 个月以上的贫困劳动力，按 800 元 / 人 · 月给予稳岗补贴。

三是就业补助金。吸收贫困劳动力实现稳定就业3个月以上的县域规模以上（限额以上）工商企业（含个体工商户），按用工单位支付补贴对象工资总额的10%补助，最高不超过1000元/人，给予就业补助金。四是劳务经纪人补贴。以实际转移且稳定务工3个月以上的贫困劳动力数量为准，按照省外300元/人、县外省内转移200元/人的标准给予劳务经纪人补贴。五是创业补贴。对有创业意愿且具备创业条件的（包括在电商平台开办“网店”），县人社部门给予免费创业指导培训，并在创业担保贷款、小微企业贷款和云岭大学生引领计划等方面给予扶持。在中山市稳定务工3个月以上的永善籍建档立卡贫困劳动力，除享受永善县五条激励政策外，还可叠加享受小榄组团镇区五条激励政策：最高3个月的社保补贴；500元的车费补贴；每带动一人给予最高500元人带人补贴；最高1500元的稳岗补贴；每次最高300元的稳岗慰问费（品）。2020年3月，面对疫情影响，两地再次修订完善了激励措施，将到广东省中山市务工稳岗补贴从2019年的每月800元提高到每月1000元，并对3月31日前转移到广东省中山市稳定务工3个月以上的建档立卡贫困劳动力，给予1500元的一次性奖励。自2018年执行激励措施以来，共兑现贫困劳动力到广东省务工交通补贴、稳岗补贴等2333.16万元。

从东西部扶贫劳务协作以来，永善县坚持把东西部扶贫劳务协作贯穿于脱贫攻坚，努力推动“输血式”帮扶向“造血式”扶贫转变，共输出劳动力4.46万人次，形成了全方位、多领域的劳务协作崭新格局，为贫困群众增收打下了坚实基础。

（作者苏忠武时任永善县人力资源和社会保障局办公室主任，刘仕琴系永善县水务局派驻东莞·中山人力资源服务站工作人员）

第七编　组织保障

脱贫路上党旗红　凝心聚力奔小康

——永善县党建引领脱贫攻坚实录

王建宇　张　萍

一个支部一座堡垒，一名党员一面旗帜。在脱贫攻坚这场没有硝烟的战役中，永善县坚持以党建为统领，紧扣“基层党建推进年”“基层党建提升年”“基层党建巩固年”“基层党建创新提质年”部署，带领全县800多个基层党组织15000余名党员，紧盯“2019年全县脱贫摘帽”这一目标，把思想凝聚起来、把组织建强起来、把队伍激活起来、把作用凸显出来，有力激发了决战脱贫攻坚、接力乡村振兴的内生动力，让“农业更强、农村更美、农民更富”活力迸发。

建强“主心骨”

2015年以来，以“支部规范化建设”为契机，实施“1+X”（“1”主要指规范化建设，“X”主要指1个以上示范项目创建）模式，创建省级示范党支部4个、市级示范党支部6个，着力推动党的组织无处不在、作用无处不发挥，让基层党组织成为党在农村执政形象的展示窗口、引领地方发展的风向标。溪洛渡镇明子村党总支部以“聚发展合力、创产业示范、建幸福明子”为工作主线，把明子村干海子、金坪两个易地扶贫搬迁安置点作为易地扶贫搬迁、美丽乡村、观光旅游“三位一体”进行县级示范点打造，整合资金硬化公路，对核心区住房提质改造，修建观光廊道，两廊活动广场、停车场、观景平台等旅游设施，扶持群众发展辣椒、葡萄、樱桃、乌桃、李子短平快产业500亩，打造农耕体验园300亩、微菜园96个、大棚草莓采摘基地1个，明子村成为市民周末采摘体验和旅游休闲的好去处，2020年11月获云南省旅游扶贫示范村称号。

在注重培育典型的同时，永善县还加大对软弱涣散党支部的整顿提升力度，按照“一村一策”建立问题清单、任务清单和责任清单，通过健全组织、配好班子、完善制度等办法，采取“1+N”〔即1个软弱涣散党支部由1名县级领导班子成员挂村（社区）、1名乡镇领导班子成员包村（社区〕及1名驻村第一书记、1个县级以上机关单位结对帮扶和1名组工干部联系指导）的帮扶措施，解决突出问题，实现转化提升，夯实党在农村的执政基础。莲峰镇大荡村曾因“支部书记履职不力、工作不在状态，班子不团结、严重影响班子战斗力”等原因，被纳入软弱涣散基层党组织进行整顿，大荡村从选优配强村“两委”班子做起，将1名有干劲的治安员选拔为支部书记，补选1名全日制大专生为村主任。班子配齐配强后，依托地方资源优势，采取“党支部+合作社+农户”的发展模式，大力实施退耕还草，全村181户建档立卡贫困户通过产业项目资金入股永善县聪明养殖专业合作社，在合作社的示范带动下，借助扶贫产业发展，切实实现了“资产变资金、资金变股金、群众变股民”的转变。

打造“生力军”

在落实“五级书记抓扶贫”的过程中，永善县把建强村党组织书记作为关键一招，采取内培、外引两种方式，建立返乡优秀人才信息库、返乡人才创业项目库、机关企事业单位有意愿返乡创业人员库等三大数据库，从返乡创业人员、大学毕业生、退伍军人、种养能手等人才中培养选拔村书记。为留住人，还健全完善了村（社区）干部待遇保障长效机制，通过保障工作待遇、解决生活补助、购买意外保险、强化绩效奖励、组织健康体检等方式，多渠道增加村组干部收入，解决后顾之忧，激发干事活力。

为打造一支带不走的脱贫人才队伍，永善县一方面千挑万选派能人，脱贫攻坚期间，累计选派 1941 名政治素质好、工作作风实、综合能力强的干部担任驻村工作队队员，调整年龄较大、身体不适、能力不强的队员 211 人次。另一方面加强对驻村队员的管理，建立“一日一报备、一日一抽查、一周一通报、一月一考勤、一季一测评、一年一考核”工作机制，制订驻村工作队队员“五要五不准”纪律提示卡，运用“云岭先锋”手机 APP 打卡签到。在严管的同时，更加注重对驻村队员的关心关爱，提拔使用驻村工作队队员 28 人，每年安排一次健康体检、购买人身意外伤害保险，经常性开展谈心谈话，适时了解掌握工作队队员思想动态，同时采取集中培训、视频培训、组织脱贫攻坚知识测试等方式对驻村队员进行全覆盖培训，全面提升驻村队员服务脱贫攻坚的能力和水平。

唱响“兴旺曲”

2018 年 4 月，借助东西部扶贫协作机遇，率先在全县建成村集体公司——永善县三堡集体资产经营管理有限公司，采取“支部 + 公司 + 基地 + 农户”的经营模式，建设花卉苗木产业基地，大力发展 300 亩花卉苗木。当地的农户除了收取土地租金外，还以劳力入股的形式，在基地上劳作，赚取工资，享受分红，让种植户吃下了“定心丸”。永善县坚持把发展壮大村级集体经济作为创建服务型基层党组织建设的首要任务，通过抓调研、抓规划、抓投入、抓指导、重服务、保运营等方式，采取试点先行、典型引路、全面推开的模式，确保发展壮大村级集体经济工作有序开展。实现了村级集体经济覆盖全县 15 个乡镇 142 个村（社区），成为引领带动群众增收的又一抓手。

在发展壮大村级集体经济的基础上，永善县牢牢抓住转移就业，提升自身“造血功能”这个关键。2018 年，在杭州、中山、昆明组建劳务工作站 3 个，在每个村（社区）组建就业服务工作站，充实村级就业扶贫业务员和信息员，采取“五清四明”（即：人员底数清、技能状况清、文化程度清、收入情况清、服务对象清；择业意愿明、培训需求明、就业意向明、现实收入明）的方式，发挥基层党组织和党员作用，扎实抓好意愿排查、政策宣传、就业培训、转移输出等工作。为鼓励广大群众外出务工就业，2019 年出台《永善县脱贫攻坚期内就业扶贫工作实施方案》，对贫困劳动力转移就业，给予交通、稳岗等补贴，吸纳贫困劳动力就业的企业、组织贫困劳动力外出就业的经纪人分别给予就业服务、劳务经纪人、创业等补贴。2020 年春节，为克服新冠肺炎疫情影响，推动劳动力复工复产，举行了两场“千场招聘进千村”专场招聘会，邀请浙江嘉兴、桐乡和广东深圳等地 20 余家企业招工，并采取包机、包列、包车等方式“点对点”输出劳动力 1.8 万人，实现有组织县外转移 7.04 万人、县内就业 5.78 万人。

（作者均系中共永善县委组织部工作人员）

拧紧扶贫责任阀

——永善县脱贫攻坚责任体系建设纪实

唐　安

清单　把责任分割明白

永善县为适应决战决胜脱贫攻坚任务和要求，推动工作重心下移、力量下沉、资源下聚，确保脱贫攻坚责任落实、政策落实、工作落实。2018年3月，从盯项目进度、盯责任落实、盯群众工作、盯问题整改、盯纪律作风方面制订了脱贫攻坚县级领导“五盯”责任清单；从落实主体责任、理清工作思路、推动工作落实、强化队伍管理、做好贫情分析、抓好问题整改方面制订了脱贫攻坚乡镇党政主要领导责任清单；从落实工作责任、制订推进措施、推动项目落地、抓好督促落实方面制订了脱贫攻坚行业扶贫部门主要领导责任清单。为确保责任压实全覆盖、无死角，又先后制订了挂包部门主要领导、乡镇包村领导、一线挂联人员、结对帮扶干部责任清单。2019年5月，又从结对帮扶的县直部门中抽出160名领导干部担任抓村督导员，并对应制订了督导员督导责任清单，织密了脱贫攻坚责任网，形成了横向到边、纵向到底的县级领导、行业扶贫部门主要领导、挂钩联系部门主要领导、乡镇党政主要领导、包村工作组组长、一线挂联干部、部门结对帮扶干部、抓村督导员“8张责任清单”。

同责　把责任捆绑相连

为解决履职担当不够、敷衍塞责、推诿扯皮、互不配合、大局意识不强等问题，2018 年 5 月，永善县实行县级挂联领导与所挂联乡镇、县级行业扶贫分管领导与行业扶贫部门、行业扶贫部门与乡镇、挂钩帮扶部门与所挂钩村（社区）、结对帮扶干部与“一线挂联干部”就脱贫负同等责任的“五个同等责任”机制，对脱贫攻坚责任进行捆绑考核，形成了人人肩上有担子、个个身上有责任和风险相连、责任共担、齐抓共管的扶贫格局。

督查　把责任压到肩头

从 2016 年起，永善县每年组建 15 个脱贫攻坚督查组，驻乡蹲村，围绕户脱贫、村出列和补短板工作，紧盯关键环节、工作重点和重大风险，对乡镇、县直部门、领导和一线干部工作情况、存在问题进行常态化督促检查，推动各级干部认真落实责任清单、身沉一线抓好工作落实，并对监督检查中发现的问题，以书面形式交办涉项领导和部门，与此同时，还通过设置举报箱、公开监督举报电话等形式接受群众监督和举报。2018 年，在脱贫攻坚进入决战决胜攻坚期、脱贫摘帽冲刺期，成立了 3 个脱贫攻坚明察暗访组，坚持“四不两直”原则，对乡镇脱贫攻坚工作开展定期不定期明察暗访、随机调研、走访座谈，面对面核实情况；组建 15 个驻乡督战队，以督工作任务、督责任落实、督纪律作风，抓正反典型“三督一抓”为重点，实事求是、原汁原味、全过程真实反映各乡镇、各部门工作落实情况，以强有力的监督检查促进干部从被动履责到主动扛责。2020 年，永善县再次调整充实督察力量下派 15 个驻乡督查组，走进村社、农业基地、扶贫车间和贫困户家中，督促检查干部脱贫攻坚责任履行情况、乡镇和行业部门落实责任情况、干部作风情况、扶贫项目完成情况、资金开支使用情况、小微腐败发生情况等，进一步压紧压实责任，提升监督实效。

追究　把板子打在身上

2018 年 10 月，永善县出台了脱贫攻坚工作责任追究办法，对干部在脱贫攻坚工作中应受到责任追究的情形、追究方式作出明确规定，并根据所列追责情形，视失职失责情节、影响、造成的后果，相应采取诫勉、降职免职、调整职务、责令辞职、开除公职等方式进行追责问责，形成规制与防控并举的有效机制，让铁规发力、让禁令生威，对踩“红线”、越“底线”、闯“雷区”的行为坚决严肃查处。

（作者系永善县扶贫办工作人员）

紧扣决策部署　护航脱贫攻坚

——永善县扶贫领域监督执纪问责工作实录

徐荣聪

教育为先，严防干部触“红线”逾“底线”

《永善县脱贫攻坚工作责任追究办法（试行）》《关于进一步严肃脱贫攻坚纪律作风要求的通知》……永善县注重把刚性的纪律和规矩固定下来，画出规矩“底线”纪律“红线”，不断提高工作的“含金量”和“辨识度”，引导各级扶贫干部心有所畏、言有所戒、行有所止，推动全县扶贫干部在一线遵规守纪、建功立业。

《关于对茂林镇人民政府在脱贫攻坚工作中存在问题进行问责的通报》《关于对黄华镇黑铁村21户群众未及时享受到农危改政策相关责任人处理情况的通报》……永善县坚持严查快处，点名道姓通报曝光，大力整治扶贫领域不作为、乱作为等问题，坚持用身边的事教育身边的人，达到查处一人、教育一批、警示一片的政治、纪法、社会效果。

通过“金江课堂”、法治宣传教育、廉洁家风教育等廉政教育，推动廉政教育走进基层、深入一线、融入家庭；把廉政课堂搬进县委、县政府重大活动、县、乡、村三级干部会、“万名党员进党校”、单位廉政党课等。2018年年初，将党的十八大以来查处的典型案件汇编成册，组织26家县直综合部门有关人员旁听两起职务违法案件庭审，进一步以案释纪、以案释法、以案促改、以案促建，督促干部不犯错、少犯错、犯小错。

严格监督，及时纠治轻微问题

县住建局原职工孙某，2015 年 12 月被派驻务基镇锦屏村工作后，不严格遵守驻村工作纪律及相关规定，2017 年 3 月，孙某受到全县通报批评问责；2018 年 3 月至 2019 年 6 月，孙某在派驻务基镇凉台村工作期间，工作作风不实、态度不积极、责任心不强，2019 年 6 月，孙某受到记过处分，2019 年 7 月，被调至大兴镇工作。

县交运局工作人员赵某某，驻村期间的 2019 年 8 月 28 日凌晨，醉酒后到码口镇鑫逸大酒店住宿，与该酒店负责人发生吵闹、辱骂并扭打。县公安局对赵某某处以行政拘留 14 日并罚款 1000 元的行政处罚，县交运局给予赵某某记过处分。

细沙乡 2017 年、2018 年连续两年脱贫攻坚工作被考核为“一般”等次，存在精准扶贫不精准，将建档立卡贫困户错退等问题，负有主要领导责任的细沙乡党委书记受到党内严重警告处分，乡长、宣传委员受到组织处理。

2016 年，县纪委监察局对乡镇开展专项纪律督促检查，发现 9 项共性问题 69 项个性问题，列出“问题清单”，建立“问题台账”，及时反馈涉项乡镇，督促限期整改落实。

2017 年，县纪委监察局先后派出 8 名干部担任精准扶贫督查专员，对农村人口基本情况摸底调查工作进行监督检查，先后派出 7 个督查组，对各单位落实中央八项规定精神、推进脱贫攻坚进行检查抽查。这期间，对履职不力的 7 名工作队队员责令退回，发函 4 家单位调整工作队队员 8 名，责成 3 个对派驻驻村队员管理不力的单位和 2 个未严格执行驻村工作队队员管理规定的乡镇向县委、县政府作出书面检查。

2018 年，县纪委、县监委延伸监督的广度和深度，开展专项巡察、点穴式巡察，移交扶贫领域线索 7 个；落实专责监督、驻乡监督机制，引导村监委、群众发挥基层“眼线”作用，利用“五级联动”平台开展村务、群众监督，“五级联动”平台受理 4123 件。

2019 年，县纪委、县监委坚持决战脱贫攻坚任务布置到哪里监督就跟进到哪里，进一步提升监督检查工作精细度、精准度。组建 15 个专项监督组，每月深入乡村组农户、政策资金项目实施地开展专项监督，每月向被监督单位反馈问题清单并督促整改；组建 15 支督战队，驻村组对标开展挂图督战，现场反馈问题，推动被督战乡镇补齐脱贫摘帽弱项短板；组建明察暗访组 3 个，每月重点随机检查抽查“六个严禁”“六个一律”和纪律作风要求落实情况，坚决纠治形式主义、官僚主义，盲目决策、弄虚作假等问题。

重拳出击，坚决扫除侵害群众利益“害群之马”

制订出台《关于强化监督执纪问责为解决“两不愁、三保障”突出问题专项治理提供纪律保障的工作方案》《永善县扶贫领域监督执纪问责五项工作机制》《扶贫领域腐败和作风问题专项治理工作方案》《纪检监察机关扶贫领域监督执纪问责工作要点》等，为惩治扶贫领域腐败和作风问题提供有力遵循。

关注群众反映反响，紧盯扶贫干部纪律作风和不作为、慢作为、乱作为及数字脱贫、虚假脱贫等形式主义、官僚主义问题，以及行业部门履职担责和项目资金推进情况，坚持有责必担、失责必问、问责必严，精准运用监督执纪“四种形态”，特别是“第一种形态”追究相关单位和责任人责任，推动作风好转、工作落实、问题解决、业绩创造。认真落实“三个区分开来”，注重澄清保护干部，让干部放下包袱、轻装上阵。

严格落实脱贫攻坚“六个一律”追责机制，持续高压整治扶贫领域腐败问题，严查快办重处群众身边的不正之风和腐败问题、各渠道反映的突出问题，限时办结民愤集中、性质恶劣、侵害群众利益的问题，严肃查处贪污挪用、截留私分、虚报冒领等行为，严查快处民生资金、“三资”管理、征地拆迁、教育医疗、生态文明建设等违纪违法行为，从严查处向扶贫领域伸黑手、打歪主意的行为，坚决快查快办、严查严处、通报曝光不讲纪律规矩、不服从组织安排、出工不出力及侵占掠夺、优亲厚友、吃拿卡要等问题。

田某某在担任墨翰乡富民村村委会主任期间，利用职务便利，非法占有孤儿补助 2140 元用于生活开支。田某某受到党内警告处分。

团结乡苏田村党总支书记、村委会主任刘某某明知妻妹属国家公职人员，仍违规将其岳父母列为低保对象，2012 年 1 月至 2017 年 9 月期间享受 2 个 B 类低保；2017 年 10 月开展精准施保工作时，仍以其岳父是退伍军人为由，保留其低保至 2018 年 9 月，其岳父母违规领取低保金共计 16948 元。刘某某受到党内警告处分。

坚持打铁必须自身硬，严防纪检监察干部“灯下黑”

“磨刀不误砍柴工。”县纪委、县监委一以贯之落实打铁必须自身硬的要求，把纪检监察干部队伍建设摆在推进纪检监察工作高质量发展的突出位置，坚持政治建设为首为先，从严培训、从严教育、从严监督、从严管理，严防纪检监察干部“灯下黑”。以主题教育为契机，结合云南省纪委省监委纪律作风十个“负面行为”清单和纪检监察干部“十严禁”规定，制订出台纪律作风专项整治工作方案，持续整治纪检监察干部纪律作风问题短板。制订完善综合考核办法（试行）钉钉考勤打卡运行管理办法（试行），严肃干部职工上下班纪律、请销假、外出和工作报备等制度，建立工作任务和责任捆绑机制，实行定性与定量相结合的考核方式，完善全体纪检监察干部廉政档案，全方位从严加强队伍管理监督，真正把规矩立起来、把纪律严起来，坚决防范纪检监察干部被“围猎”。

（作者时任永善县纪委监委纪检监察宣教中心主任）

大事记

2015年

1月

27日，县委书记安治强主持召开全县干部大会，传达学习贯彻习近平总书记视察鲁甸灾区的重要指示精神和视察云南结束时的重要讲话精神，以及省委书记李纪恒、市委书记刘建华的贯彻讲话精神，团结动员全县广大干部群众，进一步统一思想、深化认识，克难攻坚、扎实工作，全力确保中央和省委、市委各项决策部署和全县各项任务落到实处、取得实效。

5月

27日，县委书记安治强主持召开县委常委会（扩大）会议，其中专题听取精准扶贫工作情况汇报。

29日，县长戈昌武主持召开全县精准扶贫工作会议，深入贯彻落实习近平总书记考察云南重要讲话精神和全市扶贫攻坚工作推进视频会议精神，进一步分析形势、查找差距，统一思想、深化认识，要求全县各级领导干部以决战决胜的信心、行之有效的措施、求真务实的作风，坚定不移地打赢新一轮扶贫攻坚战。

6月

2 日，县委、县政府召开马楠乡整乡推进改造项目工作会议，就马楠乡整乡推进工作进行安排部署。

7月

18 日，县长戈昌武在马楠乡主持召开马楠乡精准扶贫工作专题会议，对马楠乡精准扶贫工作进行专题研究部署。

9月

23 日，县委书记戈昌武主持召开永善县扶贫攻坚“挂包帮、转走访”工作第一次联席会议，就脱贫攻坚挂包帮、转走访作安排部署。

10月

17 日，云南出版集团党委书记、董事长李维率集团员工 40 余人，到细沙乡阳堡村开展“挂包帮、转走访”工作。

21—22 日，云南省国土资源厅党组书记、厅长黄文武率队到挂钩扶贫点码口镇雪金村走访结对帮扶贫困户，并开展扶贫开发、精准扶贫工作调研。

31 日，县委书记戈昌武主持召开县委常委会（扩大）会议，其中专题听取扶贫工作有关情况汇报。

11月

7 日，县委书记戈昌武组织召开全县精准扶贫工作推进会议，认真学习领会习近平总书记扶贫开发战略思想，深入贯彻落实省市扶贫开发工作会议精神，进一步统一思想、深化认识，明确目标、完善政策，强化责任、狠抓落实，强力推进全县扶贫开发工作作安排部署。

9 日，云南出版集团总经理江庆波带领集团各部门干部 30 余人到挂钩扶贫点细沙乡阳堡村走访慰问包保贫困户。

2016年

1月

9日，县委书记戈昌武主持召开全县脱贫攻坚推进会，认真贯彻落实党的十八届五中全会、省委九届十二次全会、市委三届十次全会和中央、省市扶贫开发工作会议精神，安排部署挂图作战、项目实施、群众工作等。

2月

26日，县委书记戈昌武主持召开务基镇、水竹乡2016年脱贫摘帽专题会。

29日，县长傅再胜主持召开永善县第十五届人民政府第20次常务会议，审议了《永善县易地扶贫搬迁项目实施细则（试行）》和《永善县易地扶贫搬迁项目资金管理办法（试行）》。

3月

8—11日，中材集团党委书记、副董事长于世良一行深入永善县细沙乡黄金村调研并听取全乡脱贫攻坚、农村基层组织建设等工作情况汇报。

15日，县委书记戈昌武主持召开脱贫攻坚工作会议，就人大、政协关于脱贫攻坚意见建议和提案办理、易地扶贫搬迁、脱贫攻坚项目实施进行专题研究部署。

17—18日，国土自然资源部耕地司副司长刘明松一行到永善县县务基镇调研，云南省国土资源厅副巡视员张其镔、昭通市国土资源局副局长马骉，县长傅再胜、县驻村扶贫工作队余忠等领导陪同调研。

4月

14日，昭通市委常委、市纪委书记陆维智到墨翰乡调研易地扶贫搬迁安置工作。

15日，永善县召开扶贫攻坚“挂包帮”“转走访”第三次联席会议，听取永善县脱贫攻坚工作情况汇报及中央、省市挂钩帮扶部门作发言。

5月

6日，昭通市委书记范华平一行到永善县细沙乡凉水村国道213线、云南菜人家食品有限公司、溪洛渡镇明子村干海子易迁点调研。

11日，县委书记戈昌武主持召开县委常委会（扩大）会议，通报全市脱贫攻坚现场观摩点评的情况，安排我县脱贫攻坚工作。

28日，县委书记戈昌武主持召开全县脱贫攻坚专题会，就脱贫攻坚项目规划、易地扶贫搬迁、财政扶贫资金管理等进行专题研究。

6月

13日，县委、县政府召开永善县“十三五”脱贫攻坚规划编制会议，就产业发展、转移就业、易地安居、教育扶贫、健康扶贫、生态保护扶贫、兜底保障、社会扶贫、提升贫困地区区域发展能力等脱贫项目进行研究。

24日，县委书记戈昌武主持召开全县脱贫攻坚工作推进会，认真贯彻落实省委省政府、市委市政府近期召开的脱贫攻坚工作会议精神和有关决策部署。

7月

16日，县委书记戈昌武主持召开全县脱贫攻坚推进会，进一步加强组织动员，扎实抓好贫困户对标调查工作。

8月

23日，云南省自然资源厅党组书记、厅长黄文武到永善县码口镇雪金村回访结对帮扶贫困户，开展“双联系一共建双推进”活动。

9月

1日，云南省航务管理局党委书记张坤一行深入大兴镇鲁机村开展脱贫攻坚工作调研。

11日，县委书记戈昌武主持召开十二届县委第7次常委会议，其中专题研究部署脱贫攻坚专项纪律检查工作。

10月

12日，云南省航务管理局局长孙永祚一行19名包保干部深入鲁机村开展“挂包帮”“转走访”回访调研。

19日，广东省第五扶贫协作组副组长张义强、陈智武一行，深入青胜乡民胜村水星坝易迁点调研。

26日，国土自然资源部耕地保护司副巡视员王磊一行深入务基镇白胜村、捏池村调研土地整治项目。

30日，县委、县政府组织县处级领导、县直相关部门负责人、各乡镇党委书记、乡镇长开展脱贫攻坚现场观摩活动，观摩了大兴镇新街社区人居环境以及黄华镇黄坪村鹦哥咀易迁安置点建设、金寨村橘园产业建设和道坪易迁安置点建设情况。

11月

21—23日，中国建材集团党委书记、副董事长刘志江一行到永善县细沙乡调研定点帮扶工作，慰问困难群众，看望集团挂县驻村扶贫干部。

23日，上海证券交易所党委副书记、监事长、上交所公益基金会副理事长张宁，上交所陶睿，云南证监局纪委书记邹陵曦一行到青胜乡调研青胜中学体育运动场公益项目。

12月

6日，广东省中山市农业局党组成员、机关党委书记陈文权率6家广东涉农企业负责人，深入细沙乡和县工业园区，考察云南菜人家食品有限公司和永善瀚思绿色有限责任公司。

17日，县长傅再胜主持召开2017年易地扶贫搬迁项目规划会议。

2017年

1月

21日，云南省委组织部副部长、省人社厅厅长、党组书记崔茂虎到永善县检查调研脱贫攻坚等相关工作。

22日，云南省委书记、省人大常委会主任陈豪率慰问组赴昭通看望慰问困难群众、老党员和困难企业；在永善县云南菜人家食品有限公司视察时，现场批示解决该企业资金周转困难问题。

2月

16日，广东省第五扶贫协作组谭志勇一行到青胜乡实地调研对口帮扶协作水星坝示范点建设工作。

17日，国土自然资源部耕地保护司司长刘国洪一行深入永善县溪洛渡镇明子村调研土地整治项目、农特产业发展。

27日，县长傅再胜主持召开十六届县人民政府第一次全体会议，并对遍访、安全住房保障、扶贫项目建设、行业和社会扶贫等工作作了全面的安排部署。

26日，县扶贫开发领导小组召开会议，听取了脱贫攻坚项目建设、易地扶贫搬迁、农村危房改造、小额信贷等工作汇报，并进行专题安排部署。

3月

4日，县委书记戈昌武主持召开十二届县委第19次常委会议，听取东西部扶贫协作、招商引资等工作情况汇报，研究部署相关工作。

18日，县委书记戈昌武主持召开十二届县委第20次常委会议，其中专题听取驻村扶贫工作情况汇报，研究部署相关工作。

同日，县扶贫开发领导小组召开会议，就脱贫攻坚项目规划、易迁点建设、驻村扶贫工作队队员管理进行安排部署。

4月

14—15日，昭通市委书记杨亚林到永善调研脱贫攻坚工作，市委常委、常务副市长余伟，市委办、市政府办、市扶贫办相关领导陪同调研。

18日，县委书记戈昌武主持召开十二届县委常委会（扩大）会议，审议《永善县易地扶贫搬迁工作整改方案》《永善县脱贫攻坚“找问题、补短板、促攻坚”专项行动整改方案》等。

19日，县委书记戈昌武主持召开县委农村工作暨全县脱贫攻坚工作会议，深入贯彻落实党的十八届六中全会，习近平总书记系列重要讲话，以及中央经济工作会议、中央农村工作会议和省委、市委农村工作暨脱贫攻坚工作会议精神，总结回顾2017年“三农”暨脱贫攻坚工作，分析当前面临的形势，就当前农村工作、脱贫攻坚等重点工作作安排部署。

5月

13日，云南省委常委、组织部部长李小三到永善县调研抓党建促脱贫攻坚工作，并实地到桧溪镇、溪洛渡镇村社区实地调研。

20日，县委书记戈昌武主持召开全县深入开展农村人口基本情况摸底调查动员暨业务培训会议。

6月

2日，昭通市政协副主席陶仁一行到挂钩扶贫点大兴镇骆丘村开展回访工作。

3日，昭通市委书记杨亚林深入永善县墨翰乡、大兴镇、码口镇、伍寨乡调研枇杷、花椒等产业发展情况和开展脱贫攻坚摸底调查入户抽查，随后在伍寨乡召开脱贫攻坚摸底调查座谈会。

6日，昭通市人大常委会主任张绍雄一行到永善县青胜乡督查督导精准识别摸底调查工作。

7月

24日，县委书记戈昌武主持召开全县义务教育均衡发展推进会议。

26日，昭通市政协副主席彭霓一行到青胜乡水星坝示范点调研东西部扶贫协作示范点。

27日，县委书记戈昌武主持召开贫困对象动态管理专题会议，就贫困对象识别、退出程序、质量把控等工作作安排部署。

8月

17日，县长傅再胜主持召开2017年易地扶贫搬迁项目评审会议。

30日，县委书记戈昌武主持召开全县农民专业合作社推进会，开展现场观摩交流。

31日，县委书记戈昌武主持召开全县脱贫攻坚专题会，安排部署下步工作。

9月

2日，县委、县政府召开易地扶贫搬迁进城安置会议，就易地扶贫搬迁进城安置对象、安置方式等相关工作作安排部署。

4日，昭通市人民政府副市长吴静到永善县检查指导义务教育均衡发展工作。

7日，云南省委副书记、省长阮成发一行到永善县细沙乡凉水村马鞍山一、二组，入户调研深度贫困情况和调研溪洛渡镇水电站运行情况。昭通市委书记杨亚林、市长郭大进，永善县委书记戈昌武、县长傅再胜等领导陪同调研。

10月

15日，县委书记戈昌武主持召开全县完成全年扶贫目标任务百日行动工作动员培训会议暨第一期扶贫课堂。

25日，昭通市委常委、组织部部长陈真永到马楠乡调研党建促脱贫攻坚工作。

11月

1日，云南省人社厅副厅长邢渭东到永善县检查指导基层就业服务平台建设和人社行业扶贫工作。

2日，昭通市政协副主席陶仁到大兴镇骆丘村、核桃村和马坡村调研脱贫攻坚工作，与村“两委”座谈，实地察看和了解基础设施建设、农特产业发展、易迁政策落实和村民小组活动场所建设等工作开展情况。

3日，县扶贫开发领导小组召开扩大会议，传达了省市扶贫领导小组会议精神，安排部署农村危房改造、易地扶贫搬迁、产业扶贫、教育扶贫等各项工作。

20日，昭通市政协副主席陶仁一行深入挂钩扶贫点永善县大兴镇骆丘村开展党的十九大精神宣讲。

29日—12月1日，云南省政协人口资源环境委主任张登亮率队到我县对脱贫攻坚情况进行先期调研。

12月

2—3日，昭通市委副书记王忠深入永善县伍寨乡、码口镇、大兴镇、青胜乡、桧溪镇等乡镇，就脱贫攻坚、基层党建、十九大精神的学习宣传贯彻等工作进行实地调研。

12日，中国建材集团党委常委、董事、总经理曹江林、集团党委副书记孙力实一行，到永善县细沙乡黄金村调研脱贫攻坚工作。

18—21日，云南省政协常务副主席杨嘉武率队到我县开展脱贫攻坚工作专题调研。

2018年

1月

20—24日，省级考评组赴永开展省级脱贫成效考核。

1月31日—2月1日，省级考评组赴永开展易地扶贫搬迁考核。

2月

13日，县委书记戈昌武组织召开扶贫领域作风专项整治会议，就扶贫领域突出问题和专项治理工作作安排部署。

24日，昭通市委常委、市委政法委书记罗朝峰深入永善调研脱贫攻坚、综治维稳等工作。

3月

2日，云南省航务管理局党委书记张坤、副局长胡嘉鸿、纪委书记王海惠到大兴镇开展挂钩帮扶工作。

3日，昭通市委书记杨亚林到永善县茂林镇文山村、冷米村、永安村等地，调研马铃薯产业发展。

4日，县委、县政府召开全县农特产业发展推进视频会。

8日，县委书记戈昌武主持召开十二届县委常委会第39次（扩大）会议，传达学习习近平总书记在打好精准脱贫攻坚战座谈会上的重要讲话精神以及中央、省、市党建工作有关会议精神。

4月

15日，县委书记戈昌武主持召开十二届县委常委会第41次（扩大）会议，传达学习全省脱贫攻坚推进会议精神，通报全县全省2017年度脱贫攻坚考核中存在的问题，安排部署相关工作。

17日，县委书记戈昌武主持召开中山市小榄镇永善县“携手奔小康”联席会议。

26日，县长傅再胜主持召开全县城乡人居环境整治工作动员会议暨全民行动启动仪式，就进一步增强全民保护环境、爱护卫生意识，切实营造干净有序、宜居宜业的优美环境作了安排部署。

5月

12日，易地扶贫搬迁桐堡安置点项目建设动工建设。

12—13日，云南省委副书记李秀领到永善县青胜乡、溪洛渡镇、细沙乡调研东西部扶贫协作示范点建设情况、健康扶贫远程医疗运行情况、远程教育运行情况和招商引资企业（“公司+基地+合作社+农户”）模式带动群众增收情况，昭通市委书记杨亚林、永善县委书记戈昌武、县长傅再胜等领导陪同调研。

13日，县委书记戈昌武主持召开蓝莓产业发展专题会议，听取蓝莓基地建设情况汇报，研究部署相关工作。

24—25日，昭通市政协主席成联远一行到永善调研农业产业工作。

6月

7日，县委书记戈昌武主持召开全县水利扶贫工作专题会议，安排部署下步工作。

8日，县委书记戈昌武主持召开农业产业扶贫专题会议，安排部署下步工作。

9日，县委书记戈昌武主持召开全县农村危房改造专题会议，安排部署下步工作。

12—13日，云南省自然资源厅党组书记、厅长刘佳晨到永善县码口镇雪金村调研国土政策支持脱贫攻坚工作。

14日，华泰保险集团董事长兼CEO王梓木，云南省保监局局长曹光中，省政协委员联络委员会副主任冯荣，华泰保险集团副董事长、华泰财险董事长兼CEO丛雪松，“一起作业”西南大区运营总监李羿阳，带领华泰财险云南分公司和“一起作业”公司相关人员一行到永善县开展捐赠活动。

7月

2—5日，云南省政协常务副主席杨嘉武带领省政协委员联络委员会主任孙文忠等一行5人，到永善县开展扶贫工作调研。

8日，县扶贫开发领导小组组织召开全面开展脱贫攻坚“村村清、户户清”工作会议，就动态管理、易地扶贫搬迁、项目库建设等工作作安排部署。

8月

9日，县委、县政府召开全县脱贫攻坚推进暨全面实施“百村示范万村整治”行动会议。

同日，县委召开县委理论学习中心组2018年度第五次集中学习会议，传达学习贯彻中共中央关于打赢脱贫攻坚战三年行动指导意见精神，安排部署下步工作。

10日，云南省教育厅厅长周荣到我县督导检查中小学幼儿园危房加固改造及全面改薄项目实施情况。

26—29日，县委书记戈昌武带领县人大主任侯志怀，县政协主席刘向荣，县委常委、副县长汤如烈以及相关部门负责人一行深入中山市小榄组团镇区进行考察，并于8月28日在小榄镇召开专题会议，就东西部扶贫协作相关工作作对接安排。

9月

4 日，县委书记戈昌武主持召开 2019 年永善县东西部扶贫协作重点项目推进会议。

11 日，云南省国土资源厅党组成员、副厅长赵乔贵一行深入永善县桧溪镇、黄华镇、务基镇调研乌蒙山片区国土综合整治重大项目助推脱贫攻坚工作。

17 日，县扶贫开发领导小组召开脱贫攻坚专题会议，就脱贫攻坚整改问题工作作安排部署。

10月

13 日，县委书记戈昌武主持召开永善县易地扶贫搬迁指挥部会议，听取红光分指挥部、财政局、住建局、云南建投等单位有关情况汇报，安排部署桐堡、红光安置点项目建设有关事项。

17 日，永善县举办“善行永善 · 共筑小康”主题募捐活动。

23 日，中国建材集团有限公司党委书记、董事长宋志平带领集团副董事长率队，深入细沙乡黄金村调研定点帮扶工作。

23—25 日，云南省委副书记李秀领一行深入永善县云南菜人家食品有限公司调研“公司 + 基地 + 合作社 + 农户”带动群众增收情况。昭通市政府副市长苏建宏，永善县委书记戈昌武等领导陪同调研。

11月

5 日，云南省自然资源厅党组成员、副厅长杨勇、副厅长李刚到永善县码口镇雪金村（挂包点）回访结对帮扶贫困户。

6 日，县扶贫开发领导小组召开教育扶贫、健康扶贫专题会议。

15—18 日，云南省政协常务副主席杨嘉武、省政协委员联络委副主任王惠萍、冯荣等一行 6 人到永善县茂林镇、伍寨乡、码口镇、大兴镇、务基镇、红光易迁安置点、桐堡易迁安置点调研。

16日，云南省教育厅副厅长曾继贤到永善县溪洛渡高级中学进行调研。

26日，红光安置点举行开工典礼，项目建设正式启动开工。

29日，云南省航务管理局党委书记张坤到大兴镇走村入户，实地走访调研，永善县交运局相关领导陪同调研。

12月

1日，云南省政协委员联络委员会与昆明市政协委员联络工作委员会共同组织医疗专家到我县白沙村开展“助推健康扶贫”义诊活动。

5—7日，以国家督学、重庆工程职业技术学院原党委书记张亚杭为组长的国家义务教育发展基本均衡督导检查组，对永善县义务教育发展基本均衡工作进行督导检查。

12日，县扶贫开发领导小组召开2018年贫困退出核查认定工作会议，审定全县贫困退出工作。

14—15日，云南省自然资源厅党组成员、副厅长陈刚到永善县码口镇雪金村回访结对帮扶贫困户。

17日，云南省委常委、省委组织部长李小三深入永善县茂林镇调研。昭通市委书记杨亚林，市委常委、市委组织部长朱家伟参与调研，县委书记戈昌武等县领导陪同调研。

2019年

1月

6—8日，迎接国家东西部扶贫协作成效考核。

12日，省委书记陈豪到永善县茂林镇冷米村易地扶贫搬迁安置点调研，看望慰问困难群众，驻村工作队队员和基层扶贫干部，了解各项扶贫政策落实情况、扶贫干部学习、工作和生活情况。市委书记杨亚林、县委书记戈昌武等市县领导陪同调研。

15 日，县委、县政府召开全县 1—2 月脱贫攻坚重点任务调度会暨农村危房改造工作推进会，传达省委陈豪书记调研永善时重要指示精神，并对下步脱贫攻坚工作作安排部署。

2 月

12 日，县扶贫开发领导小组召开 2019 年就业扶贫工作会议，就建档立卡劳动力转移就业工作作安排部署。

19 日，县委召开中共永善县委十二届五次全体（扩大）会议，县委书记戈昌武代表县委常委会向全会作题为《坚决打赢脱贫攻坚摘帽战　以优异成绩迎接新中国成立 70 周年》的工作报告。

20—22 日，云南省自然资源厅党组成员、副厅长王卫国到永善县码口镇雪金村开展春节慰问活动。

3 月

6 日，昭通市委常委、副市长蔡宏到永善县开展东西部扶贫协作调研。

13 日，云南省政协副主席李正阳一行在我县云南菜人家食品有限公司、桐堡易迁安置点、民族小学进行调研。

15 日，昭通市政府副市长苏建宏一行到大兴调研脱贫攻坚、移民后扶、产业发展、美丽乡村、劳动力转移工作。

25 日，云南省能源局副局长乔国新到大兴镇调研易迁点建设、产业发展工作。

30—31 日，昭通市委书记杨亚林到我县茂林镇、伍寨乡、码口镇、大兴镇、黄华镇、务基镇、溪洛渡镇、团结乡等乡镇，看望慰问基层一线干部，实地调研脱贫攻坚产业发展、转移就业、易地搬迁等重点工作。

4 月

3 日，县委召开 2019 年县委理论学习中心组第二次集中学习，传达学习贯彻习近平总书记在参加十三届全国人大二次会议甘肃代表团审议时的重要讲话精神。

6 日，云南省人社厅副厅长石丽康到永善县检查指导就业扶贫工作。

16 日，县委、县政府召开永善县决战脱贫攻坚誓师大会，举行了庄严的宣誓仪式。

25—27 日，县长傅再胜带队赴中山小榄组团镇区对接东西部扶贫协作工作。

28—29 日，云南省自然资源厅党组成员、副厅长万勇到永善县码口镇雪金村回访结对帮扶贫困户。

5月

3 日，易地扶贫搬迁桐堡安置点开展摇号分房工作。

5 日，县委、县政府召开永善县脱贫摘帽督导员座谈会。

6 日，县长傅再胜主持召开永善县第十六届人民政府第三次全体会议，对坚决打赢脱贫攻坚摘帽战作了全面的安排部署。

22 日，易地扶贫搬迁桐堡安置点正式启动搬迁入住。

22—23 日，云南省农业农村厅副厅长魏民一行到永善县调研产业扶贫工作。

23 日，县委书记戈昌武主持召开东西部扶贫协作项目专题推进会议，专题研究推动东西部扶贫协作红光安置点配套扶贫车间项目、康迪服饰项目以及菜人家“混合所有制”扶贫产业合作项目。

28 日，县委召开 2019 年县委理论学习中心组第三次集中学习会议，传达学习贯彻习近平总书记在解决“两不愁、三保障”突出问题座谈会上的讲话精神。

5 月 31 日—6 月 1 日，昭通市人大常委会主任张绍雄一行到永善调研脱贫攻坚工作情况。

6月

2 日，县长傅再胜组织县政府分管易迁、扶贫、农业、发改等领导及相关部门负责人专题研究易迁进城安置产业发展项目工作。

11 日，县委书记戈昌武组织召开 2019 年第五次扶贫开发领导小组会议，审定《永善县 2018 年脱贫攻坚工作成效考核发现问题整改方案》《永善县脱贫攻坚“爱心超市”建设指导意见》《永善县 2019 年贫困村出列指导方案》《关于进一步转变作风抓实脱贫攻坚各项工作的通知》《村社区人居环境整治村规民约》。

17 日，昭通市政府副市长苏建宏一行深入永善县细沙乡调研方竹和猕猴桃产业。

20 日，昭通市委书记杨亚林到青胜乡民胜村水星坝示范点调研指导工作。

23 日，昭通市政府副市长王东锋到码口社区调研脱贫攻坚工作。

29 日—7 月 1 日，云南省政协常务副主席杨嘉武一行到永善县墨翰乡干溪村小干溪社调研脱贫攻坚和人居环境整治，到团结乡调研东胜村二坪子方竹产业，到溪洛渡镇调研马路村、田坝村农业产业发展情况，到溪洛渡镇红光新区易迁安置点和桐堡易迁安置点调研安置点建设情况。

7月

3 日，中山市人民政府副市长袁永康赴永调研东西部扶贫协作蓝莓综合开发产业项目、云南菜人家产业合作项目。

4 日，县委、县政府召开全县脱贫攻坚专项会议，学习贯彻习近平总书记重庆座谈会议重要讲话精神，安排部署下步工作。

8 日，永善县举办“东西协作共奔小康”主题募捐活动。

16 日，永善县组织易地扶贫搬迁群众代表和村组干部 50 余人到红光安置点参观。

8月

8—13日，国务院扶贫办委托第三方机构瑞华会计师事务所一行6人，对我县开展深度贫困地区预警监测实地调研。

9日，县委、县政府召开全县农村危房改造推进会议，听取溪洛渡镇、市政务服务管理局交流发言，县委副书记许成建对近期农危改进度进行了通报，县委书记戈昌武对下步农村危房改造工作任务作安排部署。

13日，县委书记戈昌武到红光新区安置点查看工程建设进度、安全质量。

23日，县长傅再胜到红光安置点检查安置点建设情况，督促加快安置房装修及配套设施建设进度。

29—30日，县委书记戈昌武主持召开易迁工作核查会议，专题研究三年行动计划、新增任务搬迁准备等工作。

9月

1日，县委书记戈昌武主持会议，专题研究红光安置点搬迁方案、分房摇号方案和后续管理方案。

6日，县长傅再胜到桐堡安置点调研搬迁群众生产生活、学生就学等情况。

11日，县委召开县委十二届六次全体（扩大）会议，县委书记戈昌武代表县委常委会向全会作题为《全民总动员　百日大会战　坚决夺取脱贫攻坚摘帽战全面胜利》的工作报告。

19日，县委书记戈昌武主持召开十二届县委常委会第75次会议，其中专题研究控辍保学工作，审定扶贫项目资产管理办法。

21日，云南省审计厅副厅长杨晓源一行到永善县桐堡、红光安置点检查指导工作，督促指导县城安置各项工作。

10月

3—5日，县委、县政府组织县处级领导、县直相关部门深入水竹乡、莲峰镇、墨翰乡、茂林镇、伍寨乡等5个乡镇的41个村（社区）开展“不忘初心、牢记使命”主题教育大调研活动。

6—7日，云南省委副书记王予波到永善县调研，市委书记杨亚林、县委书记戈昌武等领导陪同调研。

11日，云南省航务管理局党委书记徐坤到大兴镇鲁机村调研脱贫攻坚工作。

9—11日，县委书记戈昌武、县人大主任侯志怀，县委常委、副县长汤如烈以及相关部门负责人一行赴中山市小榄组团镇区进行考察。

12—15日，县委、县政府组织县处级领导、县直相关部门深入溪洛渡镇、团结乡、桧溪镇、细沙乡、青胜乡、务基镇、黄华镇、马楠乡、大兴镇、码口镇的70个村（社区），开展“不忘初心、牢记使命”主题教育第二轮大调研活动。

14日，市委常委、组织部部长朱家伟到永善县细沙乡、桧溪镇、茂林镇就基层党建、脱贫攻坚等工作开展实地调研。

15日，云南省委常委、组织部部长李小三到永善县调研抓党建促脱贫攻坚工作，并实地到茂林镇冷米村调研。

22—23日，中国建材集团党委常委、董事、总经理曹江林一行赴永善县就集团扶贫工作进行调研，解决具体问题，并与集团派驻永善县的挂职干部进行座谈，共商脱贫攻坚措施和长远计划。

26日，永善县组织红光安置点分房仪式，142名分房代表参加摇号分房。

11月

10日，中山市政府市长危伟汉到永善县调研云南莱人家产业合作项目、红光易迁安置点建设。

15日，县委举办永善县“不忘初心、牢记使命”主题教育专题党课，县委书记戈昌武作题为“坚定初心使命全面从严治党坚决夺取脱贫攻坚摘帽战全面胜利”专题党课报告。

17日，县长傅再胜主持召开全县扶贫对象动态管理暨控辍保学工作会议，会议对抓实抓好扶贫动态管理和教育扶贫工作作具体安排部署。

22日，永善县召开红光安置点搬迁动员会议，安排部署红光易迁安置点的搬迁工作。

23日，云南省教育厅副厅长张春骅到永善县墨翰乡、莲峰镇开展义务教育控辍保学专项调研。

25日，正式启动红光安置点搬迁入住。

27日，县委书记戈昌武组织召开县扶贫开发领导小组第十一次会议，审定贫困县退出认定工作。

30日，云南省政府副省长陈舜一行10人到永善县红光安置点检查指导工作，督促检查搬迁入住情况，入户看望搬迁群众，永善县委书记戈昌武、县长傅再胜等陪同检查。

12月

1日，县委书记戈昌武组织召开县扶贫开发领导小组第十二次会议，听取各乡镇脱贫攻坚情况汇报，审定《永善县脱贫攻坚后续巩固提升方案》《省教育厅教育扶贫核查存在问题整改方案》《县水务局关于省水利厅脱贫攻坚农村饮水安全工作调研反馈问题整改方案》《县卫健局关于省卫健委调研发现问题整改方案》。

7日,昭通市人大常委会主任张绍雄到码口镇黑甲村调研脱贫攻坚工作。

10—13日，云南省政协常务副主席杨嘉武一行到永善县桧溪镇源胜村簸箕村、溪洛渡镇吞都村、县城桐堡易迁安置点红光易迁安置点调研产业发展和易迁点建设情况，随后前往溪洛渡职业技术学校调研调研控辍保学情况。

11—12日，云南省自然资源厅党组书记、厅长刘佳晨一行到永善县码口镇雪金村开展捐赠仪式（向雪金村小学捐赠桌椅），并回访雪金村挂联贫困户。12日在码口镇政府召开座谈会，了解永善县脱贫攻坚推进情况及驻村扶贫工作情况。

12日，县委书记戈昌武主持召开会议，专题研究卯家湾安置区和靖安安置区搬迁工作。

15—16日，昭通市委书记杨亚林一行9人，到永善县红光安置点调研，入户了解搬迁群众生产生活情况，督促指导学校、卫生室、扶贫车间建设进度。到细沙乡、溪洛渡镇对“两不愁、三保障”突出问题特别是易迁安置工作进行调研，并召开座谈会。

18日，永善启动昭通靖安安置点搬迁入住。

20日，永善启动鲁甸卯家湾安置点搬迁入住。

20—21日，云南省教育厅副厅长曾继贤到永善调研教育扶贫、控辍保学及建设推进情况。

26日，县长傅再胜到永善正邦福猪工程茂林繁殖示范基地，参加开工奠基仪式。

28—29日，昭通市政府市长郭大进一行6人到永善县红光安置点调研，主要查看安置点入住情况和后续发展情况。出席沿江高速公路永善连接线在黄华镇朝阳社区举行开工仪式，宣布项目开工并现场为项目奠基培土。

2020年

1月

4日，县委书记戈昌武主持召开会议，专题研究红光安置点教师选配方案。

2月

8日，县委书记戈昌武主持召开脱贫攻坚挂牌督战会议。

11日，县委、县政府召开全县新冠肺炎疫情防控工作会暨全县脱贫攻坚、复工复产、春耕备耕工作会议。

26日，县委、县政府召开全县脱贫攻坚工作推进会议，传达学习习近平总书记在中央统筹推进新冠肺炎疫情防控和经济社会发展工作部署会议上的重要讲话精神，县委书记戈昌武就统筹推进脱贫攻坚、疫情防控和经济社会发展各项工作作安排部署。

3月

1日，县委召开2020年县委理论学习中心组第一次集中学习会议，传达学习贯彻习近平总书记在云南省考察工作结束时的讲话精神并提出了初步贯彻意见。

7日，县委书记戈昌武主持召开十二届县委常委会第84次（扩大）会议，县委副书记许成建传达学习了习总书记在3月6日决战决胜脱贫攻坚座谈会上的重要讲话精神，县委书记戈昌武就贯彻落实总书记讲话精神，做好当前和今后一段时间重要工作作安排部署。

9—12日，云南省政协常务副主席杨嘉武，省扶贫办党组成员、副主任陈保国，省自然资源厅党组成员、副厅长王卫国等组成的脱贫攻坚督战队深入永善县莲峰镇、大兴镇、溪洛渡镇开展脱贫攻坚调研。

14日，县委、县政府开全县脱贫攻坚百日攻坚大会战动员会议。

4月

1—2日，县委、县政府组织县级相关领导、各乡镇党委书记和县直有关部门主要领导分别到黄华镇、马楠乡、水竹乡、莲峰镇和茂林镇5个乡镇，对脱贫攻坚、人居环境整治、产业培育、厕所革命示范点建设等进行了现场观摩，并在茂林镇召开全县脱贫攻坚暨农村人居环境整治工作调度会议。

15—16日，云南省民政厅党组成员、副厅长张良玉一行4人到永善县红光安置点、细沙乡三堡村等地调研脱贫攻坚兜底保障工作。

23—27日，省级第三方实地评估检查组（西南大学团队洪惠坤一行65人）对我县进行国家贫困县退出专项评估检查。

5月

9日，云南省卫健委副主任和向群到永善县督战健康扶贫工作。

13—14日，昭通市委常委、组织部部长李红芬到永善县青胜乡民胜村、桧溪镇源胜村、溪洛渡镇红光和永红社区、务基镇白胜和捏池村、马楠乡马楠村、莲峰镇莲峰社区、茂林镇永安村调研基层党建、脱贫攻坚、人居环境、村级集体经济和产业、就业、易地扶贫搬迁"三个组织化"等工作。

13—14日，县委召开县委十二届七次全体（扩大）会议，县委书记戈昌武代表县委常委会向全会作题为《坚决打赢脱贫攻坚收官战　奋力夺取全面建成小康社会伟大胜利》的工作报告。

20—21日，云南省自然资源厅党组成员、副厅长万勇到永善县调研增减挂钩跨省调剂工作。

22—23日，昭通市政协副主席陶仁带领相关人员到我县开展易地扶贫搬迁后续发展服务工作情况调研。

23日，县长傅再胜主持召开县人民政府十六届四次全体会议，对全力克服新冠肺炎疫情带来的不利影响，扎实做好"六稳"工作，全面落实"六保"任务，坚决打赢脱贫攻坚收官战等工作作出全面的安排部署。

6月

14日，县长傅再胜主持召开会议，专题研究红光安置点扶贫车间招商引资工作。

25日，县委书记戈昌武组织召开县扶贫开发领导小组会议，听取脱贫攻坚普查准备工作情况汇报，安排部署脱贫攻坚普查、问题整改等各项工作。

7月

4日，县委书记戈昌武主持召开十二届县委常委会第95次会议，其中传达学习习近平总书记在决战决胜脱贫攻坚座谈会上的重要讲话精神，研究部署脱贫攻坚相关工作。

7—8日，云南省自然资源厅厅长刘佳晨一行定到永善县城红光易地扶贫搬迁安置点、黄华镇、莲峰镇、茂林镇，调研脱贫攻坚、地质灾害、增减挂钩等工作。

12日，县长傅再胜主持召开专题会议，研究部署红光安置点扫尾工作及后续保障工作。

15日，永善县举办“东西协作全面小康”主题募捐活动。

7月18日—8月4日，脱贫攻坚普查组到永善县开展脱贫攻坚普查。

8月

27—29日，县委书记戈昌武带队赴中山小榄组团镇区对接东西部扶贫协作工作。

9月

5—6日，昭通市委常委、政法委书记马忠华深入永善调研脱贫攻坚、综治维稳和政法队伍建设工作。

11日，县长傅再胜主持召开全县爱国卫生专项行动暨农村人居环境整治推进会议，对推进爱国卫生专项行动和农村人居环境整治作全面动员。

（中共永善县委办公室　罗莉蓉　杨清茂　莫玲　整理）

《昭通市脱贫攻坚大决战实录》后记

经过半年的谋划，历时一年的编撰，《昭通市脱贫攻坚大决战实录》（一套书共 19 卷，其中市级 8 卷、县市区 11 卷）终于在党的百年华诞之际与广大读者见面了。这既是政协昭通市第四届委员会文史工作的成果展示，又是对我市脱贫攻坚工作客观真实的记录，更是用真实的故事展示历史资料的大胆尝试。

反贫困是世界性难题，也是现代国家面临的迫切任务。党的十八大以来，以习近平同志为核心的党中央把扶贫开发摆到治国理政的重要位置，提升到事关全面建成小康社会、实现第一个百年奋斗目标的新高度，纳入“五位一体”总体布局和“四个全面”战略布局进行决策部署，加大扶贫投入，创新扶贫方式，出台系列重大政策措施，扶贫开发取得巨大成就。

昭通作为全国、全省脱贫攻坚的主战场，是最难啃的“硬骨头”，2015 年习近平总书记首次离京考察就到昭通，并对昭通脱贫攻坚工作提出了“三个更加”的重要指示要求。昭通全市上下牢记习近平总书记的殷切嘱托，坚持把脱贫攻坚作为全市工作的主题主线，坚持“双统领”“双保障”“双推进”，践行“133”工作思路，汇聚中央和省定点单位、东西部扶贫协作、社会扶贫和各族干部群众磅礴力量，在昭通脱贫攻坚主战场上打响了一场史无前例的脱贫攻坚大决战，长期困扰昭通发展的主要“瓶颈”得以突破，实现根本性跨越，全市 185.07 万贫困人口全部脱贫、1235 个贫困村全部出列、10 个贫困县（区）全部摘帽，昭通大地发生了翻天覆地的变化，困扰昭通千百年的绝对贫困得到历史性解决。

为充分发挥政协文史资料“存史、资政、团结、育人”功能，客观、真实地记录昭通市在脱贫攻坚中各项建设和群众生活发生的变化，记述各级干部群众在脱贫攻坚工作中可歌可泣的感人故事，市政协党组拟组织相关部门、专家对 2015 年至 2020 年我市开展脱贫攻坚的重大事件、典型故事进行搜集整理，编撰《昭通市脱贫攻坚大决战实录》丛书。

在市政协成联远主席亲自关心和指导下，编委会拟订了编撰工作的初步方案和《昭通市脱贫攻坚大决战实录》的整体框架，并于 2019 年 8 月 7 日向市委报送了关于编撰《昭通市脱贫攻坚大决战实录》的请示，市委杨亚林书记批示“此项工作很有意义，同意组织编写，请联远主席牵头负责”，按照市委的批示，市政协党组迅速行动，成联远主席亲自安排、统一部署，及时组织专家拟出了《昭通市脱贫攻坚大决战实录》编撰任务分解方案，经反复讨论、多次修改后，于 2020 年 3 月 30 日上报市委，市委杨亚林书记批示“同意所报方案，客观精准务实地做好工作”。

2020 年 4 月 14 日，市政协组织召开了《昭通市脱贫攻坚大决战实录》专题会议，市委副书记朱家伟出席会议并作动员讲话，编撰工作在全市正式启动，会议统一了认识、明确了要求。为进一步细化任务、落实责任，编委会于 2020 年 4 月 23 日印发了《昭通市脱贫攻坚大决战实录》编撰任务分解方案的通知，加强对市级单位和县区市编撰工作的指导。随后，市政协副主席陶仁带领专家对 11 县市区的编撰工作进行了调研、培训、指导、督促，推动各县市区编撰工作有效开展。针对全市编撰工作存在的问题，编委会经反复研究，统一思想，召开了由 40 多个市级部门参加的征求意见协商座谈会，在此基础上，进一步完善了编撰任务细化量化分解方案，印发到各县市区加强指导，并于 2020 年 7 月 16 日召开了《昭通市脱贫攻坚大决战实录》编撰工作推进暨培训会议，推进编撰进度，提升编撰水平。

为把《昭通市脱贫攻坚大决战实录》打造成“建党一百周年特别献礼工程”“昭通脱贫攻坚工作特别纪念”，市政协抢抓时间，及时出台系列配套文件，明确了市政协机关各委室联系各单位、部门及市政协委员，专门负责催稿工作，2020 年 10 月底稿件收集基本结束。为使编辑审稿工作有序推进，落到实处，市政协从昭通学院和市委党史研究室聘请专家对编辑工作进行审稿（其中，昭通学院教授唐靖负责市级篇章《综合卷》和《巧家卷》，市政协原经农委主任王华国负责市级篇章《产业就业扶贫卷》和《鲁甸卷》，昭通学院教授傅奠基负责市级篇章《基础设施建设卷》和《盐津卷》《大关卷》，昭通学院教授陈玥负责市级篇章《易地搬迁扶贫卷》和《永善卷》，昭通学院教授王琼负责《民生扶贫卷》和《镇雄卷》，昭通学院教授任继敏负责市级篇章《挂钩帮扶及社会扶贫卷》和《水富卷》，昭通学院教授周玲负责市级篇章《扶贫协作卷》和《彝良卷》《威信卷》，市委党史研究室副主任翟昭明负责市级篇章《组织保障卷》和《昭阳卷》《绥江卷》）。2020 年 11 月 18 日，市政协陶仁副主席主持召开《昭通市脱贫攻坚大决战实录》统稿工作会，统一了丛书形式和内容、结构和逻辑框架。

在市政协党组的坚强领导下，在各位编撰专家、市直各单位、市政协机关各委室、各县市区政协以及编撰办公室成员的大力支持和共同努力下，经夏历冬，数易其稿，2021 年 3 月初，《昭通市脱贫攻坚大决战实录》样书基本成型。2021 年 3 月 17 日，市政协副主席陶仁主持召开《昭通市脱贫攻坚大决战实录》样稿讨论会，进一步推动《昭通市脱贫攻坚大决战实录》编辑出版工作。

首先，本丛书的编撰出版得益于各级领导的正确领导，特别是市委杨亚林书记、市政府郭大进市长、市委朱家伟副书记的指导和支持。其次，本丛书的编撰出版得益于市政协党组的坚强领导，特别是成联远主席亲自指挥，亲自督战，亲自修订纲要，并亲自撰写总序和文章。第三，本丛书的编撰出版得益于全市 200 余家单位和部门的积极参与，全市领导干部，基层工作人员，脱贫攻坚督导员、驻村工作队队员，政协委员，他们不仅是脱贫攻坚一线指战员，同时还撰写亲身经历脱贫攻坚工作的真实故事。据统计，全市共有1700余人参与《昭通市脱贫攻坚大决战实录》撰稿工作中，收到初稿2526篇。应该说，本丛书的编撰工作是我市脱贫攻坚工作的有机组成部分，同样也凝聚着全市干部群众的智慧和心血，是集体智慧的结晶。最后，特别要提的是昭通学院对本丛书编撰工作的支持和帮助。昭通学院党委大力支持《昭通市脱贫攻坚大决战实录》的编撰工作，在师资紧缺的情况下，委派出周玲、傅奠基、唐靖、陈玥、任继敏、王琼等六位教授参与编撰工作中，为编撰工作注入了智慧和力量。

在编撰《昭通市脱贫攻坚大决战实录》时，编撰专家精心筛选、整理、提炼，力求将那些散落于基层的珍珠捡拾起来，洗尽铅华，还原本真，形成真实的历史故事，最终确定收入《昭通市脱贫攻坚大决战实录》的稿件1936篇，600多万字。这套书注重文史资料"亲历、亲见、亲闻"原则，以第一人称行文，部分新闻通讯、消息类稿件，在公开媒体上发表过，体现新闻的真实性，也作为资料收录，补充《昭通市脱贫攻坚大决战实录》内容。编者旨在通过真实、感人的故事让脱贫攻坚工作在时代的聚光灯下接受检阅，给过往和经历者以心灵的依稀穿越，获取一种灵魂的战栗和反思。同时，给不曾经历，甚至不曾听闻过的后人以另一种历史的演绎，告诉他们当年自己的祖先那段荡气回肠、可歌可泣的脱贫史。

虽说《昭通市脱贫攻坚大决战实录》丛书已呈现在读者面前，但由于编撰时间紧迫、人手不够、水平有限，不免存在内容欠全面、认知不到位、归类难把握等问题和瑕疵，恳请各位方家在阅读过程中批评指正，不吝赐教，我们定当虚心接受意见建议，进一步加以修改完善，以遗后人，真正达到"存史、资政、团结、育人"之目的。

（编委会办公室）